系多氏が語る装飾古墳

描かれた△○の意味

石川雅晟
ISHIKAWA MASAAKIRA

幻冬舎 MC

ユダヤ系多氏が語る装飾古墳

――描かれた△○の意味

はじめに

家事や草取りに疲れると、老夫婦は旅に出るのである。

『古事記』のもとになる帝紀・旧辞を誦習したのは、稗田阿禮《ひえだのあれ》である。彼を祭る賣太《めた》神社（大和郡山市）への旅は2008年秋、そしてその撰者である太安萬侶《おおのやすまろ》の墓に詣でたのは、2010年正月であった。奈良市の東方丘陵地帯（田原地区）にあるその墓前で、彼にお願いごとをしたのだ。

包み隠さず、すべての「古き事」（HURU＝ユダヤの意）を「記した」はずはないであろう。天皇家に献上する以上、マズイ部分は削除・変更、そしてそれらを秘密にしたはずである。だから、

そんな秘密は私だけが感じるタワゴトであるかもしれないが、（中略）彼「太安萬侶」と約束するのである。「秘匿した部分を捜し出す役目を、私に下さい」と。

『古事記』の中のユダヤ（P.39〜40）

このようなわけで、筆者はユダヤのことをあれこれ調べて、拙い本にしてきた。残された問題点は、「多（太）氏」（太＝ユダヤ）の秘密である。「お願いごと」をしたからには、最後までそ

の責任を果たすのが筋である。その対象が、九州や常陸、磐城の「装飾古墳」になる。それら古墳石室の壁面を飾る△や○の紋様にも、きっと驚くべき意味が込められているに違いないのだ。

　それにしても、「田原地区」の正月は美しかった。うねって続くお茶畑の緑と土蔵の白壁、古木に残るたくさんの渋柿の赤を見上げ、老夫婦は暫し立ち止まらざるを得なかったのである。この国の古代に、ユダヤ系の人々が支配階層として君臨していたことなど、全く認識のかけらもなかった頃の旅であった。奈良といっても田舎で、バスは日に数本しかない。

　そこには太安萬侶のお墓がお茶畑から発見されて、手厚く保存されている。ちょうど河瀬直美監督の映画「殯《もがり》の森」が第60回カンヌ国際映画祭のグランプリを獲得したあとで、その撮影がこの「青垣　山隠れる」田原地区で行われたということもあって、奈良市街からバスに乗ったわけである。（同　P．38）

目次

第一章　「国譲り」の戦後処理

1. 多氏は何ものか

天孫《てんそん》崇神《すじん》が圧勝した「国譲り戦」について、『記紀』はその戦後処理をいくつか載せている。①敗者への気配り、②敗者の中の帰順派対応、③協力してくれた同盟軍への恩賞人事、④天孫族が半島から持ち込んだと思われる疫病対策など。

①敗者への気配りとしては、敵方の首長たちを死に追いやった結果、彼らが怨霊化するのを防ぐ意味からも、それぞれの御魂を手厚くお祭りした。すなわち対出雲本国戦では、大国主を出雲大社（杵築大社《きづきのおほやしろ》）に、事代主は美保神社に、建御名方は諏訪大社に鎮魂した。また対大和戦では、大物主（饒速日《にぎはやひ》）を三輪山にお祭りした。

④の疫病対策は、崇神記・紀に詳しく出ている。天然痘ではないかと思われる疫病が、全国的に蔓延して多くの人々が亡くなった。天孫族が朝鮮半島から軍隊と一緒に持ち込んできたものではなかったか。『記紀』では、疫病が大物主の祟りであることを知った崇神が、大物主の児「大田田根子《おほたたねこ》」を神主にして、三輪山に大物主を鎮め奉ったのである。この記載部分にも、ユダヤ系の証拠が見てとれる。

まず『日本書紀』からその該当部分、大物主が、崇神の夢枕に立った場面である。

是《こ》の夜《よ》の夢《みゆめ》に、一《ひとり》の貴人《むち》有《あ》り。殿戸《みあらかのほとり》に対《むか》ひ立《た》ちて、自《みづか》ら大物主神《おほものぬしのかみ》と称《なの》りて曰《のたま》はく、「天皇《すめらみこと》、復《また》な愁《うれ》へましそ。国《くに》の治《をさま》らざるは、是《これ》吾《わ》が意《こころ》ぞ。若《も》し吾が児《こ》大田田根子《おほたたねこ》を以《も》て、吾《われ》を令祭《まつ》りたまはば、立《たちどころ》に平《たひら》ぎなむ。（中略）」

ここでは饒速日（大物主）の児が、大田田根子であると述べられている。饒速日はというと、出雲系ユダヤの大和における政治分野の責任者であった。彼はまた、邪馬台国の卑弥呼をお世話したことが、魏志倭人伝の記載から分かる。父方の血筋である饒速日がユダヤ系であるから、大田田根子は立派なユダヤ系である。

大物主にとっての「吾が児大田田根子」という表現は、『古事記』では異なっている。天皇の夢に大物主が顕れるのは同じであるが、意富多多泥古《おほたたねこ》（大田田根子）は大物主の子孫ではあっても、「吾が児」にはなっていない。

ここをもちて驛使《はゆまづかひ》を四方《よも》に班《あか》ちて、意富多多泥古と謂ふ人を求めたまひし時、河内《かふち》の美努《みのの》村にその人を見得《みえ》て貢進《たてまつ》りき。ここに天皇、「汝《な》は誰《た》が子ぞ。」と問ひたまへば、答へて曰《まを》しく、「僕《あ》は大物主大神、陶津耳《すゑつみみの》命の女、活玉依毘賣《いくたまよりびめ》を娶して生める子、名は櫛御方《くしみかたの》命の子、飯肩《いひかた》巣見《すみの》命の子、建甕槌《たけみかづちの》命の子、僕《あれ》意富多多泥古ぞ。」と白しき。

このあと意富多多泥古が、大物主を御諸山（三輪山）にお祭りして、疫病は無事に平癒したのである。しかしここでは意富多多泥古は、大物主から4代あとの裔孫である。彼が崇神や饒速日

（大物主）と同世代人とするには、少し無理がある。

筆者は歴史の素人であるから、そんな矛盾に躊躇しない。系図上で無理のない親子関係として考えるなら、『日本書紀』の系図を用いれば事足りるので、それを採用して論を進めていくことにする。

そして国譲り戦に登場する首長や将軍の名は、『古事記』の記載に合わせて、その対戦ごとにaからcに3分割して表示する（cの地方名と将軍名は『日本書紀』から）。

a．出雲軍：大国主、事代主《ことしろぬし》、建御名方《たけみなかた》　↕　天孫軍＝建御雷之男《たけみかづちのをの》神

b．大和軍：饒速日（大物主）、那賀須泥毘古《ながすねびこ》　↕　天孫軍＝神倭伊波禮毘古《かむやまといはれびこの》命（神武天皇）

c．非服従の地方：イ、北陸《くぬがのみち》　↕　天孫軍＝大彦命《おほびこのみこと》

ロ、東海《うみつみち》　↕　天孫軍＝武渟川別《たけぬなかはわけ》

ハ、西道《にしのみち》　↕　天孫軍＝吉備津彦《きびつひこ》

ニ、丹波《たには》　↕　天孫軍＝丹波道主命《たにはのちぬしのみこと》

国譲り戦は、神話の上ではa～cに3分割された描写になっているが、実際は、同時期に行われた1回限りの戦いであった。にもかかわらず、後世の持統女帝が、彼女の孫（文武）への皇位継承を正当化するため『記紀』神話を捏造して、女神アマテラス（持統）から皇孫ニニギ（文武）への皇位継承神話にすり替えている。すり替えの首謀者は藤原不比等であり、妻の橘美千代を通

じて、彼は持統天皇の寵臣であった。

先の『古事記』引用文で注目すべきは、親子関係を記載する部分である。すなわち埼玉《さきたま》稲荷山古墳の鉄剣銘にあるような、『旧約聖書』「歴代志上」の記載方式＝「親子関係をずらずら並べて連続記載する方式」が見られることである。

大物主大神、陶津耳《すゑつみみの》命の女、活玉依毘賣《いくたまよりびめ》を娶して生める子、名は櫛御方《くしみかたの》命の子、飯肩巣見《いひかたすみの》命の子、建甕槌《たけみかづちの》命の子、僕《あれ》意富多多泥古ぞ。→（大物主の子、櫛御方の子、飯肩巣見の子、建甕槌の子、意富多多泥古）

参考：「歴代志上」7．4－25～27 →（ベリアの子はレバ、その子はレセフ、その子はテラ、その子はタハン、その子はラダン、その子はアミホデ、その子はエリシャマ、その子はヌン、その子はヨシュア）

この記載方式は、意富多多泥古の母方血筋において、ユダヤ系の人々が活躍したことを推測させる。「河内の美努村」に住んでいた「陶津耳命」は、その名「陶（＝陶器）」が示すように、高熱処理技術を得意とする土器や埴輪の製造業者であったと思われる。

一方で、大物主を祖とする父方系図は、『古事記』「大年神の神裔」に詳しい。「大年神」＝「饒速日」＝「大物主」であるから、「大年神の神裔」とは「大物主の神裔」でもある。松尾大社（京都市）や日吉大社（大津市）の祭神「大山咋《おほやまくひの》神」も、この「大年神」（饒速日＝ユダヤ系首長）に連なっている。

大和岩雄先生の左記引用文は、「建甕槌命」の神名変化を載せている。ここでは土器を表す「甕」が変遷していく様子を学ぶことができる。『中臣・藤原氏の研究』によれば、「甕」をご神体としたのが鹿島神宮であり、その祭神は武雷槌神である。本来の神名「建甕槌命」にあった「甕《みか》」を「雷《みか》」に替え、「建《たけ》」を「武《たけ》」に替えて、甕神を武神にしてしまったのが藤原氏であった、という。その該当部分。

『古事記』の崇神天皇記に載る、三輪氏の始祖のオホタタネコの親としての「建甕槌命」表記は、「口承系譜の名残り」を文字化した、漢字が入る以前からの伝承であり、崇神天皇記に載る「建甕槌命」は、葦原中国平定のために派遣された『古事記』の神代記・神武天皇記が書く「建御雷神」とは異質の「甕神」である。（略）

『記』『紀』の神名表記から見たタケミカツチについての新旧の順序は、

1　建甕槌命　『古事記』（崇神天皇記）

2　武甕槌神　『日本書紀』（神代紀下巻）

3　武甕雷神　『日本書紀』（神武天皇紀）

4　建御雷命　『古事記』（神代記・神武天皇記）

という順序で、「甕神」から「雷神」に変化している。このように「タケミカツチ」という呼称は同じであっても、『記』『紀』はこの神の神名表記を文字表現で変えて、甕神を武神・雷神化している。この事実をいままでの論考はほとんど無視して論じているが無視できない。（『中

臣・藤原氏の研究』大和岩雄著／大和書房・２０１８年）

「甕」はまた、常陸の鹿島神宮の御神体であった。前掲書から、その言及部分を引用する。

鹿島神宮宮司東実の著書『鹿島神宮』に、「古き神人の伝」として左の伝承が記されている。

常陸国鹿島の海底に、一つの大甕《おおがめ》あり、その上を船にて通れば、下に鮮やかに見ゆるといへり、古老伝えいう。此の大甕太古は豊前にありしを……。

とあり、豊前から来たとあるが、「此の大甕は鹿島明神の御先祖を祭り奉る壺にて、鹿島第一の神宝」と言われていると書き、本来は「御神体」だったと、東実は『鹿島神宮』で述べている。甕神信仰であった多氏祭祀の鹿島神が、藤原・中臣氏の氏神化して剣神になったのである。（前掲書）

この一文によって、豊前国には甕神信仰があったことが分かる。豊前の他にも、筑紫や肥（火）などの九州地方が、甕神を祭るところであった。それを示す箇所を、同書からの引用によって確認する。

（前文略）大分君・阿蘇君・火君は、『古事記』の神武天皇記に依れば多氏系である。筑紫君も『筑紫国風土記』逸文は左のように書く。

昔、堺《さかひ》の上に麁猛《あらふる》神あり、往来《ゆきき》の人、半《なかば》は生き、半は死にき。其の数《かず》極《いた》く多なりき。因《よ》りて人の命尽《いのちつくし》の神と曰《い》ひき。時に、筑紫君《つくしきみ》・肥《ひ》君等《ら》占《うら》へて、筑紫君等が祖甕依姫《おやかめよりひめ》を祝《いはひ》と為《な》して祭らしめき。爾《それ》より以降《このかた》、路行く人、神に害《そこな》はれず、是《ここ》を以《も》ちて、筑紫の神とふ。(前掲書)

火君は肥君のことであり、肥国は肥前(長崎・佐賀)と肥後(熊本)のことである。大分や阿蘇、さらに筑紫も含め、九州の北部・中部には甕神信仰が根付いていたことが理解できる。この甕神を擁して九州から常陸へ進攻したのが多氏であり、同氏が鹿島神宮のご神体にしたのが「甕神」であった。

前記の「甕神信仰であった多氏祭祀の鹿島神」について、『常陸国風土記』「行方郡」では、次のように記されている。

斯貴満垣宮大八洲所馭天皇《しきのみつがきのみやにおほやしまくにしらしめししすめらみこと》(崇神天皇‥筆者注)の世《みよ》に、東《あづま》の垂《さかひ》の荒《あら》ぶる賊《あた》を平《たひら》げむとして、建借間命《たけかしまのみこと》を遣《つかは》しき。「即《すなは》ち、此《こ》は那賀国造《なかのくにのみやつこ》が初祖《はじめのおや》なり。」

建借間命とは建鹿島命のことであり、彼が那賀国造(茨城県中部)の初代である。また彼は、鹿島神宮の祭神であり、甕神を信仰する九州・杵島《きしま》(佐賀県西部)から進軍を始めたことが、『常陸国風土記』の記事から分かる。ときは、崇神天皇の御世の出来事であった。

行方郡の戦では、穴居する「国栖《くず》（土着の先住民、賊：筆者注）、名《な》をば夜尺斯《よさかし》・夜筑斯《やつくし》と曰《い》ふ二人《ふたり》」を、騙し討ちにしたのであるが、そのとき敵を欺くために利用したのが、建借間命の故郷「杵島《きしま》＝鹿島《かしま》（＝借間《かしま》）」の歌舞音曲であった。

杵《きね》を鳴《な》らし曲《うた》を唱《うた》ひ、七日七夜《なぬかななよ》、遊《あそ》び楽《たの》しび歌《うた》ひ舞《ま》ふ。

背後から襲いかかる予定の騎士たちを除き、建借間は軍装を解かしめ、代わりに故郷の歌舞を楽しんだのである。それも七日間も夜昼となく、杵をリズミカルに鳴らして、国栖たちをその住処から誘い出したのである。古代の「歌垣」というものであろうか、現在でいえば盆踊りに相当すると思われる。浮かれた彼らは、つい気を許してしまったのである。

建借間命《たけかしまのみこと》、騎士《うまいくさ》をして堡《とりで》を閉《と》ぢしめ、後《しりへ》より襲《おそ》ひ繋《かか》りて、尽《ことごと》に種属《ともがら》を囚《とら》へ、一時《もろとも》に焚《や》き滅《ほろぼ》しき。

このようにして初代那賀国造となった建借間命を、神武天皇記の記述に結び付けると、建借間命は多氏の出身であると推測できる。

然《しか》して生《あ》れましし御子の名は、日子八井《ひこやゐの》命、次に神八井耳《かむやゐみみの》命、次に神沼河耳《かむぬまかはみみの》命、三柱なり。（神武天皇の次男）神八井耳命は、意富臣（略）の祖なり。

（神八井耳命は、）常道の仲國造（略）の祖なり。

意富《おほ》臣＝多臣。「常道」は「常陸」のこと、また「仲國造」は「那賀国造」である。すると次の関係が成立することになる。

〈建借間命＝「那賀国造が初祖」〉→〈那賀国造＝仲國造〉→〈常道の仲國造の祖＝神八井耳命〉→〈神武天皇次男の神八井耳命＝意富臣（多氏）〉

先述の意富多多泥古《おほたたねこ》も、多（意富）氏の一族である。

さらには6世紀前半、継体天皇と戦った「筑紫の磐井」も、多氏に連なる一族である可能性が高い。継体記の該当部分である。すなわち「竺紫《つくしの》君石井《いはゐ》」も、甕神信仰の多氏である。

この（継体天皇の：筆者注）御世に、竺紫《つくしの》君石井《いはゐ》、天皇の命《みこと》に従はずして、多《まね》く禮《ゐや》無かりき。故、物部荒甲《もののべのあらかひ》の大連《おほむらじ》、大伴の金村《かなむら》の連二人を遣はして、石井《いはゐ》を殺したまひき。

「磐井の乱（527〜528年）」として有名なこの戦いは、子がなかった武烈天皇の崩御後、越前の継体が、正式な皇位継承者となった直後に勃発したものである。古代共和制のもとにあったヤマトでは、天皇を選ぶのは大和盆地の大豪族たちであった。彼らの選択は、最終的には継体支持であった。

候補者の継体は、応神天皇の五世孫という皇位継承資格であった。一方の磐井は、竺紫君＝多氏（神武天皇次男）の裔孫であったと思われる。大豪族のうち、大伴氏、物部氏そして許勢氏が継体を支持した。しかし磐井の支持者は、『記紀』に記録がない。それまでの天皇家との閨閥上では、葛城氏が継体即位に反対していたのであろうが、磐井支持であったかどうかは分からない。

継体の大和入部は、彼の「二十年」である。皇位継承を承諾してから19年もの長いあいだ、政権中枢の大和に入らなかったのには、理由があった。つまり継体新天皇に難を示す、葛城氏などの意向を反映したものである。大和の「磐余の玉穂の宮に都」するまで、継体の暫定的な宮処は淀川や木津川の近くにあった。瀬戸内海および琵琶湖に通じる淀川水運を利用できる上に、大和から攻められる可能性を考慮して、リスク管理を実施していたのである。奈良盆地北端にある平城山を盾にして防御態勢をとる一方で、緊急事態が発生すれば、一気に大和へなだれ込む気構えを示して、反対豪族たちの気勢を削ごうとしたのである。

多氏に繋がる磐井は、神武の栄光をも背にして、次代後継者の資格は十分であった。だから継体の大和入部の翌年（継体二十一年）、磐井は確信をもって「乱」を起こしたのである。「オレにも皇位継承の資格がある」ことを宣言するに等しい反乱であった。『日本書紀』継体紀に残る、当時の磐井の心境である。

二十一年夏六月《みなづき》の壬辰《みづのえたつ》の朔甲午《きのえうまのひ》に、近江《あふみの》毛《け》野臣《なのおみ》、衆六万《いくさむよろづ》を率《ゐ》て、任那《みまな》に往《ゆ》きて、新羅《しらき》に

> 破《やぶ》られし南加羅《ありしひのから》・喙己呑《とくことん》を為復《かへ》し興建《た》てて、任那に合《あは》せむとす。是《ここ》に、筑紫国 造《つくしのくにのみやつこ》磐井《いはゐ》、陰《ひそか》に叛逆《そむ》くことを謨《はか》りて、猶預《うらもひ》して年《とし》を経《ふ》。事《こと》の成《な》り難《がた》きこと恐《おそ》りて、恒《つね》に間隙《ひま》を伺《うかが》ふ。新羅《しらき》、是《これ》を知《し》りて、密《ひそか》に貨賂《まひなひ》を磐井が所《もと》に行《おく》りて、勧《すす》むらく、毛野臣《けなのおみ》の軍《いくさ》を防遏《た》へよと。是に、磐井《いはゐ》、火《ひのくに》・豊《とよのくに》、二《ふた》つの国《くに》に掩《おそ》ひ拠《よ》りて、使修職《つかへまつ》らず。

叛逆することを計画したものの、ぐずぐずしたまま（「猶預《うらもひ》して」）年が過ぎた。このままでは難しいことを恐れて、いつも継体側の隙を狙っていた。これが当時の磐井の心境であった、と書いてある。謀反の目的は何か、またその内容はどうか。ここが問題である。

謀反の目的＝磐井が皇位を継承すること。その内容＝磐井が豪族たちの支持を得て、大和に入部すること。これがぐずぐずの原因であったが、最終的な支持基盤が得られないまま、先に継体が大和に入ってしまった。もう後がない。

新羅が、彼のこの迷いを衝いてきた。「新羅《しらき》、是《これ》を知《し》りて、密《ひそか》に貨賂《まひなひ》を磐井が所《もと》に行《おく》りて」、決行を促してきたのである。新羅の本心は、次のようであったと推測する。

・大和の豪族たちが、次期皇位を巡って分裂している
・大和に政治的くさびを打ち込む好機である
・幸いにも、継体も磐井も最終決断ができずに、ぐずぐずしている
・継体の外交方針は、すでに「百済寄り」である

・大和の半島領「任那」についても、継体はその一部を百済に譲渡する動きである
・新羅の任那侵略に対しても、強硬姿勢ばかりではない
・つまり「任那」に関しては、長期的には分裂・分解する可能性がある
・継体の「百済寄り」政策に対抗して、新羅は「磐井寄り」方針を鮮明にすべき
・磐井に「賄賂《まひなひ》」を贈って、新羅の支援体制をはっきり知らせる
・磐井に「九州独立」をそそのかした可能性あり
・継体の大和入部は、新羅側に政治的決断が熟したことを認識させた
・磐井も、継体の大和入りにより、大和の豪族たちの意志が継体に定まったと判断
・「磐井の乱」勃発、磐井敗死→糟屋屯倉《かすやのみやけ》を天皇家に献上

以上が、当時の磐井の心境・迷いの内容であった、と思われる。しかしここは、磐井の乱を述べているところではなく、磐井と多氏が同族であったことを論証しようとしている。そこでこれまでの内容を整理すると、次のような結果になる。

1．建借間命の故郷は、杵島＝伊都国南隣（佐賀県西部）である
2．天孫崇神軍の将軍として常陸国に遠征・討伐して、初代那賀国造になった
3．那賀国造の祖は神八井耳命《かむやゐみみの》＝神武天皇の次男＝意富臣（多氏）
4．建借間命は多氏の出身であり、多氏は甕神を擁して常陸入りした

5．常陸国の多氏は、鹿島神宮のご神体を甕神とした
6．鹿島神宮の祭神は、多氏の建借間命（武甕槌神）である
7．建借間命の祭神名は、建甕槌命→武甕槌神→武甕雷神→建御雷命へと変遷した

2．多氏への戦後処理

建借間命が多氏であることが分かると、国譲り戦後の同氏の処遇にも、注意を向けなくてはならない。多氏の故郷は杵島であり、筑紫であった。または九州中部や南部を含む広域を支配する大氏族である、といってもよい。何といっても、多氏は戦後の不安定な時期に、軍勢を遠く常陸国まで差し向け、天孫崇神を手助けしているからである。

「神武記」神八井耳命から分岐していく氏族には、実に多くの名前が記載されている。全文を示すと、

神八井耳《の》命は、意富臣、小子部連、坂合部連、火君、大分君、阿蘇君、筑紫の三家連、雀部臣、雀部造、小長谷造、都祁直、伊余國造、科野國造、道奥の石城國造、常道の仲國造、長狭國造、伊勢の船木直、尾張の丹羽臣、島田臣等の祖なり。

ここには全部で、19氏が載っている。その地域的特徴から、九州（西海道）や四国（南海道）、

また東山道沿いに科野や陸奥、東海道沿いでは伊勢、尾張から常陸にかけて、ヤマトの周辺部を支配領域にしていた大豪族としての、多氏の実像が浮かびあがってくる。換言すれば、ヤマトの中枢部は天孫崇神が支配し、その他の地域は軍事支配力を前提にして、多氏一族が担当する統治システムが想定できるのである。

神武次男の神八井耳命と天孫崇神とは、神話における登場時期が異なる。すなわち神武は初代、崇神は10代目の天皇であるから、史料的に矛盾のない書き方を心掛けるなら、「大和の中枢部は神武が支配し、その他の地域は、神武次男の神八井耳命を祖とする多氏一族が担当する統治システム」とすべきであろう。しかし神武も崇神もともに「ハツクニシラススメラミコト」であるから、「崇神―神八井耳」の組合せでも、ある意味では矛盾していない、といえるかもしれない。

そして政治中枢の大和盆地や河内にも、多氏の一族は居た。それが笠縫邑《かさぬひむら》（奈良県磯城《しき》郡）の多氏（太安萬侶の出身）であり、河内の美努村に居た意富多多泥古であった。彼の名前にも意富《おほ》氏という氏族名がはっきりと出ている。ここに住んだ多（意富）氏は、政権に近いこともあって、次第に官僚化していくのである。さらに河内には、その地名を負った氏族である「凡河内《おほしかはち》氏」もいた。やはり「凡《おほ》」がその出自を示している。

中央で官僚化したほか、地方の多氏はその地元で豪族化した。前述の神八井耳命を出自とする各氏には、その地域名が付されている。そして豪族になった標《しるし》として、大きな古墳を造ることができたが、官僚になった者は小さな墓に葬られた。

因みに地域名が付く多氏一族を、『古事記』記載の順番に挙げてみると、九州と常陸周辺に、多氏系の国造が目立つ。括弧内は、現在の県名。

火君：　肥前（長崎県・佐賀県）・肥後（熊本県）
大分君：　豊前（福岡県東部・大分県北部）・豊後（大分県）
阿蘇君：　肥後（熊本県）
筑紫の三家《みやけ》連：　筑紫（福岡県）
伊余國造：　伊予（愛媛県）
科野國造：　信濃（長野県）
道奥の石城國造：磐城（福島県）
常道の仲國造：　那賀（茨城県）
長狭《ながさ》國造：　長狭（千葉県・旧安房国東部）

この他にも、伊勢や尾張が出てくる。大雑把にいえば、九州から常陸、磐城まで、東海道沿いに支配領域が伸びているような印象がある。しかしその中でも、九州と常陸周辺に密集して領国を持っていたのが多氏である、といえる。多氏は日本列島の太平洋岸を受け持って、天孫崇神が大和・出雲を含む、当時の先進地域を領有した形である。

これが国譲り戦後の、邪馬台国の「二分化」である。任那から新規に渡来した崇神が主となって、製鉄先進地域である日本海側と政治的中心地の近畿を支配し、崇神に協力した伊都国王であった多氏が、太平洋側を統治したのである。統治するといっても、多氏に割り振られた地方は、まだ支配システムが整っていたわけではないので、当然のように、武力による「新たな統治」を完成させる必要があった。

崇神の御世に、多氏出身の建借間命が、遠く伊都国から常陸まで遠征してきたのは、国譲り戦後の「二分化」が原因であった、と推測できる。そのあとの景行天皇の熊襲討伐も、倭建命の西伐・東伐も、同じ戦後処理の一環として、まだ多氏の統治に服さなかった人々、間接的には天皇家に従わない地域への武力行使であった。景行天皇のときになっても天皇家はまだ、多氏領地内の非服従民へ武力行使して、多氏の統治を手助けしたのである。

このように多氏と天皇家は、当時から密接な協力体制を築いていたが、多氏は天皇家には従属の立場であった。多氏が統括支配する東国＝関東は半独立国として、このあとも「東国《あづま》の調《みつぎ》」を天皇家に献上する立場を続けるのである。

多氏が、伊都国王であったことを証明しなくてはならない。推測過程に多少の無理があるかもしれないが、大筋では次のように考えていいのではないだろうか。

1.『古事記』神武記から、火（肥）君・阿蘇君・大分君は多氏である
また『日本書紀』継体紀に載る「筑紫《つくし》の磐井《いはゐ》」領有範囲は、筑紫・火（肥）・豊（大分）であるから、『記』の記載と合わせ、磐井（石井）も多氏である

2.『筑紫国風土記』逸文から、筑紫君・肥君の祖は甕依姫（甕神信仰）である

3. 筑紫君・肥君は、甕神を信仰する多氏である
4. 甕神＝甕棺出土地域は、筑紫や肥（肥前）である
5. 甕神信仰の筑紫・肥前には、甕棺に葬られた三種の神器が出土する
6. 三種の神器を埋納できるのは、伊都国王だけである
7. 三種の神器が出土する筑紫・肥前の甕棺は、伊都国王墓である

従って、甕棺（甕神信仰）の主は甕神信仰の多氏（筑紫君・肥君）であり、その中で三種の神器が出土する甕棺は、多氏＝伊都国王のものといえる。伊都国王であった多氏は、崇神への全面協力の功績によって、邪馬台国の周辺部＝九州や常陸などを任されたのである。

天孫崇神の渡来後、縄文・弥生時代からの甕棺墓は次第に姿を消し、卑弥呼や崇神の墓である前方後円墳、すなわち巨大古墳築造の時代を迎えた。そして最初の巨大古墳は、邪馬台国の所在地である、卑弥呼の都＝三輪山の麓に築造された。国譲り戦の主人公である三人は、三輪山麓にそれこそ隣り合わせの距離に眠っている。卑弥呼は箸墓に。饒速日（大物主）は三輪山に。また崇神は「山邊《やまのべ》の道の勾《まがり》の岡の上に」葬られている。

伊都国王はユダヤ系であり、かつ阿曇氏＝秦氏であった（拙著『魏志倭人伝の中のユダヤ』）。ここではさらに、ユダヤ系伊都国王＝阿曇氏＝秦氏＝多氏という結論になったが、常識的歴史認識からは遠く隔たっている。しかし論理的な筋道を経て達したものであるから、これを前提に調査を進めていくことにする。

ユダヤ系伊都国王＝阿曇氏＝秦氏であるという関係は、次のように述べて証明した。（前著から引用）

水の底に滌《すす》ぐときに成れる神	→	底津綿津見神	底筒之男命
水の中に滌ぐときに成れる神	→	中津綿津見神	中筒之男命
水の上に滌ぐときに成れる神	→	上津綿津見神	上筒之男命
（ご祭神とする主要神社）	→	志賀海《しか(の)うみ》神社 （福岡市東区志賀島）	住吉大社 （大阪市住吉区住吉）

この三柱の綿津見《の》神は、阿曇連《あづみのむらじ》等が祖神《おやがみ》と以《も》ち拝《いつ》く神なり。故《かれ》、阿曇《の》連等は、その綿津見《の》神の子、宇都志《うつし》日金拆《ひがなさくの》命の子孫《うみのこ》なり。その底筒之《の》男命、中筒之《の》男命、上筒之《の》男命は、墨江《すみのえ》の三前《みまえ》の大神なり。

上記の神社名からして、志賀海神社も住吉大社も、海人族が信仰する神々をお祭りしている。
また志賀海神社のある志賀島は、「漢委奴國王」の金印が発掘された島である。
そしてこの「宇都志日金拆命」のお名前には、実に重要な情報が含まれている。

UTU—SI＝ユダヤの

HIGANA＝日を反射する金属（鏡）
SAKU　＝割れる（「拆」の意は、「ひび・割れ目」）

海神綿津見の子は、当然のように海人族のリーダーであるが、この「宇都志日金拆命」はユダヤ系であり、かつ鏡をもつことができる身分＝国王であり、その鏡は「割る」あるいは「割られる」性質のものである。するとすぐに思い浮かぶのは、伊都国王のものと思われる墳墓から、大量の割れた（割られた）鏡が出土したことである。

（中略）

さらに綿津見神＝阿曇氏の宮（対馬国の海神神社）の祭神は、もとは八幡神であった。八幡神は秦氏が奉斎する神であるから、これはもう、阿曇氏は秦氏であると言っているようなものである。

・綿津見神の宮（海神神社）のご祭神は、もとは秦氏が奉斎する八幡神であった
・綿津見神はユダヤ系秦氏の一族か、または秦氏そのもの
・綿津見神の子が、「宇都志日金拆命」である
・「宇都志日金拆命」の意味は、「ユダヤ系の神で、鏡を割る風習をもつ神」
・割れた（割られた）鏡が、伊都国の王墓から出土する
・「宇都志日金拆命」は、伊都国王であり、秦氏でもある（少なくとも秦一族）

『新撰姓氏録』では、阿曇（安曇）氏は次のように記されている。

678　安曇連　綿積神命児穂高見命之後也

この記録を『古事記』のものと比較すると、かなり分かり易くなる。

阿曇《の》連等は、その綿津見《の》神の子、宇都志《うつし》日金拆《ひがなさくの》命の子孫《うみのこ》なり

二つの記載を、次にまとめてみた。

『新撰姓氏録』　→　安曇連は　綿積神命の児である　穂高見命の子孫

『古事記』　→　阿曇連等は　綿津見神の子である　宇都志日金拆命の子孫

従って「穂高見命」は、「宇都志日金拆命」である。よって勾玉・（割られた）鏡・剣の三種の神器（大王の所持品）がセットで出土する怡土《いと》郡の諸遺跡は、「宇都志＝ユダヤの」＋「日金拆＝鏡を割る」風習をもつユダヤ系伊都国の王墓である。

「ユダヤ系伊都国王＝阿曇氏＝秦氏＝多氏」という関係式が成り立つので、秦氏と多氏は別の氏族ではあっても、ほとんど同族であった。その証拠として、両氏は同じ地域に居住する隣人であった。伊都国では双方ともに、王家の一族であったと考えられる。多氏は、王氏ではなかったか。両氏は大和盆地の中央「笠縫邑」でも隣人同士であり、「三輪山」と「二上山」を結ぶ線上に位置する「多神社」には、寄付名を記す木札に、多さんと並んで秦さんの名前もある。現在で

も隣人関係が続いている二氏は、常陸でも隣人であった。常陸の那賀国造は多氏出身の建借間命であり、また「常陸《ひたち》」という国名は、「秦氏の土地」という意味の「ＨＡＴＡＴＩ」→「ＨＩＴＡＴＩ」であることからも、両氏の深い繋がりが分かる。

３．多氏と装飾古墳

では本題に入ろう。古墳の中で、ひときわ異彩を放つのが装飾古墳だ。装飾古墳は、一般的に大きな古墳であるから、豪族の墓である。絵画や線刻が残された横穴式石室を持ち、５～６世紀にかけて築造された。描かれた絵画は赤や青など色彩豊かに塗られ、①馬や武器、人物などの具象的な形ばかりではなく、②抽象的な△や○を組合せたものもあり、極めて特異なものである。そして全国的なその分布も、極めて異例だ。

　彩色の装飾古墳は、福岡県から熊本県にかけての地域に多い。またそこから遠く離れた常陸や磐城で見つかる。この分布の偏りを何か歴史的な事象と関連付けるなら、多氏の支配領域と重なっている、という他ない。多氏が首長・国造となっていた地域の全部ではないが、多氏と関連させないと、その分布状況を上手く説明できない。だから多氏が首長クラスであった九州中部と常陸周辺に、多氏の墳墓として横穴式石室が築造された、と仮定して論を展開していく。一方の大和周辺の多氏は、官僚化したため大きな古墳を築くレベルの力を持っていなかったのであろう。

　また右記①と②の違いについては

①具象的な絵は埋葬された人の
- a．死後のあるべき姿を描いたもの
- b．生前の偉大な様子を描いたもの

②抽象的な絵は埋葬された人の
- c．信仰の対象を描いたもの（神そのもの）

として、その可能性の是非を検討していく。

　ところで単純な疑問であるが、装飾古墳の被葬者や埋葬を行った親族たちは、いったいどんな姿をしていたのであろうか。埋葬されるに当たって、被葬者はきらびやかに飾られ、彼・彼女の身分に相応しい思い出の品々と一緒に葬られるが、埋葬する人々の格好は、当時の普段着や作業着、あるいは軍服であったろうから、それを知ることができれば、多氏や秦氏に関する服装を確認することができる。

　考えがここに至って初めて、横穴に彫られた線刻画や古墳に並べられた埴輪など、人物の具象的な姿にヒントがあることに思い当たる。それら線刻画や人物埴輪と、装飾古墳が築造された時期とでは、厳密には年代差があるであろう。しかし服飾という点では、大きく古墳時代として捉えた場合、急激な変化はなかったであろうから、描かれたり造形された人物の姿は、当時の埋葬を請け負う人々の格好と判断しても良いと思われる。

そこでまず、線刻画の中の人物画像を調べてみる。

3−1　高井田横穴群（大阪府柏原市）と竹原古墳（福岡県宮若市竹原）

一番有名な線刻画は、大阪府柏原市にある。大和川北岸の高井田横穴群の線刻壁画である。その中から、第3支群5号横穴の人物画像を詳しく見てみたい。筆者はその方面の専門家ではないが、描かれたものが何ものであるのか、これまでに得た知識で推測してみようと思う。

その前に、装飾古墳の研究書から分かり易いものを選んで、判断の参考にしなくてはならない。『装飾古墳の世界をさぐる』（大塚初重著／祥伝社・２０１４年）を学習史料として、進めていく。そこで「五号横穴」について、先生の説明文を引用する。

3-5号横穴・船に乗る人物線刻壁画

3-5号 羨道右側壁の線刻壁画（柏原市歴史資料館）

第三支群の五号横穴の線刻は、大阪の高井田と言えばこことされるほど有名です。この線刻壁画は入口の羨道部分というか通路の左壁にあり、上の方に舟に乗った人物が一人いまして、この舟はゴンドラのように舳と艫が上がっています。真ん中の人（A）は被りものをしていて、胴が細く締まっていて、腕を挙げた表現をしているのですが、裳《も》ではなくスカート状の上着を着ていて、紐《ひも》などで足を括《くく》る足結《あゆい》をしたズボンを穿《は》いている。北方民族や騎馬民族系統の胡服《こふく》のような服を着ています。

その左側の人物（B）も、同じようにスカート状のものを穿き、頭に三角の帽子か冠状のものを被り、左手に武器状のものを持っている。それから中央の下の人物（C）もズボンを穿いて、三角の帽子を被り、手の五指をパッと広げたような表現をしている。

その右にいる人物（D）は目鼻を描いてないんですね。頭から二本毛が生えているというか、これは羽飾りではないかという人もいるんですね。それから船の左右にも小さな人物が二人乗っています。これを子供と見るか大人と見るか。絵の構図上、舟の真ん中の人物が親方で、左右の人物は舟漕ぎで左の人（A－1）は櫂《かい》を、右の人（A－2）は長い棹先に丸いものが付いている棒状のものを持っている。これを碇《いかり》と言う人もいます。あるいは柄《え》の長い先の丸い櫂でしょうか、分かりません。

注：（A）から（D）は、人物説明の必要から筆者が付した符号

写真1：竹原古墳奥壁壁画

ここではまず、（A）の人物に焦点を当てて見てみたい。彼の外見は、「裳《も》ではなくスカート状の上着を着ていて、紐《ひも》などで足を括《くく》る足結《あゆい》をしたズボンを穿《は》いている。北方民族や騎馬民族系統の胡服《こふく》のような服を着」る人物として描かれている。

線刻ではないが、装飾古墳として有名な竹原古墳（福岡県宮若市竹原）の壁画にも、同じ服装の人物が描かれている。この人物は、埋葬された首長または王の従者であり、主君のために馬を引いている兵士であろう。左右に大きな団扇状の翳《さしば》が二本据えられてあるが、被葬者が首長クラスであることを示している。

この兵士は、兜の先に羽飾りを付けているように見える。上着の裾が長く、足結のズボンもハッキリと判る。またつま先が尖ったような靴を履いている。左右の耳から垂れたような「美豆良《みづら》」状の髪も描かれている。

これを先の高井田の線刻人物（B）と比較すると、こちらにも両耳部分に半円状突起があり、多分これも「美豆良《みづら》」の線刻ではないだろうか。さらに彼の靴は先が尖り、足結のズボンを穿いて、スカート状の上着を着ている。頭部の三角帽子のような被り物こそ羽飾りではないが、両者は同じ服装をした同族の人であったに違いない。ただ高井田（大阪府）と竹原（福岡県）とが遠く離れているので、彼らがどのような事情で離ればなれに暮らすことになったのか、推測するヒントがあれば、そこからまた新しい発見があるかもしれない。

竹原の羽飾りの兵士は馬を引いているが、その足元には舟が在る。舟の下に浪のような、あるいは蕨手《わらびて》文にみえる模様が左右に二個ずつある。舟がある以上、浪頭が四つ描かれていると解釈した方が自然であり、引かれた馬は荒波を越えて、羽飾りの兵士に連れられてこの地にやってきたのである。要するに軍馬である。そして被葬者は、軍馬を使いこなす首長であったと判断できる。

舟の形もゴンドラ型で、舳《へさき》と艫《とも》が反り上がった外洋航行が可能な舟であったと思われる。これまでの論理的筋道を追えば、これら兵士や馬は、対馬海峡を越えて朝鮮半島から渡ってきた軍勢であった可能性があり、この地に覇を確立した一団であった。九州と朝鮮半島とが軍事面で密接な関係にあった頃、竹原古墳の主は亡くなったのである。

このように考えると、具象的な装飾古墳の壁画は、「a．死後のあるべき姿を描いたもの」ではなく、「b．生前の偉大な様子を描いたもの」と考えざるを得ない。

竹原古墳（円墳）が造られたのが、6世紀後半であることを考慮すると、軍事的に密接な関係にあった半島国家は、新羅か百済ということになる。6世紀前半の継体の外交方針は、すでに百済寄りであった。『日本書紀』継体紀には、これでもかといわんばかりに親百済の記事に満ちている。一方で新羅と昵懇の磐井は、同国の政治的要請に応えるかのように、継体に反乱したのである。先述のまとめ部分を再掲する。

・大和の半島領「任那」についても、継体はその一部を百済に譲渡する動きである
・新羅の任那侵略に対しても、強硬姿勢ばかりではない
・つまり「任那」に関しては、長期的には分裂・分解する可能性がある
・継体の「百済寄り」政策に対抗して、新羅は「磐井寄り」方針を鮮明にすべき
・磐井に「貨賂《まひなひ》」を贈って、新羅の支援体制をはっきり知らせる
・磐井に「九州独立」をそそのかした可能性あり
・継体の大和入部は、新羅側に政治的決断が熟したことを認識させた

磐井の敗戦後は、その子「筑紫君葛子《つくしのきみくずこ》」が、自らにとって重要な経営拠点であった「糟屋《かすやの》屯倉《みやけ》」（福岡県糟屋郡）を、継体新天皇に差し上げて死を免れた。装飾古墳の主は、時期的に見て「磐井の乱（6世紀前半）」が大きく関連しているので、6世紀後半の竹原古墳は、「筑紫君葛子」のものである可能性がある。

竹原古墳壁画の兵士像に戻る。6世紀に描かれたその特徴を、3世紀邪馬台国の男子の外見と比較しながら、検討してみたい。そのあいだに3世紀の開きがあるが、同じ九州の人間として、今日のような服装の変化はあまりなかったであろうことを前提にしている。魏志倭人伝が伝

	竹原古墳の兵士		魏志倭人伝の倭人
	↓		↓
特徴１	両耳脇で結う（または垂らす）美豆良《みづら》		→美豆良？（髪を伸ばしっ放しか？）（「髪を両耳の上に垂るるのみ」：隋書倭国伝）
特徴２	先が尖った靴		→徒跣《とせん》（裸足《はだし》）
特徴３	足結のズボン	衣服関係	→貫頭衣《かんとうい》
特徴４	スカート状の上着	衣服関係	→横幅の木綿を結束（縫わない）
特徴５	三角帽子または兜頂の羽飾り		→記載なし
特徴６	一緒に描かれた馬、浪、ゴンドラ型舟と櫂や棹		→馬はいない →ゴンドラ型舟の記事はない

える倭国男子の風俗は、「儋耳《たんじ》・朱崖《しゅがい》（中国・海南島）と同じ」であり、海に潜って「魚蛤《ぎょこう》」を捕え、その潜水時、大魚の害を防ぐため入れ墨の習慣をもっていた。この風俗・外見と竹原古墳の兵士を比較すれば、まさに異風そのものであり、兵士が倭人であるとはとても思えない。

これら風俗・外見の相違を一言で表現するなら、竹原古墳の兵士は「北方民族や騎馬民族系」の様子であり、倭人伝の倭人は南方系である。

渡海する兵士の姿は、九州の他にも記録がある。出雲や伯耆の海岸に押し寄せる舟に乗った、羽飾りの兵士を刻んだ有名な弥生土器である。鳥取県米子市の稲吉角田遺跡出土で、「大きな壺のくびに、太陽、舟をこぐ鳥装の人々、木、鹿、高床建物などが描かれて」いる。

筆者がこの壺を見たのは、島根県立古代出雲歴史博物館であった。展示された銅剣、銅鉾、銅鐸に圧倒された上に、舟を漕ぐ兵士の頭部羽飾りに、またびっくりしたのである。同館「展示ガイド」の説明では、「神まつりの場を描いたものでしょうか。舟が向かおうとする高床の建物は長い柱とはしごをもち、出雲大社のはるかな源流を思わせます」とある。この線刻絵画では、櫂を漕ぐ兵士と思しき人たちの頭に、二本の羽飾りが付いている。先頭のリーダーらしき者の飾りは、他より手の込んだ作りになっているらしい。そして舟は、明らかにゴンドラ型である。舟の舳《へさき》には二筋の、羽か植物らしきものが取り付けられている。

　この舟に乗った兵士軍団を他の線刻画と合わせて考えると、以下のような村落の日常が見えてくる。絵は全部で六個ある。すなわち、a鹿・b太陽・c樹木？＋銅鐸？・d高床式建物・eやぐら状建物・f船と人物。

　a鹿とb太陽は、村落の自然環境そのものである。d高床式建物は、村落の農業生産が進んで、余剰農産物の保管建物が必要であったことを示している。eやぐら状建物は異常に高いので、農村の日常生活には不便極まりない建造物に見える。その目的は何か。見張り番が常駐する場所であろう。何を見張るのか。fの「船と人物」である。つまり、遠い海の向こうからやってくる敵兵の舟が、水平線の上に見えたとき、大急ぎでその危急を農作業中の村人たちに告げる役目である。そして木に吊るした二個の銅鐸らしきを打ち鳴らして、村中が可及的速やかに戦闘準備に就くよう、促すのである。壮年男子は武器を持って戦闘態勢に、婦女子は食べ物や水などを抱えて避難場所に急ぐ。煮炊きに必要な竈《かまど》は、こういう場合を想定して、持ち運び可能なものが望ましいことになる。

　やぐら状建物＝見張り台説を唱えるのは、参考となる歴史的建造物が、地中海沿岸に残っているからである。ローマ滅亡後の中世、地中海世界を荒らしまわった海賊対策として、沿岸に数珠つなぎに立てた「サラセンの塔」のことである。『ローマ亡き後の地中海世界〈3〉海賊、そして海軍』（塩野七生著／新潮文庫・２０１４年）から、教授していただく。

> サラセンの海賊の脅威にさらされつづける沿海の住民たちにとって、希望はどこにもない。彼らができた自衛のための手段は、広く海を見渡せる地を選んで塔を立て、海賊船の襲来を一刻も早く見つけ、住民たちに逃げる時間を少しでも多く与えることだけであった。これらの塔は、イタリア語では「トッレ・サラチェーノ」（サラセンの塔）と呼ばれた。

観光資源という点では、地中海岸の高台に立つこれら多くの塔は、背後の袋小路のような街並みの美しさも手伝って、これぞ南部イタリアの象徴、といった風情がある。本当はアフリカ北部のサラセン人による、年々の営利的な海賊行為を防ぐ塔であった。拉致されたら、高い身代金を払わなくてはならない。海賊たちの目的は金銭を得ることであった。

古代日本と中世地中海とでは時代が違うのは確かだが、地理的条件からすれば、日本海と地中海は、海賊行為を行うには適当な広さの海といってよい。九州と朝鮮半島とのあいだの海賊行為では、むしろ倭国側の方が積極的であった可能性すらある。

その証拠に、『三国史記倭人伝』（佐伯有清編訳／岩波文庫・１９８８年）の「新羅本紀」には、倭人来襲の記事にこと欠かない。なかには魏志倭人伝の「卑弥呼」とは別の、同じ名前の「卑弥乎」の記事がある。これを正しいとすれば、「ヒミコ」という名前は一般的な役割呼称「日の巫女」を表すものと思われる。

［一二］倭の女王卑弥乎《ひみこ》、使を遣わし来聘す。（第二、阿達羅尼師今二十年〈一七三〉五月条）

魏志倭人伝の卑弥呼が帯方郡（魏）に遣いを出したのは、最初が景初二（２３８）年であるから、明らかにこのときの卑弥乎ではない。では、「新羅本紀」の卑弥乎が誰に該当するのか興味は尽きないが、そのままにして、ここは本題に戻る。

頭頂羽飾りの兵士は、水平線の向こうからやってきた。余剰農産物のある山陰の諸海岸は、毎年のように彼らの略奪に備えなくてはならない。「サラセンの海賊の脅威にさらされつづける沿海の住民たち」は、倭国では山陰海岸の農民のことであり、弥生土器の大壷表面に、そんな日常生活の一コマが刻まれたのである。

彼らは高句麗や新羅の兵士であった、と思われる。確認できる姿としては、高句麗の徳興里古墳壁画（平壌近郊の平安南道南浦市）に描かれた、羽飾り状のものを頭部に付けた兵士である。そしてこの兵士頭部飾りは、稲吉角田遺跡出土の土器や竹原古墳壁画の兵士のものに酷似している。

これまでの考察に基づくと、九州から山陰にかけて、頭頂に羽飾りや房飾りを付けた兵士が、ゴンドラ型の舟に乗って渡来してきた、といえる。それは農産物などの強奪目的であったり、ま

写真2：芝山仁王尊 観音教寺所蔵
芝山町立芝山古墳・はにわ博物館保管

た上陸地域での支配者になるケースもあった。逆に倭国からも同じ目的で兵を出していたので、攻めたり攻められたりした。だから磐井のように、九州に親新羅的な半独立国ができたし、半島に倭国領「任那」が成立もしたのである。

　では山陰や九州から東には、そんな兵士はいなかったのであろうか。大阪府の高井田横穴の線刻画には、すでに胡服のようなものを着た三角帽子の兵が、武器らしきものを持った姿で登場していた。さらに遠く、関東ではやはり胡服らしきものを着て、ユダヤ式の三角帽子を被った埴輪がたくさん出土している（写真2）。それらは千葉県の芝山町立芝山古墳・はにわ博物館に展示され、誰でも自分の目で確かめることができる。平時の三角帽は、戦時には兜に置き代わるが、そんな武装埴輪の造形も細部まで見ることができる。しかし埴輪の兜には、羽飾りが付いていない。粘土を焼いて作る過程では、羽を造形するのが難しいから、技術的にはやむを得ないのであろう。

3－2　虎塚古墳（茨城県ひたちなか市）

しかし「ユダヤ系の人たち」であることを、直接的に表現する文献、史料はない。だからこそ素人探偵局は、その難問に挑戦しなくてはならない。これまでの観察からすれば、ユダヤ系と決め付けても良いが、あまりに無理な飛躍は、トラブルの基になるかもしれないので、慎重にことを運んでいきたい。

彼らがユダヤ系であるといい切るには、例えば「ダビデの星」と決定的な関係が存在することが証明できれば良いであろう。この一点で攻めてみたい。これまでにも思わぬところから、「星」は出てくれたのであるから。

一例をあげるなら、出雲大社の巨大神殿遺構に内接する「星」は、散歩のお陰で発見した。途中に立ち寄った市立図書館で、『出雲の考古学と『出雲国風土記』』（古代出雲王国の里推進協議会　編／学生社・2006年）を借りたことが、筆者の幸運であった。出雲大社に「ダビデの星」。そんなことは考えたこともなかったが、まさに出雲の神さまが手助けしてくれたとしか思えない。すぐに発見譚を書き上げ、『魏志倭人伝の中のユダヤ』の最後に載せることができたのだ。

そこで建借間命（多氏）は初代那賀国造＝常陸の中心国であり、その常陸はＨＩＴＡＴＩ＝ＨＡＴＡＴＩ（秦氏の国）であったから、ここ常陸の古墳の中から「ユダヤの星」を発見できると予測して、調査を開始する。その古墳は多氏が造営したものであり、かつ秦氏のものでもあると推論してかかることにする（研究姿勢としては問題が多いが……）。

ここで再び、装飾古墳が視野に入ってくる。虎塚古墳（茨城県ひたちなか市）が面白い。この古墳が造られたのは7世紀初頭とされるので、6世紀後半の竹原古墳築造より少し後のことになる。九州と常陸の壁画を描いたのが、同じ画工かどうかは分からないが、同じ工房の仲間であった可能性はある。同じ多氏所属の画工として、九州から関東へ移動したかもしれない。前著でも述べたように、秦氏は移動する（させられる）人々であった。画工が秦人（秦の民）であった証拠はないが、秦人（秦氏所属の民）が技芸にも優れていたことは、もう定説である。そしてユダヤ系秦氏なら、ユダヤの神を描くのに躊躇はないし、親戚・隣人の多氏の古墳築造なら、全面的に協力するに決まっている。

古墳の名称が異様である。「虎」がいない倭国にもかかわらず、「ＴＯＲＡ―ＤＵＫＡ」なのだ。中国の兵法書「六韜《りくとう》」の虎韜巻《ことうのまき》から出ている、というのが正説らしいが、しかしこの虎塚古墳の場合、「六韜」のような難しい書を引合いに出して命名するほど、人々はこの古典には馴染んでいなかったはずだ。そして野生の虎がいない倭国では、「ＴＯＲＡ」は虎ではない。江戸時代の虎の絵だって、猫の変種かと思わせる姿態・想像図であったから、まして古墳時代の現地人には、「ＴＯＲＡ」という単語でイメージするものは何であったのか。古墳築造の当事者であるユダヤ系の多氏や秦氏が、「ＴＯＲＡ」といっていたから「虎塚」になったのではなかろうか。

では、ユダヤ教の「トーラー」（モーセ五書・律法）ではどうか。あの夥《おびただ》しいユダヤ人型埴輪がこの常陸や下総から出土する以上、可能性はおおいにある。そして虎塚古墳から「ダビデの星」やそれを暗示する図形を見つけることができれば、その「可能性」は、ほとんど「確実性」へと変化する。

写真3：虎塚古墳石室壁画
（ひたちなか市教育委員会所蔵）

玄室の一番奥は、被葬者を安置する最重要な場所である。その石室最奥の壁に描かれた△と○の組み合わせは、いったい何ものであるのか。初めてこの壁画を発見したのが前掲書の著者、大塚初重先生であったから、図形解釈にも慎重を期さねばならない。先生の発見譚である。

この扉（「高さ一・二メートル、厚さ二〇センチをちょっと超えるくらいに削った、分厚い凝灰岩の扉石」）を一〇センチくらい動かしたとき、外の光が中に入った瞬間に見えた壁画（写真3）があります。石室の奥の正面北壁にドーナツ型の文様が瞬時に見え、一番先頭にいた私と、勝田市（現ひたちなか市：筆者注）の鴨志田篤二《かもしだとくじ》氏という方が「あっ壁画だ！」と言ったとたんに、テレビ、新聞の報道関係者が石室の入口に殺到したんです。

ところが墓道に凝灰岩が敷いてあるので、その上を革靴《かわぐつ》でどたどたと上がると凝灰岩が壊れてしまうので、学生諸君がスクラムを組んで報道陣を押し返すという揉《も》み合いが始まるのです。

このような大発見時の一幕があったので、虎塚の△・○は特別に気を引き締めてかかるつもりである。先に、「①具象的な絵は埋葬された人の　b．生前の偉大な様子を描いたもの」であることを述べたが、「②抽象的な絵は埋葬された人の　c．信仰の対象を描いたもの（神そのもの）」である、という点についてはまだ論証していない。この△・○こそが、ユダヤ系の人々の信仰の何ものかを表現しているに違いない、と気ばかりが焦る筆者である。

取っ掛かりは、やはり「虎」にしたい。「トーラー」という言葉が、そのまま虎塚の呼称になったと仮定し、かつそれがユダヤ教の「モーセ五書」や「律法」を意味する「トーラー」であるとして、△・○は、ユダヤの神を象徴する「ダビデの星」に置き換わるのか。置き換わることができれば、著者の仮定は正しかったとするのである。少し無理矢理の論理ではあるが、余所目を気にせずに挑戦していきたい。

注：「モーセ五書」とは、『旧約聖書』の最初の五書（創世記・出エジプト記・レビ記・民数記・申命記）である。すなわちユダヤの神そのものである。

最初に、「トーラー」の外見を確認する。それは巻物になっており、両方から巻くことができる。従って、巻くための軸が二つあるのである。両方の軸のあいだに書かれたものが「神の言葉」になる。「トーラー」と「神の言葉＝モーセ五書」を壁画にしようとする画工は、「トーラー」の二つの軸の上に、神の象徴である「ダビデの星」を描けば、その目的を果たすことができるのである。

だが描かれたのは「ダビデの星」ではなくて、お互いが逆立ちした正三角形二つである。二つの正三角形の頂点がピンポイントに接して、上下逆向きの正三角形が二つである。イメージとしては、砂時計に見える二つの正三角形であるともいえる。初めて見たとき、筆者はまるで砂時計のようだと思った。

古墳時代に倭国に渡来したユダヤ系の人々にとって、神を造形することは禁じられていた。そのように神が命じたのである。具体的な神の像が禁止されたので、抽象的な神として、逆向きの正三角形二つが描かれた、と推測した。

実際の壁画は、逆向き正三角形二つと二重丸が二つである。ここまでの推理によれば、二つの○は、「トーラー」の軸を下から見たもの（＝二つの○）である。そしてその二つの○の上の逆向き正三角形は「神」そのものである。

ここから先は、二つの正三角形に少し手を加えれば、すぐに「ダビデの星」が出現する。出現方法は、二通りである。

第一は、二つの正三角形を上下逆向きにスライドさせることによって、「ダビデの星」を作る方法である。

第二は、二つの正三角形をそのままの形で水平に、右または左に平行移動させて、もとの二つの正三角形に接してできる別の二つの正三角形、その全部で四つの正三角形を内接包含する長方形の中に、「ダビデの星」が出現するのである。第二の方法を別な視点で言うと、ピンポイント以外の頂点のうち、同じ側にある二つの頂点を結んだ線分を軸に１８０度回転させれば、「ダビデの星」を内接する長方形ができるのである（図１）。

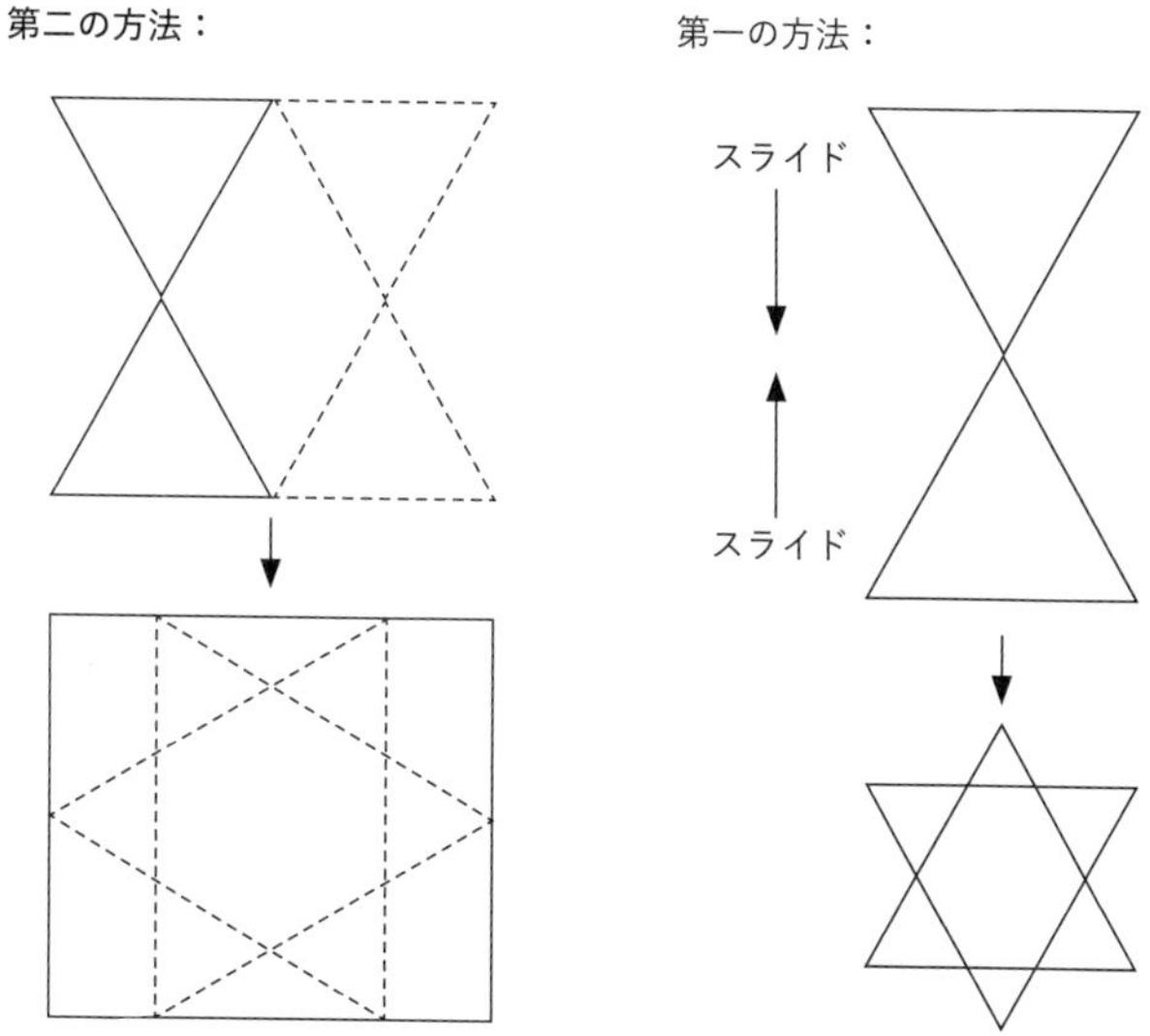

図1：縦の二つの正三角形を並べてできる「ダビデの星」は、東西に長い出雲大社型になる。横の二つの正三角形からは、平安京型の南北に長い「ダビデの星」ができる。

このようにして二つの正三角形から、「ダビデの星」を作成することができる。だから虎塚古墳の二つの円（トーラー）の上の二つの逆向き正三角形は、隠された「ダビデの星」＝「ユダヤの神」を表している、と考えられる。

数値的な検証は簡単である。長方形に「ダビデの星」がピッタリ内接する場合、その長方形の長辺÷短辺の比は以下の公式で示される。

長辺÷短辺＝$2\div\sqrt{3}$＝1・1547

第二方法では、その正三角形の一辺を2とすると、頂点からの降ろす垂線は$\sqrt{3}$になるので、その平方根の値がいくつになるのか、画工たちが思い煩う必要はない。正三角形を描けば、その図上に$\sqrt{3}$の長さがすでに描かれているのである。

図で見る通り、第二方法では長辺の2が二つ、短辺の$\sqrt{3}$が二つある。

$$2\times 2 \div \sqrt{3}\times 2 = 2\div\sqrt{3} = 1.1547$$

となって、目には見えなくても「ダビデの星」は存在している。

この第二方法は、実際の土木工事において、「ダビデの星」を内接させる長方形を縄張りによって作るときにも使用できる。むしろその縄張りによって具体的な工事を行ったと思われる。例えば「ダビデの星」を内接させた平安京や出雲大社旧本殿は、第二方法＝縄張りを応用しないと難しい。

平安京の縄張りを再現したい。筆者の想像上の造営方法であるから、説得力に欠けるのはやむを得ない。当時の尺度の単位が、いまの何cmになるかよく分からないが、平城京外京を検証していたときの数値を、概数として使用することにする。『人文地理』第34巻第3号（人文地理学会編・1982年）所載の「平城京外京の計画尺に関する一考察」（浅田真紀子）の中では、1尺＝29・6cmとしているから、ここではそれを30cmとして利用してみたい。

まず縄張りの基本となる1単位を30cmとしたので、縄の長さはその整数倍のものを使用したはずである。

30cm×１０００＝３００m　……　縄Aの長さ

この縄を利用して作る正三角形の頂点から降ろす垂線の長さは、約２６０mであるが、垂線を計測して数値化する必要はない。垂線の長さを、そのまま別の縄に移して縄Ｂとすれば、用が足りる。

$(300)^2 - (150)^2 = 67,500$

$\sqrt{67500} \fallingdotseq 260\text{m}$ …… 縄Ｂの長さ

平安京の南北は約５・２㎞であるから、縄Ｂを20回延長すればよい。

２６０ｍ × 20 ＝ ５・２㎞

また東西は約４・５㎞であるから、縄Ａを15回延長すればよい。

３００ｍ × 15 ＝ ４・５㎞

平安京二条通りの東西長である４・５㎞を縄張りから観察すると、二条の東端または西端から７・５回分の縄Ａによって、朱雀門の中央位置が決まる。

４・５㎞／２（東西長の中央位置まで）÷ ３００ｍ ＝ ７・５回

朱雀門中央点から二条東端または西端までの長さをもつ縄Ｃを作ると、縄Ｃの長さは２２５０ｍである。その中央点から東の縄を半分の半分（１／４）にして中央点から東の二条通りに置き、反対側の縄を同じく半分の半分（１／４）にして中央点から西に置くと、全体の計算では東西長４・５㎞の１／４の長さの縄が、朱雀門を中心にして東西に横たわることになる。

４・５㎞ ÷ ４ ＝ １・１２５ｍ （＝大内裏の東西長）

大内裏の南北長は、平安京全体の長さ５・２㎞の１／４であるから、

5・2km ÷ 4 ＝ 1、300m （＝大内裏の南北長）

長方形である大内裏の長辺と短辺の比は

1、300 ÷ 1・125 ＝ 1・1555（理論値は1・1547）

という数値が算出できるので、ここ大内裏にも「ダビデの星」が隠されている。ただ実際の縄張りは、300mの縄Aを7・5回分を測って決めた朱雀門中央を基点にして、東側に562・5mを縄張りし、同様に西側にも同じ長さを計測したと推測される。

1回目縄張り 300m
2回目縄張り 300m÷2＝150m
3回目縄張り 150m÷2＝75m
4回目縄張り 75m÷2＝37・5m
合計562・5m

562・5×2＝1125m

装飾古墳の虎塚＝トーラーの考察から、縄張りの効果に至り、さらには平安京の造営方法にまで言及した。これまでに見つけた平安京内接の「ダビデの星」は、秦氏の星、賀茂（鴨）氏の星の二つ。そして今回の大内裏の星を入れて、全部で三つを数えることができる。

虎塚の△・○に話を戻すと、それらが象徴するものが、渡来ユダヤ系の人たちの信仰と深い関係があることを理解した。この解釈は、いまのところ著者が言っているだけであるから、個人的な独断である。

描かれた不可思議な△・○が何を表しているかを明確に述べた文章は、これまでにはないと思われるので、独断であっても少しは価値がある。ユダヤ的視点のもとでの理解であるが、それら抽象的図形解釈を、他の壁画古墳の絵にも適用してみたい。

3－3　チブサン古墳（熊本県山鹿市）

抽象画で有名なチブサン古墳を見てみたい。三角文や菱形文さらに円文が、赤・白・黒の極彩色に塗り分けられている。その石屋形奥壁に描かれた二つの目玉がこちらを見ているような錯覚に捉われそうになるが、その二つの円文がまた女性の乳房に見えることから、それが訛ってチブサン古墳といわれるようになったらしい。５世紀末から６世紀に入る頃の前方後円墳である。７世紀はじめ築造の虎塚古墳より、約１００年前のものであるが、このチブサンに、虎の図形解釈を適用して考えてみよう。つまり「二つの円文」は「トーラー」であり、三角文（その応用図形の菱形文）は「ユダヤの神」である、という仮説である。

この壁画は、見る者を驚かすに十分な迫力がある。乳房もさることながら、抽象図形の真ん中に、王冠らしきものを被った人物が万歳をしている。その右側壁面には白い正三角形二つが、虎塚と同じ縦向きに描かれている。相交差した横向きの黒い二等辺三角形と一緒に考えると、全体で一つの長方形を成している。分かり易くいうと、その長方形の対角線によってできる四区分に

写真4：チブサン古墳（提供元：山鹿市商工観光課）

は、上下に白い二つの正三角形があり、左右が黒い二等辺三角形なのである。

　そしてこの長方形と王冠の人物とのあいだに、二本の縦棒がある。その長さは長方形短辺の長さと同じであるから、その指示する意味は多分、もとの長方形の左右どちらかに、同じ長方形をもう一つ描け、という命令のように見える。するとその二つの長方形を大枠としてその中に、虎塚古墳と同じ「ダビデの星」が出現するのである。

　どうせなら、直接的に「ダビデの星」を描けば良いのに、当時のユダヤ系の人々の「神」のイメージは、「逆向きに相接する二つの正三角形」のようだ。「白い二つの逆向き正三角形」＝「神」を崇める行為の中から、自然発生的にでき上がる図形が「ダビデの星」であったと思われる。

　乳房を思わせる二つの円文は「トーラー」であり、そのモーセ五書を読む者には、神のさまざまな教えが、それこそ極彩色の三角形や菱形文になって、空間に拡がるのである。このチブサン古墳の被葬者が眠る空間も、神のイメージで満たされていたのである。王冠の被葬者はこの地の王（多氏同族の磐井一族）であり、両手を挙げて「神」を讃えている。

「5世紀末から6世紀に入る頃の前方後円墳」であるチブサン古墳は、熊本県の菊池川流域にあって、時代的には「磐井の乱」前後の築造であるから、磐井関係者の墓であった可能性が高い。磐井一族もユダヤの神を信仰していた、と筆者は確信した。

　装飾古墳の壁画とそれに類する線刻画などについては、まだ数例を見ただけである。大阪の高井田横穴群の線刻壁画、福岡県宮若市竹原の竹原古墳壁画、鳥取県米子市の稲吉角田遺跡出土の大壺に刻まれた絵、さらに虎塚古墳（茨城県ひたちなか市）などである。そんな壁面や線刻の絵から、一般的な仮説を提唱するには早すぎると思うが、一応の結論としては次のようなものである。

①具象的な絵は、埋葬された人の生前の偉大な様子を描いたもの
②抽象的な絵は、埋葬された人の信仰の対象を描いたもの（神そのもの）

　具象図形と抽象図形は、多くの場合、古墳壁面に混在して描かれている。①と②が混在している以上、それらの意味を明確にして、古墳壁画の真の意図を探ることが必要になる。意図を探るための指針がないと、被葬者の真の姿もどこかに消えてしまうからである。具象画＝被葬者の生

前の偉大な様子、抽象画＝被葬者の信仰対象（神）、と考えると、△や○と一緒に馬や武器がたくさん描かれていても、特に困惑することもない。
①とも②とも判断が付きかねる絵も存在するが、それはそのまま未解釈物件として、棚上げしておけばよい。そのうち装飾古墳全体を総合的に再検討するとき、再考すればよいであろう。

3－4　王塚古墳（福岡県嘉穂郡）

さて次に検討する装飾古墳は、王塚古墳である。遠賀川支流の丘陵にあるこの前方後円墳は、その築造が「磐井の乱」の前後であったと推定される。従って被葬者はやはり、磐井一族の可能性がある。「○○（王・多）―DUKA」という名称からも、多氏＝磐井一族であったと思われる。「鉄地《てつじ》金銅張《こんどうばり》剣菱形《けんびしがた》杏葉《ぎょうよう》」などの立派な金銅製馬具一式が出土していることから、「これだけの馬具を持てるのは、筑紫地方でも最高級の首長ではなかったかと想定できるものなんです」と述べているのは、先の大塚先生である。

横穴式石室の壁は天井も含め赤く塗られ、全体として印象は赤の世界である。きっと赤色が厄除けか、あるいは悪魔祓いの役割を担っていると思われる。そして前室から奥室への通路の両脇には袖石があって、右袖石には黒と赤の馬が上下に二頭描かれている。左袖石の馬は三頭で、上から黒、赤、黒と色分けされている。馬という具象図は、生前の被葬者の様子を写しているので、この首長は騎馬民族系の王であったと思われる。

魏志倭人伝の記録によって、倭国には野生の馬はいなかったので、大陸や朝鮮半島から持ち込まないかぎり、磐井の頃にも倭国固有種は存在しようがなかった。また馬がいなかった倭国ではそもそも、「立派な金銅製馬具一式」を作り出したり、馬具を改良したりする機会がないのだ。騎馬民族の渡来に伴い、完成品の馬具とともに、馬も一緒に連れてこられたと考えないと、魏志倭人伝の記載に矛盾を生じるのである。

奥室の正面には、上下左右に隙間なく、三角形の連続文が壁一面に描いてある。赤・緑・黄・白・黒の5色が、それぞれに重ならないような配慮が感じられるので、当時の画工は美的なバラ

写真5：棺床（レプリカ）

写真6：王塚装飾古墳館（レプリカ）

ンス感覚も合わせ持っていたようである。△の連続文は神そのものであり、その神前に夫婦二人の遺体を安置する（予定の）棺床がある、という石室構造である。

棺床の前部にある左右の「燈明石」に描かれているのは、矢を入れるための「靫《ゆき》」や「双脚輪状文《そうきゃくりんじょうもん》」である。後者は「翳《さしば》」（＝王さまの背後から翳《かざ》す日除け）を抽象化したものであると考えられるから、「燈明石」の絵は被葬者が王であり、多くの戦いを勝ち抜いた勇者であることを明示している。

結果としては、磐井一族が九州の王（多氏）であり、騎馬民族の末裔であったことを確信できるので、この王塚古墳の壁画は、「磐井の乱」前後の九州の政治・軍事的勢力の実態を知るための貴重な史料である。その上に、磐井一族の信仰対象は「トーラー」のモーセ五書であり、神の名はヤハウェである。

3－5　千金甲《せごんこう》1号墳（熊本市松尾町）

松尾について

抽象壁画の続きとして、熊本市松尾町の「千金甲1号墳」について考えてみよう。

すぐに横道に逸れるのは筆者の悪い癖であるが、地名の「松尾」のことである。「松尾」

で思い起こすのは、秦氏の松尾大社、そして讃岐の金毘羅さんである。京都の松尾大社を奉斎するのは秦氏であるが、金毘羅さんも秦氏に深い関係がある。『隠された「ダビデの星」』の中で書いた、空海に関する大和岩雄先生の解説部分を引用する。

本城（本城清一氏：著者注）は「讃岐金刀比羅宮は創祀は秦氏の氏神社（旗宮）」と書いているが、「旗宮」は「秦宮」である。神仏習合時は「金毘羅大権現」と称していたが、神仏分離で明治元年に「金刀比羅《ことひら》宮」と名を変え神社になった。「金毘羅大権現」がいつごろ創始されたかは不明だが、元亀四年（一五七三）の「金毘羅赤如神宝殿造営」の棟札から、この年に松尾寺（香川県琴平町の寺：著者注）の住職が守護神として創建したとある。松尾寺の「松尾」は山城国葛野の秦氏の氏神松尾大社の「松尾」であり、この金刀比羅宮の所在地は松尾村というが、金毘羅大権現の別当は、代々秦氏出自の松尾寺の住職であった。

秦氏が住職を務めた松尾寺は、象頭山《ぞうずさん》松尾寺という。讃岐民謡のお座敷唄「金毘羅船船」にも、この象頭山が出てくる。一番の歌詞である。

金毘羅　船々
追い手に　帆かけて
シュラシュシュシュ

回れば　四国は
讃州《さんしゅう》　那珂《なか》の郡《ごおり》
象頭山《ぞうずさん》　金毘羅大権現
いちど　まわれば

この歌詞にある「那珂《なか》の郡《ごおり》」は、茨城県北部の那珂町・那珂川、福岡県博多付近を流れる那珂川など、類似の地名がそのまま秦氏の住居地を暗示させて興味深い。

「千金甲1号墳」は島原湾に近く、多くの古墳が確認される白川や坪井川の河口付近、「熊本市松尾町の高城山の南斜面に位置する径約10mほどの円墳」である。『装飾古墳の世界　図録』(国立歴史民俗博物館／朝日新聞社・１９９３年)からの解説文である。

壁画はすべて浮き彫りと彩色によって、石障の四周内側と正面屍床の仕切石の前面に描く。石障は同心円文と対角線文を交互2段に線刻し、とくに正面の石障の対角線部分にはそれに重ねて、矢を納めて背中にしょった靫《ゆき》を彫りこんでいる。屍床の仕切石には同心円文などを1段つらねる。彩色は、壁面全体を赤く塗り、同心円は赤・青・黄で、対角線は赤・黄で塗り分ける。靫はまんなかの長方形の部分を黄で、矢の部分を青で塗り分ける。

写真7：千金甲１号墳壁画（出典：熊本県立装飾古墳館）

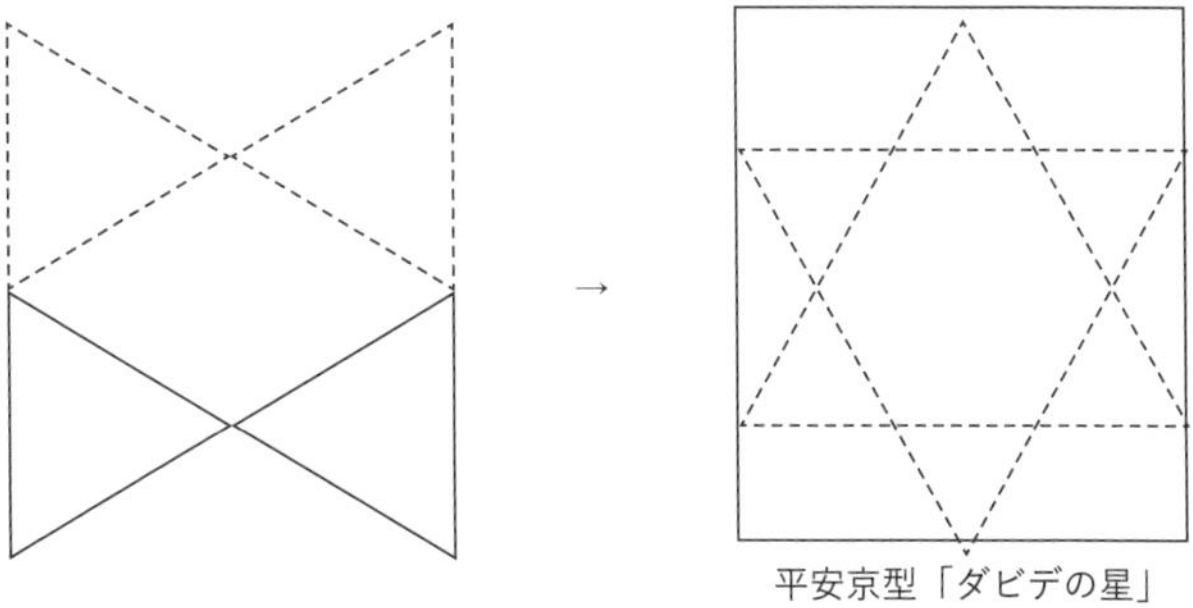

平安京型「ダビデの星」

対角線文に描かれた二つの逆向き正三角形は、もちろん厳密に辺の長さを測れば正三角形ではない。二つの円文（＝トーラー）のあいだの二つの正三角形＝神の言葉は、それが上下二段に線刻されており、かつその二段全体に重なって「靫」が彫られるという、複雑な技法で作られている。二つの正三角形＝神。神に重ねた靫＝戦い。つまりこの場合、神の言葉は「戦え（靫）」である。「戦え＝靫」という神の意志に基づいて、この被葬者は戦ったことを表している。地名から推して、秦氏＝多氏であったと思われる。

この「靫」の表面には何の模様も見えないが、平安京型の「ダビデの星」が隠されている。横向きの二つの正三角形を上下に重ねてできる、上下に長い大枠長方形には、平安京型＝秦氏の「ダビデの星」が出現するからである。

4．武烈後の皇位継承争い＝「磐井の乱」

ユダヤ系同士が戦う古代倭国では、継体の時代もやはりユダヤ系同士が戦った。「磐井の乱」である。ユダヤ系磐井一族の対戦相手が、これも名前にユダヤ系の特徴をもつ継体であった。先述の通り武烈崩御あとの皇位を、北陸出身継体と九州出身磐井が争ったのである。継体一族の名前に、ユダヤ系の特徴があることの証拠として、拙著『魏志倭人伝の中のユダヤ』追記7から、自説を再掲する。

例えば『日本書紀』巻第十七、「継体天皇」の冒頭部分である。人名の読みに付けた①などの数字は、著者の便宜によるものである。

男大迹天皇《をほどのすめらみこと》①　継体天皇《けいたいてんのう》

男大迹天皇　更《また》の名《みな》は彦太尊《ひこふとのみこと》②。　は、誉田天皇《ほむだのすめらみこと》③の五世《いつつぎ》の孫《みまご》、彦主人王《ひこうしのおほきみ》④の子なり。母を振媛《ふるひめ》⑤と曰《まう》す。

①から⑤までの人名を抜き出して、読み方だけを表示する。①WO—HODO　②HIKO—HUTO　③HOMUDA（→HONDA→HANDA→HADA→HATA）　④HIKO—USI（USA）　⑤HURU—HIME。『古事記』では①と③の名前が、同じ発音で記載されている。

また宝賀氏の前掲書には、「『上宮記』逸文に所載の三尾君系譜」によって、「振媛の父の乎波《おは》智《ち》君は坂井郡の高向神社（坂井市丸岡町）が祀る」とある。ここでもO—HATIという特徴的な名前に出会う。

ユダヤ系秦氏の祖である弓月君から始めて、以下にその変化形を示す。（　）内は、『新撰姓氏録』に残る秦氏の首長たちと、継体に関連する人々の名前である。

YUDU―KI（弓月＝ユダヤから来た）→（Y）UDU→UDU→（H）UTU→HUTU→
HUTO（普洞《ふとう》王、彦太《ひこふと》＝継体）→HOTO（浦東《ほとう》王）→HODO（男大迹《をほど》＝継体）→HATA（秦）
→HATA（秦）
（H）UTU→HUTU→HURU（振媛《ふる》）
→USU→USA→USI（彦王人《ひこうし》）
（H）UTU→HATU→HATI（乎波智《おはち》）

かくして「磐井の乱」は、武烈後の皇位継承を争うユダヤ系同士の戦いであった。この結論は、日本古代史の常識からはかけ離れているものの、これまでの数々の検証の結果からして、著者はこれを確信している。

「乱」平定後の天皇家は、磐井一族＝多氏の勢力を削ぐべく、その支配地へ楔を打ち込んでいく。そんな様子が、『日本書紀』安閑紀二年の記事から窺《うか》がえる。継体二十二年に「乱」を解決したあと、継体二十五年に天皇は崩御した。次の安閑二年（実際には継体崩御の翌年）の5月、各地に屯倉を設置した。その地方を列挙すると、多氏の支配領域が際立っている。屯倉は天皇家直轄領といってよいので、多氏の経済基盤を奪い取る算段が透けてみえる。たくさんの国と屯倉が出てくるので、『紀』本文をそのまま載せるのではなく、整理して分かり易い形で示す。

この記事によって、装飾古墳の世界と『記紀』の記事が結び付くのである。

国名（現在の県名）	設置屯倉数	神八井耳命（多氏）の後裔
↓	↓	↓
筑紫国（福岡県）	2	筑紫の三家連《みやけ》
豊国　（大分県・福岡県）	5	大分君
火国　（熊本県）	1	火君、阿蘇君
播磨国（兵庫県）	2	
備後国（岡山県・広島県）	5	
婀娜《あな》国（広島県）	2	
阿波国（徳島県）	1	→近隣の首長＝「伊余《いよ》国造（愛媛県）」
紀国　（和歌山県）	2	
丹波国（京都府・兵庫県）	1	
近江国（滋賀県）	1	
尾張国（愛知県）	2	丹羽臣、島田臣
駿河国（静岡県）	1	
上毛野国（群馬県）	1	→近隣の首長＝「科野《しなの》国造（長野県）」「仲《なか》国造（茨城県）」「石城《いわき》国造（福島県）」「長狭《ながさ》国造（千葉県）」

この表では、多氏が国造となっていた国々に、天皇家屯倉が数多く設置されたことが見て取れる。そして多氏国造の地方には装飾古墳が偏在するため、安閑紀に新設の屯倉は、装飾古墳の傍らに設置されたかの印象となる。「磐井の乱」後の天皇家は、明らかに磐井を含む多氏一族から、その地方の支配権力を奪取することにしたのである。

朝鮮半島と大和とのあいだに在って、九州の地理的便利さと同時に、その危険性をも再確認した天皇家は、「大宰府」を置いて、筑紫などの重要拠点を直轄地とし、人事政策も政権の意志に沿ったものにしたのである。

しかしその屯倉設置数の厳しさを見ると、実線の楕円形内の九州地方に新設された屯倉が八カ所であるのに対し、同じ多氏の支配地であっても、点線長方形の関東地方には一カ所だけである。この厳しい格差によって、九州の多氏（磐井）は経営基盤を完全に失って、関東の同族である多氏を頼らざるを得なかったことが分かる。即ち、九州の多氏は、「磐井の乱」のあと、天皇家の屯倉新設政策の強化に伴って、常陸などの関東へ移住したと考えられるのである。その配下には、秦氏・秦人や中臣氏がいた。対馬出身の中臣氏が豊国に住み、卜占を職掌として多氏に仕えていたことは、『中臣・藤原氏の研究』で詳細に検証されている。

　歴史を後付けで眺めることができる私たちは、このあと常陸から中央へ進出した中臣氏が、卜占を捨てて、天皇家（特に後宮）のさまざまな課題解決に貢献しながら、並びなき貴族へと進化していく様子を俯瞰《ふかん》することができる。そんな中臣・藤原氏と天皇家との二人三脚が、その後の歴史を形作っていく過程を、はっきりと認識できる。それ故、現代への影響力という点でも、「磐井の乱」の帰趨《きすう》がその後の歴史を大きく左右した、と結論できる。

　さて、安閑の次の宣化紀元年5月に載る「官家《みやけ》」の設置記事も、そんな屯倉新設政策の一環であった。普通にはミヤケは「屯倉」と書かれるが、この場合は「官家」となっているので、穀物をはじめとする税の保管場所というより、かつての邪馬台国時代、伊都国に常駐した魏の「一大率」の軍事機能を代替する役割が、その名称に込められているのである。

　ミヤケ（屯倉）である以上、物資を集めて出納・保管する機能が必要であるから、「那津《なのつ》の口《ほとり》」としては、現在の博多付近が税物の集散に最適である。しかし「官家」とある。「官」は役所・朝廷を意味するので、九州における朝廷とは、すなわち「大宰府」である。従ってこの場合のミヤケは、物資の集散機能と政治・軍事機能を備えたものであり、現在の「博多」と「大宰府」を一つの役所として理解することができる。

軍事機能を発揮させるなら、「磐井の乱」のような地方豪族の反抗を牽制する意味でも、港や河口より少し内陸部の、九州中南部に睨みを利かす場所＝現在の「大宰府」あたりが良いと思われる。「乱」の記憶が残る宣化の時代にあっては、「那津の口」の理解も、博多より少し内陸の「大宰府」に重点を置いた方が、周囲の国々への軍事的圧力＝「一大率」の代替機能がはっきりしてよい。実際の距離としては、博多の筥崎宮から大宰府天満宮まで、直線で約14〜15㎞である。また「大宰府」と南部および西部九州への分岐点である現鳥栖駅へも、同じくらいの距離にあって、軍勢を常駐させるには最適であろう。このような地理的理解の上で、宣化紀引用文を読むと、「屯倉」としての税物集散機能の裏に、天皇家の刃《やいば》が見え隠れしているのである。

　官家《みやけ》を、那津《なのつ》の口《ほとり》に脩《つく》り造《た》てよ。又《また》其《か》の筑紫《つくし》・肥《ひのくに》・豊《とよのくに》、三《み》つの国《くに》の屯倉、散《あか》れて懸隔《とほきところ》に在《あ》り。運び輸《いた》さむこと遥《はるか》に阻《へだた》れり。儻《も》如し須要《もち》ゐむとせば、以て率《にはか》に備《そな》へむこと難《かた》かるべし。亦《また》諸郡《もろもろのこほり》に課《おほ》せて分《くば》り移《うつ》して、那津の口《ほとり》に聚《あつ》め建《た》てて、非常《おもひのほか》に備へて、永《ひたす》ら民《おほみたから》の命《いのち》とすべし。早《はや》く郡県《こほりこほり》に下《くだ》して、朕《わ》が心《こころ》を知《し》らしめよ」とのたまふ。

「筑紫・肥・豊、三つの国の屯倉」が遠距離にあるため、その貯蔵品を直ぐに利用することができないので、新設の「官家＝屯倉」に分けて移せ、と命じている。この措置によって、「筑紫・肥・豊」＝多氏（磐井一族）の経済・軍事的基盤は徐々に失われていったのである。

西暦	『日本書紀』の記事
↓	↓
527（継体21）年	「磐井の乱」勃発
528（継体22）年	「磐井の乱」平定
531（継体25）年	継体崩御（百済本紀による崩御年）
又は 534（継体28）年	〃
534（安閑元）年	安閑即位
535（安閑2）年	多氏支配の各地に屯倉設置
536（宣化元）年	「官家（大宰府）」新設

「安閑二年（継体崩御の翌年）の5月、各地に屯倉を設置した。その地方を列挙すると、多氏の支配領域が際立っている」という文章の続きを、やっと書くことができる。先述の熊本市松尾町の「千金甲1号墳」の在るところに、天皇家の屯倉が新設されたのである。古墳からは、東に数キロしか離れていない。

その「新設された屯倉8カ所」の一つが、「春日部屯倉」である。熊本市西区のホームページから転載する。

◆日本書紀によれば西暦535年に春日部屯倉（かすがべのみやけ）が火国（現在の西区春日）に置かれました。春日部屯倉は西暦527年に筑紫国造（つくしのくにのみやっこ）磐井（いわい）が大和朝廷に対して反乱を起こしたことがきっかけとなり、大和朝廷の中・北部九州への支配強化のために筑・火・豊の三国に置かれた8つの屯倉の一つです。

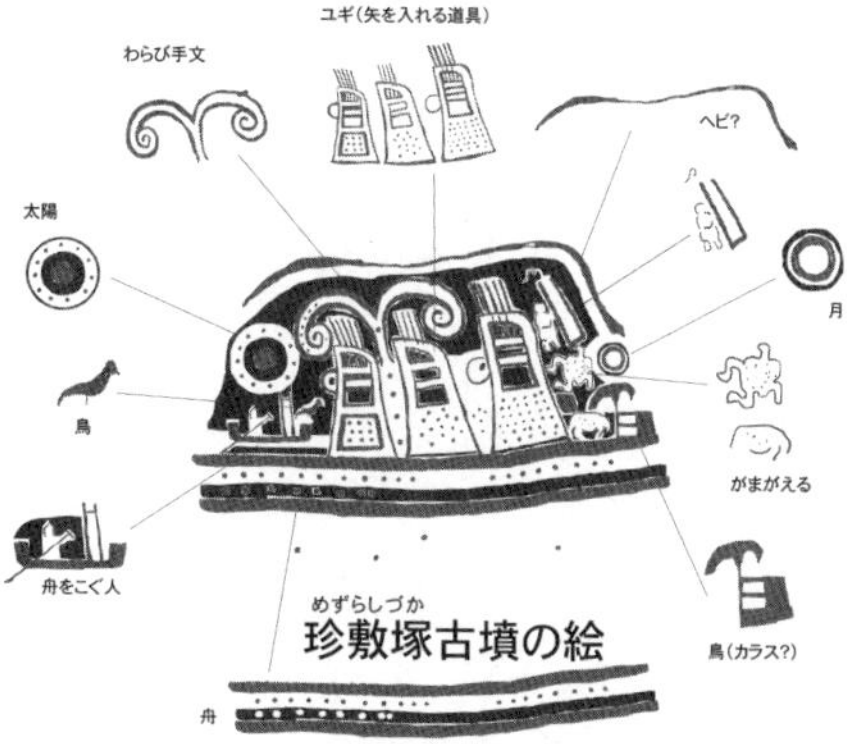

写真8：福岡県珍敷塚古墳　後室奥壁の壁画
（出典：うきは市文化財報告書第2集）

4－1　珍敷塚《めずらしづか》古墳（福岡県うきは市）

装飾古墳壁画を見るのは、あと二つにする。福岡県うきは市の「珍敷塚古墳」と、東北地方から一つ、福島県双葉郡の清戸迫《きよとさく》横穴群76号の彩色壁画を選ぶことにする。

「珍敷塚古墳」は具象壁画であるから、被葬者の生前の活躍を描いたものとして、各絵を見ていくことにする。

時間的な解釈は、左から右へと時間が経過し、左端がその出発光景であり、右端がその帰結である。大きな靫が三個と盾をもつ小さな人物画があるので、その時間＝時代の中で、被葬者または被葬者の祖先たちは、大きな戦い（靫）を三度も経験し、比較的小さな戦闘

（盾）を1回戦ったこと明示している。そして右端の鳥または傘状のものは、被葬者の帰結部分であるから、鳥ではない。するとこの絵は傘＝翳《さしば》＝王になったことを意味し、被葬者はこの筑紫の王であったと考える。

すでに竹原古墳の壁画に、大きな二個の翳を見ている。その形状からして、何かしら日本的ではないが、思い付くのは、エジプトのファラオの後ろから差し出されるものである。古墳築造のとき、その九州の画工は、エジプトの風景を知っていたのであろうか。そんなことはあり得ないと思って、筆者はそれを書くのをためらった経緯がある。

しかし珍敷塚左端のゴンドラ型舟は、またまたエジプトを思い起こさせる。

エジプトのテーベにあるセンネジェム墳墓の壁画には、太陽を取り巻いてコブラのような蛇が居る。一方の珍敷塚の蛇は、太陽を巻くのを止めて大空長く、壁画右端にまで達する姿で描かれている。そして両壁画には大型の黒い鳥、烏らしきものが舳先にとまって前方を眺めている。

太陽・蛇・烏・ゴンドラ型舟・櫂など、両図の相似は際立っているので、珍敷塚の画工の下絵には、このエジプト壁画があったに違いない。そう考えないと、合理的な説明が付かないのだ。しかし考えてみれば、恐ろしくなるほどの相似である。珍敷塚被葬者の先祖のそもそもの出発地は、エジプトである可能性がある。下絵としてのゴンドラが、どこか朝鮮半島などの東アジアで見つかれば、珍敷塚の画工はそれを参考にした、とも考えられる。

エジプトの古墳壁画の船は、「太陽の船」として知られている。亡くなった大王を黄泉の国に連れて行くため、船の舳先は、それが在ると思われていた西方を向いていた。しかしエジプトから遥かに隔たった日本の古墳に姿を遺すには、エジプトを出た船は東方に進んで行かなくてはならない。エジプトの船は、出エジプト記のユダヤ人によって、一旦ユダヤに来て、それから遥か東方の倭国に出現した、そんな推測ができるのではないだろうか。

ユダヤ教徒の額に乗っている「ヒラクティリ」は、山伏の額にある六角形の「兜巾《ときん》」として、極東日本に再現する。その間、ユーラシア大陸にはそれらしき飾りを頭部に付ける習慣を持つ人々はいないので、遥かに遠いユダヤと日本にだけ存在するもの（兜巾）が、この世の中には実在しているのだ。この伝でいけば、遠く隔たったエジプトと倭国の壁画に、同じ「太陽の船」や「翳」を発見しても、驚くことはないのかもしれない。

とにかく出発地はエジプトであるとして、珍敷塚の壁画を理解していこう。時間的な経過が行き着く先は、蛇が伸びている先端の右下隅である。エジプト出発のあとの空間的な移動の先は、壁画の赤い下線（ユーラシアの大地）が終わる場所、やはり右下隅である。蛇と大地は一筋の赤い線となって壁画全体を囲って、それらの絵が被葬者とその一族の活躍を描いているのである。その右隅こそ、被葬者の最終的な身分を示している。

「太陽の船」には鳥が乗っているので、「鳥船」である。「出エジプト記」にあるように、ユダヤ人はエジプトからユダヤのカナン地方へ移ってきた。従って「船」のイメージも、そのままカナンに移転されて、ユダヤの「太陽の船」となった。ユダヤ系の人々が倭国に到達したとき、ユダヤの諸宝とともに「天鳥船」として倭国にやってきた。このように考えないと、壁画見学者を納得させる歴史解釈は成り立ちそうもない。

「太陽の船」（エジプト）→「太陽の船」（ユダヤ）……「天鳥船（太陽の船）」（珍敷塚）

『古事記』には、その「天鳥船」のことが載っている。前著の最後で、「天」は「ユダヤ」を意味すると理解したから、「天鳥船」は「ユダヤの鳥船」ということである。装飾古墳壁画にある「鳥船」は、記紀神話と結び付くことによって、文献的な裏付けを得ることになる。葦原中国《あしはらのなかつくに》を譲れと迫る天孫軍は、出雲側の大国主を説得しようとした。第1回目の使者には「天菩比神《あめのほひの》」を、第2回目には「天若日子《あめのわかひこ》」を遣ったが、2回とも失敗した。第3回目の遣いは、武力行使も辞さない「建御雷之男《たけみかづちのをの》神」であった。彼に副《そ》えて遣わされたのが、「天鳥船神」であった。武器をちらつかせた建御雷が、大国主に「国譲り」を強要する場面である。彼の脅しを引用する。

「天照大御神、高木神《の》の命《みこと》もちて、問いに使はせり。汝《いまし》がうしはける葦原《の》中《つ》国は、我が御子の知らす國ぞと言依《ことよ》さしたまひき。故《かれ》、汝が心は奈何《いか》に。」とのりたまひき。ここに答へ白しく、「僕《あ》は得白《えまを》さじ。我が子、八《や》重言代主《へことしろぬしの》神、これ白すべし。然るに鳥遊《とがり》をし、魚《な》取りて、御《み》大《ほ》の前《さき》に往きて、未だ還り來《こ》ず。」とまをしき。故ここに天《の》鳥船《の》神を遣はして、八重事代主《の》神を徴《め》し來《き》て、問ひたまひし時に、その父の大神に語りて言ひしく、「恐《かしこ》し。この國は、天《あま》つ神の御子《みこ》に立奉《たてまつ》らむ。」といひて、すなはちその船を蹈み傾《かたぶ》けて、天《あま》の逆手《さかて》を青柴垣《あをふしかき》に打ち成して、隠《かく》りき。

戦うか譲るか、大国主は自ら決定するのを避けた。この国難である「国譲り」の可否を、自分の子である事代主に委ねてしまった。その事代主はというと、そんな大事なときに、美保の御崎で鳥や魚を採って遊んでいたのである。そこで「天鳥船神」が行って、彼を連れ帰ったのである。結果は、事代主が自ら身を隠すことになった。

建御雷は、事代主の弟である建御名方と諏訪で戦い、これにも勝った。さらに多氏一族の建御雷はそのまま常陸にも攻めこんで、『常陸国風土記』に勇名を刻むことになった。副将の「天鳥船神」はそのまま建御雷と一緒に遠征して、天孫軍の勝利に貢献した。

しかし「天鳥船神」を祭る神社は、全国的には少ない。下総国香取の神崎《こうざき》神社など、関東では数社を数えるだけである。因みにその神崎神社であるが、祭神を見れば「天鳥船神」の政治・軍事的位置付けがはっきりする。天鳥船命、大己貴命、少彦名命の三神であり、この祭神たちの出身は天鳥船が勝者天孫側であり、敗者である他の出雲二神を従えた格好である。「国譲り戦」後の天孫側対応は、戦への貢献度を基準にしたのであろうから、天鳥船の扱いはそれ相当の、あまり高い評価ではなかったことが神社数の上からも判断できる。

天鳥船が天孫系であることが分かると、次の疑問は、天孫系であるにもかかわらず、天鳥船はなぜ建御雷軍に参加し、関東まで遠征してきたのかということである。ここで再び「国譲り戦」の戦後処理が、問題になる。

天孫系の天鳥船に対する戦後対応は、天孫軍の先鋒＝「切り込み部隊」としての貢献度に応じていた。事代主のもとへ遣いに出されたことも、評価の一例である。そして常陸周辺を制圧後はそれらの一部分を任され、小豪族化していったと考えられる。人事評価としては先述の通り、彼を祭る神社が関東に数社のみ、という形の戦後処理に表れている。

ユダヤ系の人々にとって、原郷エジプト・ユダヤを思い出させる船である「太陽の船」は、日本の神話としては「天鳥船」の名で、『先代旧事本紀』や『古事記』の中に現れた。

「太陽の船」はまた、ユダヤ系多氏の装飾古墳壁画の一部に、エジプトの船とはっきり分かる姿で描かれた。現代の人々は、「太陽の船」＝「天鳥船」を古代人のイメージ通りに、「太陽・蛇・鳥・ゴンドラ型舟・櫂など」をその配置のままに観察することができる。

想像を進めることが許されるなら、高井田横穴群「3－5号横穴・船に乗る人物線刻壁画」（P.32）で、足結とユダヤ式三角帽子の武装兵士が乗る船が、やはりゴンドラ型のように見える。ユダヤ系多氏のものと思われる竹原古墳壁画にも、同じゴンドラ型船が描かれ、加えて馬を引く羽飾りの兵士も一緒である。ユダヤ系渡来人や兵士たちは、対馬海峡を馬と一緒に、このゴンドラ型船で渡海してきたのだ。名付けて「天鳥船」（ユダヤの鳥船）である。

珍敷塚《めずらしづか》古墳の壁画が、左端のエジプト「太陽の船」からスタートしてユーラシアを東に進めば、当然ながら中国に到達する。壁画の右端部分には推理上、中国が描かれなくてはならない。「月とヒキガエル（蟇蛙《ひきがえる》）」である。中国では古来、太陽には三本足の烏《からす》がいると言われた。多分、太陽面に時々現れる黒点、それも特大のものは肉眼でも観測できるから、黒い鳥＝烏がいることになったと思われる。片や月の方はというと、日本では兎であるが中国は蟇蛙（ガマ）が住んでいるという。その中国神話では、仙女である西王母から夫がもらった不死の薬を、妻である嫦娥《じょうが》が盗んで月に逃げ、そのまま月でガマになってしまった、というものである。それで壁画（写真8）右端の二重丸は月、その右や下はガマガエルである、と解釈できる。

　ここまでに分かったことを組み合わせると、壁画は一種の絵文字のようである。その内容を現代文に翻訳すると、次のようになると思われる。

　吾ら多氏（磐井一族）は、画面左端の①エジプトから出発したユダヤ系の民である。左端の②中国に至るまで、③大きな戦い（靫）を3度経験した。④最初の2回は王として戦い、三回目は中国の蜀王のもとで戦った。⑤最後の戦い（盾）は、過去の戦いに比較して、大きなものではなかった。そして⑥この地（肥国＝熊本）では、⑦首長として地域に君臨した。これも⑧神の命に従い、約束の地（倭）を求め続けた結果である。神に栄光あれ。

説明：
①「太陽の船」を、ユダヤの民がカナン（現イスラエル）に持ち込む。
②バビロン捕囚のあと、ユダヤ10部族が世界に離散し、その一部は東方に移動して中国に至った。
③④その間に、大きな戦いを3度経験した。1度目はヨシュア王によるカナン征服。2度目は月氏国王として匈奴と戦い、3度目は蜀軍の戦闘員として魏と戦った。
⑤日本海を渡海したあと、天孫崇神軍のもとで「国譲り戦」に勝利した。勝利後の恩賞とし

て、倭国の周辺部の国々を担当した。

⑥⑦被葬者は肥国首長として、この地に埋葬された。6世紀初頭と推定される。

⑧この装飾古墳壁画に、神を讃える絵を残した。壁画右端隅の上下二つに重なった長方形全体＝大枠の長方形には、既述のように、「ダビデの星」＝ユダヤの神＝ヤハウェが隠されている。神に栄光あれ。

④については、一つ目と二つ目の靫のあいだに描かれた蕨手文は、翳《さしば》（王の象徴）を意味し、一番目と二番目の靫を上から被い包んでいる。これはその2回の戦いが、自ら王として臨んだものであることを示している。

4－2　清戸《きよと》迫《さく》横穴群（福島県双葉郡）

まだもう一つの壁画が残っている。「東北地方から一つ、福島県双葉郡の清戸迫横穴群　76号の彩色壁画」である。前掲書『装飾古墳の世界』から、解説部分を一部引用しながら見ていく。

この横穴群の「造営期間は、7世紀に開始され、一部は8世紀代にまで続いていたらしい。」「壁画は、奥壁に酸化鉄を塗り付けるようにして描かれている。床面から約30㎝離して、壁いっぱいに渦巻や人物・獣が描かれている。壁画は描かれた獣や人物の大きさと方向などから、大きくは四つの要素に分解することが可能であろう。」

四つの要素とは写真9で見る通り、次のように表現できる。

1．中央上部の渦巻
2．渦巻下部の二頭の鹿と、矢を射る人および猟犬
3．渦巻右側の騎馬像とそれを手招きする兜の兵士、および兵士後方の小動物
4．渦巻左側の帽子の人物とうしろの小動物

これまでに見てきた他の装飾古墳壁画の具象画と同じように考えると、この壁画の解釈はそんなに難しくはない。

1＝トーラーの巻物（神の言葉、命令）
3＝騎馬軍の兵士たちを指揮する人物＝兜を被った将軍
2と4＝兵士たちの日常生活である。帽子の人物にはもう兜がないので、戦闘場面ではなく、食料確保のための鹿狩りである。猟犬を使って効率的に狩りをしている様子が分かる。

「神の命令（トーラー）に従って戦い、この平和な日常を得た。鹿狩りは楽しく、食べ物に困ることもない。神に栄あれ」。この横穴の被葬者の生前の感想は、このようなものであったに相違ない。壁画はそれを如実に語っているのである。

写真9：清戸迫横穴壁画（提供元：双葉町教育委員会）

この横穴がある地名は、福島県双葉郡双葉町である。想像を逞しくすれば町名の双葉は、「HUTA－BA」→HUTU→HATAとなって、横穴被葬者は秦氏であった可能性が高い。兜の隊長も、高い帽子の人物も、ユダヤ系秦氏の姿を描いたものであろう。

双葉町から阿武隈山地を越えると、郡山や二本松に出る。そこで北から東に流れを変えた阿武隈川には、南から一つの支流が流れ込んでくるが、二本が一つの支流になったあとで阿武隈川と合流する。その二本は、「移川」と「口太川」という。「UTU（ユダヤ）－SI（の）－GAWA」と「KUTI（河口）－BUTO（HUTO＝ユダヤの）－GAWA」である。すなわち「ユダヤの川」と「ユダヤ系の人々が河口に住む川」という意味である。UTUとHUTOは、ユダヤを表す重要な発音であり、ここ福島県はその昔、ユダヤ系の人々が暮らした場所であった、と思われる。現在の福島県には、あの大震災の後遺症が残っている。早くもとの「平和な日常」が戻ることを祈らずにはいられない。

絵の解釈として曖昧にしてきたところを、ここに記しておく。

竹原古墳の装飾壁画（P.34）に描かれた図のうち、一番上の大きな馬のような動物については、まだはっきりしない。竜だという説もある。中国や高句麗の影響を受けた壁画なら、四神（青龍・朱雀・白虎・玄武）の中の竜である可能性がある。しかしこの動物には赤い斑点があちこちにあって、青龍らしくない。漢代のような完成された四神図の竜ではなくて、変遷途上の竜かもしれない。馬ではない。「ひずめ」の代わりに、鋭い数本の「爪」がある。馬の尻尾にしては長すぎる上、ハリハリの毛が出ている。描かれた位置が壁画の一番上に在って、天を飛翔する勇姿のようにも見えるが、口の前にはもう一艘の舟が描かれているのがかすかに判別できる。ではこの最上段に置かれた舟は何であるのか。

　この動物は竜か、馬か。よく分からない想像上の動物とするのが無難ではあるが、大塚先生は次のように解説している。

問題は、その上に馬のような動物が一頭出ています。赤い斑点があって、両耳が屹《きつ》と立って、口から赤い舌が出ていて、前脚と後脚の足の爪に赤い顔料が付いている。尻尾はぐ〜んと上に跳《は》ね上がって、その尻尾にも赤い斑点が付いているんですね。これは竜馬《りゅうば》だろうと言われているわけです。

　この絵では竜馬の口の上、ちょうど頭の前あたりに疵《きず》が付いています。これは発見のときに、金属の鍬かなんかで石が削られたんでしょうけども、そこにもう一艘舟があります。つまりこの絵には舟が二隻あります。

こういう構図の絵は、日本の古墳壁画の中に見たこともなく、前例がないんですね。これは何を意味するかということが、竹原古墳の主要な問題点の一つです。

この「竜馬」について、著者なりの考えは次のようになる。「竜」ではなくて、超能力を持つ特殊な「馬」である。それも、下に描かれた馬より2～3倍も大きな馬である。ユダヤ系の人々がユーラシアを通過してきたことを考慮すると、その候補は二つある。

1．汗血馬（大宛国＝現在のウズベキスタン共和国フェルガナ地方の産）
2．赤兎馬（後漢末の猛将、呂布が愛用した馬。のちに蜀《しょく》の関羽が所有）

両馬とも、「一日千里」を駆けるという名馬であった。名馬ゆえに戦利品としては最適であり、前漢の武帝はこの汗血馬を欲しがって、張騫に大宛国を攻めさせたほどである。

大宛国は西に大月氏国、東は山脈を越えてタリム盆地（前漢）、北は烏孫、さらには匈奴といったシルクロードの国々に囲まれていた。名馬の産地としては垂涎の的であったから、それらの国々の政争の舞台にもなったのである。壁画に描かれた馬には赤い斑点があって、この汗血馬を想起させる。

またこの血統を受け継ぐといわれた赤兎馬も、「赤」が血の色を連想させる。時代もちょうど三国志、多くの英雄たちに伍して、馬ながらも歴史にその名を残している。

第二章

魏志倭人伝・『記紀』神話と、多氏との複雑な関係

5．大山祇とは何ものか

古代史の世界を書くには、確実な史料ばかりに頼ることはできない。むしろ不確定な要素が多いので、推理を働かせる場合がある。そんなときでも史料的には確実と思われる「岩盤」の上に立って、周囲を見回す必要がある。

日本の古代史には、ユダヤ系の人々が活躍した証拠がたくさんあると主張するとき、そんな史料的「岩盤」としては、次の事実に立脚して論を進めるべきである。

a．『旧約聖書』は書かれている事実に問題もあるが、史料としてはしっかりしている。

b．『記紀』も、先人の努力で記事の内容が確定している。

この両者を比較すると、世代数・物語・記載相対量などに強い類似があり、記紀神話は旧約神話をベースにしている。この両者も、岩盤になり得る。つまり『旧約』をこの倭国に持ち込んだ渡来ユダヤ人を想定しないと、そのような類似は絶対にあり得ない。自著からの引用である。

『古事記』は、古代ユダヤの『旧約聖書』が下敷きになってできている、これが結論である。異を唱える人が多いと思われるが、では日ユ神話・系図と同様の例題に挑戦してほしい。例えばアフリカかどこかの民族神話の世代数とそれぞれの世代特有の物語において、その神話を知らない人が自らの想像（創造）でそれを創作してみてほしい。誰がやっても、類似の神話を作り出すことは不可能である。

ｃ．魏志倭人伝など中国側の史書も、年代の確実な史料である。

ｄ．日本側では、風土記や『先代旧事本紀』なども、問題点はあるものの、是としたい。

ｅ．装飾古墳の壁画や線刻画も、そんな岩盤の一つである。

ｆ．先輩諸先生の論文・著作から、貴重な研究成果を利用させていただく。

古代史観察において、確実な史料として利用できるものａからｆの岩盤史料を組み合わせて推理することで、より確かな古代史の実相に迫り得ると、筆者は考えている。

第一章ではｅを中心にして、ａ、ｂやｆを参照しながら、装飾古墳壁画に描かれた具体的な図の意味を解釈した。△＝神そのもの、○＝トーラー（神の言葉・命令）として壁画を理解してみると、ユダヤ的視点から眺める古代倭国が、生き生きとした姿で蘇ってくるのを実感した。既述の古墳壁画を描いた人たちがユダヤ系多氏や秦氏であるとすると、描かれた彼らの当時の姿が、目の前に現れてくる心地がするのである。

壁画からは暫く離れ、ａからｄまでを相互に関連付けて組み合わせれば、壁画の主である多氏や秦氏の実像が、より鮮明になると思われる。そこで彼らの再検討を始める。

その前に、前著の最終ページに提示したことの続きになるが、古代史のキーマンの一人である「大山祇神《おおやまづみ》」のことが、どうしても気に掛かるのである。彼の娘や彼の孫娘をときの権力者に娶《めあわ》せるのを、処世の重要方針にしていたように見えるからである。どこか奈良時代以降の藤原氏が採った、天皇家の外祖父になる政略結婚に似ていなくもない。ＨＵＤＩ―ＷＡＲＡ（藤原）の発音が示すように、「ＨＵＤＩ」は「ＨＵＴＵ（ユダヤ）」に繋がっている。大山祇にも、どこかユダヤ的な匂いがある。藤原不比等の土地にも等しい平城京外京に、「ダビデの星」が隠れていることを著者は既に明らかにしているので、藤原氏は立派なユダヤ系の人たちであった。

さてその「大山祇神」が、出雲首長家であるスサノヲに娘・孫娘を縁付けるところと、さらに天孫族とも閨閥を結ぶ箇所を前著から引用する（左表）。

この説明文を、ユダヤ視点の「岩盤」に立って眺めてみると、大山祇や多氏また秦氏のユダヤ的文化特性を再設定する必要に、改めて気付くのである。つまり筆者の仮置きであっても、彼らの「考え方や行動様式」の傾向を知らなければならない。曖昧な言い方を避けるなら、本稿を進めていく上では、筆者の都合として「準岩盤」になるものを設定したいのである。それは、文化特性といった抽象的なものではなく、文化そのものが持つ考えや行動をした結果、彼らが古代倭国でどのような社会的な位置に就いたかを、まず述べることである。

これらの具体像を「準岩盤」として仮置きして、これからの調査の起点にする。その仮置きが論理的にどこかで躓《つまず》いたら、改めて準岩盤を見直すことにする。

レア（姉・目弱）
ラケル（妹・美人）

①アブラハム――イサク――ヤコブ
②アマテラス――オシホミミ――ａニニギ

ｃ木花佐久夜毘賣《このはなさくやひめ》（妹・美人）
岩長比賣《いはながひめ》（姉・不美人）

（布都努志《ふつぬし》）（ｄ須佐之男《すさのを》）（ｂ饒速日《にぎはやひ》＝ｂ天火明命《あめのほあかり》＝ｂ大歳神《おほとし》）
③ＨＵＴＵ―ＨＵＴＵＳＩ―ＨＵＲＵ→ｂとａは（義？）兄弟。ｂが兄
④オオヤマツミ―アシナヅチ――ｅクシナダヒメ　→ｄとｅは夫婦
オオヤマツミ――ｃ木花佐久夜毘賣→ａとｃは夫婦
オオヤマツミ―神大市比賣《かむおほいちひめ》――ｂ大歳神
→ｂはｄと神大市比賣との子

①：『旧約聖書』「創世記」の系図
②：『古事記』によるアマテラス（天孫）の系図
③：『古事記』、『出雲国風土記』、出雲神話、石上神宮による系図
④：『古事記』によるオオヤマツミの系図

説明→
・八岐大蛇神話では、足名椎《あしなづち》は大山津見《おおやまつみ》の子
・「木花佐久夜毘賣」は大山津見の女《むすめ》（遅くからの娘か？）
・大山津見の女《むすめ》「神大市比賣《かむおほいちひめ》」と須佐之男《すさのを》との子が大歳神（＝饒速日・天火明）
・大山津見の系図から、二人（神大市比賣《かむおほいちひめ》とクシナダヒメ）がスサノヲと結婚
・①〜④の推論→系図上のオオヤマツミは、「創世記」アブラハムに対応する
・オオヤマツミはまた、『出雲国風土記』布都努志《ふつぬし》の世代である
・系図上のアブラハムは、アマテラス・布都努志《ふつぬし》・オオヤマツミに対置される
・大山祇神《おおやまづみ》を祭神とする有名神社は、以下の通り
大山祇神社（愛媛県大三島）　→　日本総鎮守
三島大社（静岡県三島市）
大山阿夫利《おおやまあふり》神社（神奈川県伊勢原市）→　関東総鎮護（大山詣り）
＊神社名の意味＝大山祇《おおやまづみ》＋阿夫利《あふり》＝阿夫利はアブラハムの短縮形か？
＊油日《あぶらひ》神社（滋賀県）の油日大神は、アブラハムのことか？
ＡＢＵＲＡＨＡＭ→ＡＢＵＲＡＨＩ（Ｍ）→ＡＢＵＲＡＨＩ（油日）
→ＡＢＵＲ（ＡＨ）Ｉ→ＡＨＵＲＩ（阿夫利）
→ＡＢＵ＋神（熊）＝ＡＢＵ＋ＫＵＭＡ（阿武隈）

1. 崇神＝任那から来た騎馬民族の首長。天孫族

＝魏の代理人として「国譲り戦」を伊都国から開始

＝信仰は勾玉・鏡・鉄剣の三種の神器であり、ユダヤ教の信者

＝ヤマト朝廷の創始者（ハツクニシラススメラミコト）

2. 多氏＝伊都国王（王氏）。魏の邪馬台国間接支配の現地代理人（一大率）

＝甕神信仰。甕棺に三種の神器を埋納（甕神とユダヤ教の融合？）

＝崇神天孫軍に協力して「国譲り戦」を戦う

＝秦氏と親しい隣人。殆《ほとん》ど同族か

＝「国譲り戦」恩賞として、九州から常陸・磐城までの太平洋岸中心に支配地

＝多氏同族の磐井一族の装飾古墳が、九州と常陸・磐城に多数

＝磐井敗北後は、多氏の中心拠点は常陸など関東へ

＝「国譲り戦」後の多氏の信仰も、甕神からヤハウェ神へ。壁画の抽象画に△○

3. 秦氏＝ユダヤから離散後、ヤハウェ信仰を守り倭国に到達

＝政治・軍事支配を志向せず、最高権力者の経済顧問に（二番手志向）

＝非定住民に特化。そのための必要技術を権力者側に提供

＝特には、鉄製品・土器などの高熱処理技術、絹織物、土木工事など

＝非定住に必要な経済要素（交易や金融）により、権力者側へ利便提供

＝交易はユーラシアから極東まで。結果として国際派官僚を輩出

＝権力者への接近は、リスク管理から複数の首長と交渉継続
＝隣人・縁戚者多数。多氏、賀茂氏、和気氏など
＝渡海技術に優れ、綿津見（海神）の神。分岐一族に阿曇氏と宗像氏

崇神、多氏および秦氏について、思いつくまま著者のイメージを列挙した。そして多氏と秦氏そして綿津見（阿曇氏）の関係は、既に前著で述べた。

・綿津見神の宮（海神神社）のご祭神は、もとは秦氏が奉斎する八幡神であった
・綿津見神の子が、「宇都志日金拆命」である
・「宇都志日金拆命」の意味は、「ユダヤ系の神で、鏡を割る風習をもつ神」
ＵＴＵ（ユダヤ）―ＳＩ（～の）―ＨＩＧＡＮＡ（日と金属＝鏡）―ＳＡＫＵ（割る）
・割れた（割られた）鏡が、伊都国の王墓から出土する
・「宇都志日金拆命」は、伊都国王であり、秦氏でもある（少なくとも秦一族）
・『新撰姓氏録』→「安曇連は　綿積神命の児である　穂高見命の子孫」
・『古事記』→「阿曇連等は　綿津見神の子である　宇都志日金拆命の子孫」
○「穂高見命」＝「宇都志日金拆命」（穂高見の国→日高見の国）
○勾玉・（割られた）鏡・剣の三種の神器（大王の所持品）が出土する怡土《いと》郡の諸遺跡＝ユダ

ヤ系伊都国の王墓
○「宇都志日金拆命」＝綿津見の子
○綿津見の宮（海神神社）の祭神＝もともと八幡神（秦氏が奉斎）
◎ユダヤ系伊都国王＝多氏（「宇都志日金拆命」）＝秦氏＝綿津見（穂高見）＝阿曇氏

◎等式によって、伊都国王は阿曇氏であることが証明できるので、江戸時代後期（1784年）に博多湾志賀島で発見された金印「漢委奴國王」が、阿曇氏の「志賀海神社」所在地から出土したのは偶然ではないし、その「委奴」も「ITO」と発音したはずである。

では◎の等式の続きと「大山祇」との関係は、どのように分析すれば良いのだろうか。「大山祇神」のことがどうしても気に掛かるのは、これがその理由である。そしてこの神はイザナギとイザナミの子として、『古事記』では他の多くの兄弟たちと一緒に出てくる。

イザナギとイザナミの結婚の様子も、『古事記』は面白《おもしろ》可《お》笑《か》しく載せている。だがこの結婚式こそユダヤ的なものであり、今日のユダヤでも実施されているという。『日本書紀と日本語のユダヤ起源』（ヨセフ・アイデルバーグ著／徳間書店・2005年）から、その結婚次第を解説する部分であるが、ここからいえるのは、大山祇もユダヤ系の人であった、という事実である。

先に引用するのは、『古事記』が残してくれた結婚式の内容である。「天《あま》つ神」たちの命令によって、イザナギとイザナミの二神は「天《あめ》の浮橋《うきはし》」に立ち、「天《あめ》の沼《ぬ》矛《ぼこ》」を下して海水をかき混ぜると、矛先から滴《したた》る「鹽《しお》」が重なり積もって「淤《お》能《の》碁《ご》呂《ろ》島《じま》」ができた。ここに出てくる3つの

「天」は、「ユダヤ」の意である。すなわち「ユダヤの神」、「ユダヤの浮橋」、「ユダヤの沼矛」を表している。「天」＝「ユダヤ」であることは、すでに述べた。

その島に天降《あまくだ》りまして、天《あめ》の御柱《みはしら》を見立《みた》て、八尋殿《やひろどの》を見立てたまひき。（中略）ここに伊邪那岐命《の》詔《の》りたまひしく、「然らば吾《あれ》と汝《いまし》とこの天の御柱を行き廻《めぐ》り逢ひて、みとのまぐはひ為《せ》む。」とのりたまひき。かく期《ちぎ》りて、すなはち「汝《いまし》は右《みぎ》より廻《めぐ》り逢《あ》へ、我《あれ》は左より廻り逢はむ。」と詔りたまひ、約《ちぎ》り竟《を》へて廻る時、伊邪那美命《の》、先《さき》に「あなにやし、えをとこを。」と言ひ、各《おのおの》言い竟へし後《のち》に伊邪那岐命《の》、「あなにやし、えをとめを。」と言ひ、その妹《いも》に告げたまひしく、「女人先《をみなさき》に言へるは良《よ》からず。」とつげたまひき。

そして生まれた子が「水蛭子《ひるこ》」であったため、「葦船《あしぶね》に入れて流し」てしまった。この反省から、今度は男神から先に言葉をかけたのである。そして次々と島々を生んでいき、終わりに「大八島國《おほやしまぐに》」ができることになった。「天の御柱」とは、「ユダヤの柱」である。この柱を廻ることで、結婚式が執り行われたのである。

次に、ヨセフ・アイデルバーグの説明である。

さらに、イザナギとイザナミの結婚は、古代イスラエルの伝統に則《のっと》っている。今日のユダヤ人も守っている伝統だ。（中略）

古代イスラエル、および現代ユダヤ人の間でもそうだが、結婚式では花嫁が、立っている花婿のまわりを回る習慣になっている。花婿は「天的な柱」に見立てられているからである。「天の柱」という言葉は聖書にも出てくる（「天の柱は揺らぎ……」ヨブ記二六章一一節）。

イザナギとイザナミの二神は、天の柱のまわりを回って「アナニヤシ」と言ったとき初めて、公式な形で夫婦となった。この「アナニヤシ」は、日本語としてはこれといった意味はない。しかしもしこれが、ヘブル・アラム語の「アナ・ニーサ」（Ａｎａ－ｎｉｓａ）が若干なまったものであるとすれば、「私は結婚する」の意味なのである。「アナニヤシ」という言葉は古事記に記されている。

ユダヤの「アナ・ニーサ」が『古事記』の「アナニヤシ」であるとしたら、イザナギの言葉は「おれは結婚するぞ、この好い女と！」という、彼の喜びの声になる。ユーラシアの西と東がこの言葉で結ばれているのは、奇跡としかいいようがない。太安萬侶のときに至るまで、「アナニヤシ」という言葉が残っていたことも信じられないほどの奇跡であり、ユダヤ系の人々が古代日本に住んで居たことを証明する「岩盤」となるのである。

この奇跡によって、イザナギとイザナミがユダヤ系の夫婦神であったことが分かる。この２人は島々を生んだあと、続いて神々を生むが、こちらもやはりユダヤ系の神たちである。この中に、いま問題にしている「大山津見《おほやまつみの》神」がいる。同じく「大綿津見《おほわたつみの》神」も生まれた。さらに「鳥之石《とりのいは》楠船《くすふねの》神、亦の名は天鳥船《あめのとりふね》」も出てくる。当然、彼らもユダヤ系である。

「凡《す》べて伊邪那岐、伊邪那美の二はしらの神、共に生める島、一十四《とをまりよ》島、神、「三十五神《みそぢまりいつはしら》」と記されているが、「神」については特徴的な事柄として、技術的・職種的な神名が多い。これは、ユダヤ系の人たちが非定住民として、「移動する民」であったからである。自らの高熱技術や得意職種を糧にして、各地の権力者に取り入って生活を持続させなくては、民族としての生存・移動が保障されない、という特殊事情があったためである。

そんな得意技術の付いた神名と職種を整理して、分かる範囲で書き出してみる。

得意技術を持つ神名	職種
←	←
石土毘古神《いはつちびこの》	石と土＝土木工事・造墓
天之吹男神《あめのふきをの》	吹く＝金属仕分け
大屋毘古神《おほやびこの》	家＝建築
大綿津見神《おほわたつみの》	海を掌《つかさど》る＝漁業・海運（交易）
水戸神《みなとの》	港＝港湾管理・運河
天之水分神《あめのみくまりの》	水分＝水源管理・溜池
大山津見神《おほやまつみの》	山＝国土／森林管理・陸運（交易）
鳥之石楠船神《とりのいはくすふねの》（天鳥船《あめのとりふね》）	船＝造船・外洋船（ゴンドラ型）

大宜都比賣神《おほげつひめの》	食料＝食物を掌る女神
火之夜藝速男神《ひのやぎはやをの》 （火之炫毘古神《ひのかがびこの》） （火之迦具土神《ひのかぐつちの》）	火＝高熱処理
金山毘古神《かなやまびこの》	鉄＝製鉄
波邇夜須毘古神《はにやすびこの》	粘土＝製陶
豊宇氣毘賣神《とようけびめの》	食料＝食物を掌る女神（酒・酒造？）

ユダヤ系が得意とする技術のうち、ここには養蚕・絹織物の神名が出てこないが、当り前すぎて漏れてしまったのであろうか。あとに登場する天照大御神・スサノヲのところでは、「服屋《はたや》」「服織女《はたおりめ》」として載ってくる。また「天の石屋戸《いはやと》」の前で天宇受賣命《あめのうずめの》が踊ったように、芸能分野の神も出てこない。

問題としている大山津見神《おほやまつみの》（大山祇）は、この表の通り、ユダヤ系の神である。「大綿津見神《おほわたつみの》」さらに「鳥之石楠船神《とりのいはくすふねの》、亦の名は天鳥船《あめのとりふね》」も、ユダヤ系の神であった。先述の「ユダヤ系伊都国王＝多氏（宇都志日金拆命）＝秦氏＝綿津見（穂高見）＝阿曇氏」という一連の人々もまたユダヤ系であり、多氏の壁画に現れたゴンドラ（天鳥船）もユダヤ式の船である。そしてユダヤ系の結婚をした夫婦神イザナギ・イザナミの子である大山津見も、当然ながらユダヤ系であった。なぜかくも多くのユダヤ系が、それぞれ別の名前で出てくるのか。『古事記』はユダヤ系の神々で満ち溢れている、といって良い。大綿津見と大山津見は、ここで確認したようにイザナギ・イザナミの子で、兄弟であるが、その職種的分担としては前者が「漁業・海運（交易）」、後者が「国土／森林管理・陸運（交易）」となって、はっきり分かれていたと思われる。

ユダヤ系の人たちが古代倭国で活躍したことは事実であっても、彼らの渡来は数次にわたり、その詳細は非常に複雑な様相になってきた。ここで論理的な筋道を再整理して、一覧表にまとめてから話を進めないと、メビウスの輪の上を駆け続ける哀れな旅人になってしまいそうである。

A. 宗教（ユダヤ教）→ ヤハウェ信仰 → ヤハウェによる国名（ヤハウェの国）{ ヤマト（倭・大和）／邪馬台国

説明：ヤハウェの短縮形ヤー ＋ ウマト（民・国）＝ヤマト（邪馬台国）
神社の氏子制度→地域の人は初宮詣により、自動的にユダヤ系の民になる

B. 複次渡来 → 1. 洩矢神が諏訪地方へ
2. 出雲へ渡来 → 出雲の首長に（出雲の秦氏が随伴）
3. 崇神が渡来 → 出雲と「国譲り戦」（魏の代理人としての崇神）

崇神前の代理人＝多氏（伊都国王。また一大率？）
崇神に随伴の秦氏は、多氏にも随伴
多氏に随伴の秦氏＝海神→阿曇氏と宗像氏に分枝

4．弓月君が渡来　→応神の招き（徙民政策）による
弓月君の前には、功満王（高麗王？）が渡来

C．政治軍事志向→1．国王・首長志向（トップ志向）
2．経済・技術官僚志向（№２志向）
技術例：○卜占（宗教）　○高熱処理（製鉄・製陶など）
○土木・建築（溜池・運河・道路・橋・造都・造墓など）
○税の収支
○絹織物・服織
○食料（酒造・海産物・稲作・農地拡張など）
○交易（海運・陸運・街道整備・港湾・造船など）
○芸能（雅楽・能など）

「ユダヤ系伊都国王＝多氏（「宇都志日金拆命」）＝秦氏＝綿津見（穂高見）＝阿曇氏」という前記の複雑な等式を、この一覧表に基づいて再度詳しく説明しよう。

ユダヤ系の人々は、Ａの宗教面では共通のヤハウェ信仰であり、ユダヤの移動式幕屋がもとになっている神社を持っていた。伊都国王の多氏は伊都国に日向神話の神々を祭っていた。秦氏＝綿津見は対馬に海神神社があって、八幡神を奉斎していた。秦氏一族の阿曇氏は志賀島に志賀海《しか(の)うみ》神社（綿津見三神）を祭り、やはり秦氏から分枝した宗像氏は、宗形三女神を宗像大社にお祭りした。

ユダヤ系の人々は、Ｃの政治軍事志向としては「トップ志向」ではなく、「№２志向」が目立つ。しかし出雲への渡来では、同国の首長になっているし、伊都国では魏の代理人ではあっても、王族であった。秦氏・秦人は彼らに随伴して、出雲にも伊都国にも居たのである。ユダヤ系の大山祇も綿津見の兄弟も、それら出雲首長や伊都国王および天孫とのあいだに、閨閥関係を築いていて、ほとんど彼らと同族の位置にあった。騎馬民族として渡来してきた天孫族とのあいだにも、同様の結婚政策を実施した。

大山祇の婚姻政策は、出雲方にも天孫方にも向いていて、要は二股をかけた政治的リスク管理を実行していたのだが、大山祇の娘カムオオイチヒメは、出雲の首長スサノヲに嫁いでいる。また大山祇の孫娘クシナダヒメも、八岐大蛇が縁でスサノヲに嫁いだ。さらには大山祇の娘コノハナサクヤヒメはというと、天孫ニニギのもとへ嫁した。

一方の綿津見の方であるが、分岐一族の宗像氏からは、市杵島姫命が出雲系首長の饒速日（大物主）と夫婦になっている。姫の姉（多紀理毘賣命）と妹（田寸津比賣命）は、これも出雲本国の主である大国主と結び付いた。同じく綿津見から分岐した阿曇氏は多氏の傘下となって、天孫軍の一員として対出雲戦を戦ったのである。

ユダヤ系渡来人は、Bの複次渡来では1から4のすべてに、何らかの係わりを持っている。阿曇氏も洩矢神の信州に進出して、有名な安曇野にその名を残し、氏長であった穂高見命は「穂高岳」の名称のもとになった。ただ洩矢神と一緒に信濃入りしたかは不明である。

Cの中の「経済・技術」面では、技術としての軍事的側面を載せていないが、これは政治軍事志向そのものに含まれている。天孫降臨の場面でも、五伴緒が技術面中心の布陣であるのに対し、大伴氏、久米氏は、彼らのあとに軍事専門氏族として載ってくる。ともあれユダヤ系の人たちは、『記紀』をはじめさまざまな史料に出てくるので、ここにその例を列挙するまでもない。

ここまでの理解では、大山祇は秦氏とダブっているように思うが、はっきりとは分からない。機会があれば、再度このテーマに挑戦したい。

6. 再び、多氏とは何ものか

これまでの内容を踏まえて、多氏についてさらに考えてみよう。同氏が常陸を本拠地とするようになったのは、「磐井の乱」に敗れてからであったが、『常陸国風土記』では崇神天孫軍の将として多氏一族の建御雷が同地を征服したことが述べられている。

建御雷の名前の変遷からも、多氏の具体像が分かってくる。

建御雷（『古事記』）→武甕槌・建甕槌（『日本書紀』）→甕神信仰の鹿島神宮祭神（武甕槌）→〈鹿島の名＝建借間命（『常陸国風土記』）〉→〈建借間命＝「那賀国造《なかのくにのみやつこ》が初祖《はじめのおや》」〉→〈那賀国造＝仲國造〉→〈常道《ひたち》の仲國造の祖（『古事記』）＝神八井耳命〉→〈神武天皇の次男＝意富臣（多氏）〉→〈意富多多泥古《おほたたねこ》＝建甕槌の子（『古事記』崇神記）〉

『古事記』の文章は、系図部分に説明が多くかつ丁寧であるが、それが小文字になっていたりすると、その前後の本文も何気なしに読み飛ばしてしまうことがある。多氏の祖である神八井耳命が、神武のあとの皇位を弟の建沼河耳命（綏靖）に譲るところである。

　ここに神八井耳命《の》、弟《おと》建沼河耳命《の》に譲りて曰《まを》しけらく、「吾《あ》は仇《あた》を殺すこと能はず。汝命《いましみこと》既に仇を得《え》殺したまひき。故、吾は兄なれども上《かみ》となるべからず。ここをもちて汝命上《かみ》となりて、天の下治らしめせ。僕《あ》は汝命を扶《たす》けて、忌人《いはひびと》となりて仕へ奉らむ。」とまをしき。

このあと神八井耳命から出る19もの氏族が、小文字で次々と載っている。しかし引用したこの本文にも、重要な別の氏族名がある。職掌として捉えるのが普通かもしれないが、「忌人《いはひびと》」のことである。「ＩＨＡＨＩ」という発音は、そのまま「ＩＨＡＷＩ」に繋がって、即ち「忌人《いはひ》」＝「磐井《いはゐ》」。「磐井」が多氏であったことを示す一文である。

「磐井の乱」は、継体と磐井（多氏）とのあいだの、皇位継続をめぐる戦いであった。そして先の関係式の最後は、〈意富多多泥古《おほたたねこ》＝建甕槌の子（『古事記』崇神記）〉から続けて、「多氏＝忌人《いはひびと》＝磐井」となる。

神武記にある通り、多氏は最初から契約上でも天皇家に従属して、神祭りや卜占などの「忌人」となることを約束していたのである。この契約の職掌は多氏側に守る意思があっても、天皇家側はその政治的優位性をかざして、多氏を圧迫してくる傾向にあった。関東地方全体に拡がろうとする多氏を牽制する意味もあって、崇神はその子豊城入彦命《とよきいりびこのみこと》（『記』では豊木入日子命《とよきいりひこの》）を上毛野国や下毛野国へ送り込んできた。『記』に記載された、彼の系図である。

この天皇（崇神のこと：筆者注）、木國造《きのくにのみやつこ》、名は荒河刀辯《あらかはとべ》の女、遠津年魚目目微比賣《とほつあゆめまくはしひめ》を娶して、生みませる御子、豊木入日子命《とよきいりひこの》。次に豊鉏入日賣命《とよすきいりひめの》。二柱

豊木入日子命（豊城入彦命）は、上毛野君（群馬県）や下毛野君（栃木県）の祖となったが、その分、多氏は太平洋側に圧迫されて、茨城県、福島県側に伸びざるを得なかった。また崇神は、「国譲り戦」後の対地方征伐として、四道将軍を派遣した。大彦命《おおびこのみこと》を北陸《くぬがのみち》に、その子武渟川別《たけぬなかはわけ》を東海《うみつみち》へ、吉備津彦《きびつひこ》を西道《にしのみち》へ、丹波道主命《たにはのちぬしのみこと》を丹波《たには》にそれぞれ遣わして、崇神に服さない輩《やから》を討った。

武渟川別は、『記』では建沼河別命と表記されて、多氏の弟「建沼河耳命（綏靖）」の方から別れていったと思われる人物である。しかし綏靖を継ぐことはなく、彼の子孫は那須国造となった。その課せられた討伐方面は、すなわち東海道であった。多氏の常陸は、その東海道の最後尾に当

たるので、これも多氏の勢力圏を削減する方向にあったことは間違いない。

「国譲り戦」後の常陸多氏の建借間《たけかしま》は、当地を従えたあと、鹿島神宮のご神体を甕神とし、自身も神宮の祭神となった。彼の名前の出処《でどころ》である肥国の杵島《きしま》（佐賀県の鹿島）から遠征してきた建借間＝武甕槌（建御雷）は、『日本書紀』によれば、経津主《ふつぬし》神と一緒に「国譲り戦」を戦っている。経津主はまた出雲の初代布都努志《ふつぬし》（『出雲国風土記』の表記）であるから、『紀』の方針として、天孫には敵方であるその祖神まで持ち出してきた。論理矛盾の可笑しな話である。「国譲り戦」の出雲方の主人公は大国主たちであり、彼らからいえば経津主はお爺さんに当たるのだ。

出雲との戦いに経津主を登場させる理由は、開戦前の出雲には「天孫帰順派」がいたのであろうから、これが天孫側に付いて戦いに参加したことの反映ではないか。

では、その矛盾する『紀』の一文である。

是《こ》の後《のち》に、高皇産霊尊《たかみむすひのみこと》、更《さら》に諸神《もろかみたち》を会《つど》へて、当《まさ》に葦原中国《あしはらのなかつくに》に遣《つかは》すべき者《ひと》を選《えら》ぶ。僉曰《みなまう》さく、「磐裂《いはさく》 磐裂、此をば以簸娑窶《いはさく》と云ふ。根裂神《ねさくのかみ》の子《みこ》磐筒男《いはつつのお》・磐筒女《いはつつめ》が生《う》める子《みこ》経津《ふつ》 経津此をば賦都《ふつ》と云ふ。主神《ぬしのかみ》、是佳《これよ》けむ」とまうす。時《とき》に、天石窟《あまのいはや》に住《す》む神《かみ》、稜威雄走神《いつのをはしりのかみ》の子《みこ》甕《みかの》速日神《はやひのかみ》、甕速日神の子熯速日神《ひのはやひのかみ》、熯速日神の子武甕槌神《たけみかつちのかみ》有《ま》す。此《こ》の神進《すす》みて曰《まう》さく、「豈唯《あにただ》経津主神《ふつぬしのかみ》のみ大夫《ますらを》にして、吾《やつかれ》は大夫にあらずや」とまうす。其の辞気《ことばいきざし》慷慨《はげ》し。故《かれ》、以《も》て即ち、経津主神に配《そ》へて、葦原中国《あしはらのなかつくに》を平《む》けしむ。

ここには、幾つかのユダヤ的特徴がある。まず単語としてのユダヤ関係では、経津《ふつ》（ＨＵＴＵ）と稜威《いつ》（ＩＴＵ→ＵＴＵ→ＹＵＴＵ）。次に親子関係が連続記載されている、『旧約聖書』「歴代志上」方式が明確に出ていること（稜威雄走神《いつのをはしりのかみ》の子甕速日神《みこみかのはやひのかみ》、甕速日神の子熯速日神《ひのはやひのかみ》、熯速日神の子武甕槌神《たけみかつちのかみ》）。そして武甕槌に至る３代の名前に「甕」が付いているので、この親子たちが甕神信仰のユダヤ系多氏の一族であること。三種の神器とともに、甕棺に葬られるはずのユダヤ系伊都国王の系譜であること。「稜威雄走神《いつのをはしりのかみ》」はまた、『古事記』では「伊都之尾羽張《いつのをはばりの》神」と記して、伊都国王であったことを証言しているのだ。

『記』の建御雷神は、天鳥船神を副将として「国譲り戦」に臨んだが、『紀』では主将を経津主神が務め、その副将として武甕槌神が載っている。この意味も微妙である。

『記』→　主将：ユダヤ系多氏の建御雷神　＋　副将：ユダヤ系の天鳥船神
（「天」＝ユダヤの）

『紀』→　主将：ユダヤ系出雲の祖・経津主神　＋　副将：伊都国王系の武甕槌神

うがった見方をすれば、経津主として登場する「天孫帰順派の出雲」は、伊都国王軍に見張られて、対出雲戦の先鋒を命じられたのではないか。あるいは対出雲戦（対大国主）と対大和戦（対饒速日）とでは司令官が別であった可能性もある。即ち、対大国主戦は『記』の〈建御雷神＋天鳥船神〉の組合せで、対饒速日戦以降の戦いでは、『紀』の〈経津主神＋武甕槌神〉で戦ったのではないか。すると、「神武東征」における神武の出番はどうなるのか。

しかし話は、ますます複雑になる。伊都国武将「武甕槌神《たけみかつちのかみ》」の父である「熯速日神《ひのはやひのかみ》」は、同じ（と思われる）名前で『出雲国風土記』にも登場して、「大原郡郡郷名」の中に載っている。

907　斐伊郷《ひのさと》。郡家《ぐんけ》に属《つ》けり。通速日子命《ひはやひこのみこと》、此処《ここ》に坐《いま》す。故《かれ》、
908　樋《ひ》と云ふ。［神亀三年《じんくゐさむねん》、字《まな》を「斐伊《ひ》」と改《あらた》む。］

風土記に載っているように、天孫軍の将「武甕槌神」の父「熯速日神」は、ユダヤ系出雲人である、ということになる。出雲と伊都とは、邪馬台国の中では、いったいどういう政治・軍事的関係にあったのか、筆者は悩む。敵対しつつ、帰順しつつ、まあよく分からない。血脈からの想像では、「国譲り戦」の前では、伊都国王家と出雲首長家は既に深い閨閥を形成していた可能性もある。

違った観点から気がかりになるのは、多氏と越国との関係である。「越国」の建沼河別は出雲の「大国主」と「高志の沼河比賣」の息子でもあるから、天孫「武甕槌神」の多氏は、何らかの関係で「出雲国」や「越国」とも繫がっていたことが分かる。さらに越国の建沼河別は「国譲り戦」の最終局面に再登場してきて、出雲国最後の首長である饒速日を討ち果たすことになる。

天孫軍本拠地の伊都と出雲および越の三国は、政治・軍事ばかりか血統の点でも複雑に絡み合って、後期高齢者を悩まし続けるのである。

7．香取神宮と祟り神との関係

「国譲り戦」後の敗者への対応は、やはり神社の祭神として、丁寧にお祭りするに越したことはない。敗者が祟り神になるのを防ぐためにも、どこか有名神社に安座されることが一番であると、勝者は考えたに違いない。勝者の建御雷神は鹿島神宮の祭神になっているが、問題の経津主神は香取神宮に祭られている。敗者である出雲の経津主神こそ、祟り神になる資格を備えているのではないか。香取神宮を再調査してみる価値は、十分ありそうである。

香取神宮は、千葉県香取市の利根川右岸にある亀甲山《かめがせやま》にある。亀甲はそのまま亀甲《きっこう》であり、「ダビデの星」に繋がっている。祭神が出雲ユダヤ系の経津主神であるから、出雲の亀甲印がそっくり神社の神紋であるなら、非常に分かり易かったのだが、香取神宮の神紋は「五七の桐」である。

香取神宮は、「国譲り戦」敗者方の経津主神が祭神であった。別名は伊波比主《いはひぬし》命である。

もうここまで来れば、伊波比主命は「磐井の乱」敗者の磐井その人ではないだろうか。ＩＨＡＨＩ（伊波比）＝ＩＨＡＷＩ（磐井）。二つの戦いは時代こそ大きく隔たっているものの、その敗者を祭るという点では、香取神宮内では同列にある。社伝にはなくても、敗者の祟りを封じるという点で、同じ立ち位置にある。伊波比主は経津主の別名ではなくて、あとから香取神宮の祭神となった磐井ではないか。多氏の磐井は「忌人」（神武記）であり、その発音「ＩＨＡＨＩ」は、伊波比主の「ＩＨＡＨＩ」であるに違いない。

では磐井を祭る神社は香取神宮の他にあるか、筆者は知らない。しかし香取神宮の表向きは武神経津主が祭神であるように、武門からの信仰が篤いが、隠された神格として祟り神の系譜にも関連していると思われる。多氏一族の磐井は、本来なら皇位を継承する資格があるのに、「乱」の首謀者として賊の汚名を着せられた。祟り神になる可能性は十分すぎるほどある、といっていい。

勝者を祭神とする鹿島神宮と、敗者を祭る香取神宮では、神としての位階（官位）も違う。承和3年からこの二つの神宮は同格になったが、その前は明確に鹿島神宮の方が上に置かれていた。大和氏の前掲書から、その変遷を辿る。

	宝亀八年	承和三年	承和六年	嘉祥三年	貞観元年
タケミカツチ（鹿島神）	正三位	正二位	従一位	正一位	
イハヒヌシ（香取神）	正四位上	正二位 勲一等	従一位	正一位	
アメノコヤネ（始祖神）		正三位	従二位	従一位	正一位
ヒメ神		従四位上	正四位下	従四位上	従三位

その事は『続日本紀』の前述した宝亀八年（七七七）の記事が示している。「従二位」の藤原良継は、自分の病気恢復を願って氏神に官位を贈っているが、氏神の鹿島社に「正三位」、香取神に「正四位」を贈っている。いずれも自分の「従二位」より氏神の官位は低い。この事実は見過ごせない。

宝亀八年以降の叙位は上の表のようである。

宝亀八年は七七七年、承和三年は八三六年、承和六年は八三九年で、いずれも『続日本紀』記載の記事であり、嘉祥三年（八五〇）は『文徳実録』、貞観元年（八五九）は『三代実録』に載る。注目すべきは八、九世紀の時代でも、藤原朝臣・大中臣朝臣が重視していたのは始祖神のアメノコヤネの夫婦神ではなかった事実である。始祖神より氏神を重視している。

中臣氏（藤原氏）の始祖神は枚岡神社（東大阪市出雲井町）に祭られているが、その始祖神より、常陸（茨城県）の鹿島神および下総（千葉県）の香取神を上位に位置付ける理由は、中臣氏の出身が常陸であったからである。常陸に移住したのは、多氏に随従して九州から移ったためであり、このあたりの事情は前掲の『中臣・藤原氏の研究』に詳しいので、筆者が追加して述べることはない。

「主」がつく神名には祟り神としての含意がある？

すぐ横道に入るが、枚岡神社の祭神名にも伊波比主が出てくる。天児屋《あめのこやね》命、比売《ひめ》神、武甕《たけみか》槌《づち》命および斎主《いわいぬし》命（＝伊波比主）である。香取神宮とは違ってこちらでは、経津主神の別名ではなく、別神としての伊波比主命で祭られている。

また「主《ぬし》」が付く神名には、祟り神としての含意があるのではないか。

戦い	敗者名	祭神とする神社など
←	←	←
「国譲り戦」(出雲)から‥	布都努志《ふつぬし》(経津主)	香取神宮(出雲系ユダヤの祖)
	経津主	香取神宮
	大国主	出雲大社
	大物主	三輪山(大神神社)
	事代主	美保神社
雄略による葛城氏討伐から‥	一言主	一言主神社
「磐井の乱」から‥	伊波比主	香取神宮、春日大社など

「天之御中主《あめのみなかぬしの》神」にも「主」が付いているが、これは原初の神という意味であるから除外すれば、上記の「主」以外には、戦争とは関係のない二、三の神名にあるだけである。調査の結論としては、「主《ぬし》」は祟り神を暗示しているといえる。

8. 多氏の支配地を蚕食する中臣氏および天皇家

大和氏の研究から分かった多氏と中臣氏の関係であるが、簡潔にいえば、多氏の奉斎していた鹿島神を、中臣氏が自らの氏神として取り込んだのである。かつ甕神（建甕槌）であったものを武神（武甕槌→建御雷）にして、さらにはその武神を奈良春日大社（藤原氏の氏神）に遷祀した。これらの措置によって強引にも、多氏の甕神を中臣氏の武神にしてしまった、ということである。

なぜそんなことが可能であったのか。多氏の政治基盤が常陸など地方に偏り、中央権力から遠ざかったこと。一方で多氏配下であった中臣氏は中央官僚化して、天皇家後宮に食い込み、斉明（皇極）、持統以下の女帝に信頼されて政治権力の中枢に立ったこと。この二つの逆方向の動きが、両氏の明暗を分けたのである。

大和氏の研究成果を参考にして、誤解を恐れずに両氏の政治的明暗をパターン化して述べてみる。

辿ることができる中臣氏の原郷は、対馬である。次に所在が確認できるのは豊前国の中臣村である。先生によれば、

> 『日本書紀』天武天皇十三年十一月一日条に、五十二氏が新しく作られた姓の「朝臣」になっている。「朝臣」になった五十二氏のうち五十氏は「臣」から「朝臣」になっているが、二氏が特例の「連」から「朝臣」になっている。その二氏は物部連と中臣連のみである。この「連」から「朝臣」になる特例を、なぜか対馬島出身の対馬連も受けている。理由は藤原鎌足・不比等の原郷が対馬であったからである。

そして先生は、『新撰姓氏録』の津島、藤原、大中臣3氏の記事を並べて、「対馬原郷」を補足している。

津島朝臣。大中臣朝臣同祖。津速魂命三世孫天児屋根命の後なり。
藤原朝臣。津速魂命の三世孫天児屋命自《よ》り出づ。
大中臣朝臣。藤原朝臣と同じき祖。

「対馬島出身の対馬連」＝「津島朝臣」＝「津速魂命三世孫天児屋根命の後なり」＝同じく「天児屋根命自り出づ」＝「藤原朝臣」＝「大中臣朝臣」。かくして中臣（藤原）氏の出身地は、対馬であることが立証された。

しかし藤原氏には、さらなる原郷がある。アジア大陸を遥かに西へ、地中海沿岸のユダヤがそれである。筆者は既に、平城京外京に内接する「ダビデの星」を発見しているので、外京の主人公藤原氏がユダヤ系の人々であり、彼らの出自がユダヤであると明言できるのである。ただ、それを証明するための文献はない。

「対馬」に続いて、豊前国の「中臣村」である。

『日本書紀』は神武天皇の待臣《まへつおみ》の中臣氏の始祖の天種子命が、日向の地から出発して宇佐で菟狭津媛と結婚したと書くが、この宇佐のある豊前国には『和名抄』が書く「中臣郷」がある。

この「中臣郷」について、『太宰管内志』は左のように書く。

「仲津郡草場村、古は中臣村と云いし」

この「日向」は宮崎県ではなく、伊都国の「日向」である。中臣氏は多氏に従いながら移住してきたが、豊前の宇佐では菟狭津媛と結婚したとある。宇佐の首長クラスの女性と卜占担当の多氏従者が一緒になることは、まず無理というものである。『紀』の編者が、ときの権力者藤原不比等の意向に沿って、宇佐での中臣氏結婚譚を挿入したものであろう。しかし何らかの縁で、宇佐の秦氏（菟狭津彦）と中臣氏が関係していた可能性はある。

では、話を先に進めよう。対馬→日向（伊都）→宇佐と来て、いよいよ常陸に移動する。多氏の担当する国が九州と常陸などの関東に偏っていたため、中臣氏は常陸への随従を選択した。これが常陸を本拠とする中臣氏のはじめとなった。中臣一族の中には中央寄りを選んだ者もいた。この者が枚岡神社（東大阪市）に始祖神を祭ることになる河内の中臣氏である。両中臣氏は同族であるという思いはあっても、遠く離れ離れになったので、いつしか疎遠になったのであろう、常陸の中臣氏は始祖神より氏神を重視して、先述のように双方の神格にも差ができたのである。

崇神の「国譲り戦」後、多氏は九州と常陸を中心に栄えた、と書きたいが少し違う。軍事力に弱点があった多氏は、天皇家からの軍事支援を得ていたが、景行記にそれら遠征地域の詳細が載っている。多氏の九州、常陸などの関東方面が、軍事力行使の対象地域となったが、多氏の支配地と重なっていた点に注意する必要がある。天皇家にとっても多氏がしっかり領国を管理して、国庫に税物を納めてくれないと困る事情があったのである。

崇神以降の天皇については、それぞれの政治・軍事的役割があった。『記紀』から、その役割分担を見てみる。①「国譲り戦」後の民衆の疲弊を、②農業中心政策によって回復し、そのあとで再び③地方の非服従者を討伐したのである。

①崇神：軍事立国（ヤマトの覇者）。天神地祇の神社を創設

②垂仁：農業立国（河内《かふち》の高石池《たかしのいけ》・茅渟池《ちぬのいけ》、倭《やまと》の狭城池《さきのいけ》・迹見池《とみのいけ》。屯倉《みやけ》設立）

③景行：景行天皇による九州遠征。日本武尊による熊襲討伐。武内宿禰《たけしうちのすくね》による日高見国《ひたかみのくに》の蝦夷《えみし》討伐提案。そして日本武尊による東国遠征

詳しい地名などを列挙するのは避けて、景行天皇の遠征先の国名のみを書くと、次のような順番で賊たちを討っていった。その発端は、「十二年の秋七月《あきふみづき》に、熊襲《くまそ》反《そむ》きて朝貢《みつきたてまつ》らず。」という景行紀の事件である。

周芳《すはのくに》（周防国＝山口県）→筑紫《つくし》（福岡県）→豊前国《とよのくにのみちのくちのくに》（福岡県東部・大分県北部）→
碩田国《おほきたのくに》（大分県）→日向国《ひむかのくに》（宮崎県）→火国《ひのくに》（熊本県・佐賀県・長崎県）→阿蘇国（熊本県）
→筑紫後国《つくしのくにのみちのしりのくに》（筑後国＝福岡県）→八女国《やめのくに》（福岡県）

これらの国名と、神八井耳命から分かれていった九州の首長クラス名を比較すると、景行遠征先は多氏の支配地に重なっているのである。つまりは武力に劣る多氏は、担当する領国の管理が十分になされていなかったことを立証する内容になっている。景行の軍事的応援が必然であった、といっているのである。その首長たちを再掲する。

火君：　肥前（長崎県・佐賀県）・肥後（熊本県）
大分君：　豊前（福岡県東部・大分県北部）・豊後（大分県）
阿蘇君：　肥後（熊本県）
筑紫の三家《みやけ》連：　筑紫（福岡県）
伊余國造：　伊予（愛媛県）
科野國造：　信濃（長野県）
道奥の石城國造：磐城（福島県）
常道の仲國造：　那賀（茨城県）
長狭《ながさ》國造：　長狭（千葉県・旧安房国東部）

景行紀には天皇親征と日本武尊の熊襲討伐のあと、さらに武内宿禰の蝦夷討伐提案や日本武尊による東国遠征が載っているので、その方面の多氏系首長たちも合わせて載せてある。以下は、同尊の東国遠征順路である。

伊勢《いせ》（三重県）→駿河《するが》（静岡県）→相模《さがむ》（神奈川県）→上総《かみつふさ》（千葉県）→陸奥国《みちのくのくに》（福島県以北の東北）→日高見国《ひたかみのくに》（福島県以北の東北）→常陸《ひたち》（茨城県）→甲斐国《かひのくに》（山梨県）→信濃《しなの》（長野県）→美濃《みの》（岐阜県）→尾張《をはり》（愛知県）→能褒野《のぼの》（三重県）にて崩御

ここでも、多氏系の首長国を巡る遠征行であったことが分かる。先に再掲した首長たちの中では、「伊余國造：伊予（愛媛県）」だけが該当しないが、あとの首長国はすべて遠征対象になっていた。そしてまたそれらの遠征地域は、既述の装飾古墳の存在場所ともダブっているのである。

天皇家からの軍事支援は、多氏側にとっては良いことばかりではなかった。それなりの見返りを天皇家に納めることに繋がっていく。例えばそんな見返りが、常陸の郡名にも反映されている。「美万貴天皇」（崇神天皇）の御世として、『常陸国風土記』の本文には郡名（国名）の新設、変更が記されている。景行や日本武尊の時代ではないものの、それぞれ個別の理由を付してから、「新治郡《にひばりのこほり》」の設置や「紀国《きのくに》から筑波県《つくはのこほり》」への変更を載せている。

しかし同書の「常陸国総記」には、「倭武天皇《やまとたけるのすめらみこと》、東《ひむがし》の夷《えみし》の国《くに》を巡狩《めぐ》りて、新治《にひばり》の県《こほり》に幸過《いでま》ししに」と、日本武尊（倭武天皇）の東国遠征の話として、「新治」の地名を記している。天皇家にとっての「新しく治める土地＝新治」であり、人事異動に伴う「筑波県」への国名変更なのであろう。

後述の通り、拙著『魏志倭人伝の中のユダヤ』では、「新治」とは秦氏が新しく治める土地として理解した。しかし日本武尊にも関連しているので、この「新治」は天皇家の直轄地が新たにできたことをいっているのかもしれないが、決定的なことは分からない。

ここ（波大岡《はだのをか》のこと：筆者注）では秦氏に由来する「ＨＡＤＡ」と、秦氏が新しく支配する土地である「ＮＩＨＩ－ＢＡＲＩ（新治《にひばり》）」を関連付けている（ＨＡＴＡ→ＨＡＤＡ→ＨＡＲＩ→ＢＡＲＩ）。

新治郡《にひばりのこほり》。［東《ひむがし》は那賀郡《なかのこほり》との堺《さかひ》なる大山《おほやま》、南《みなみ》は白壁郡《しらかべのこほり》、西《にし》は毛野河《けののかは》、北《きた》は下野《しもつけの》・常陸《ひたち》の二《ふた》つの国《くに》の堺《さかひ》にして、即《すなは》ち波大岡《はだのをか》なり。］

東国遠征による軍事支援によって、多氏は天皇家からも支配領域を蚕食されていた感がある。さらに九州から常陸に随従してきた秦氏は、「多氏＝秦氏」といった理解であるが、完全な同族ではなかったであろう。推測の域を出ないが、父系の多氏・母系の秦氏の間柄で、ほとんど同族・親族ではなかったか。多氏の職分（仲臣）に由来する「仲＝那珂」（那珂国）はこの地方の代表的な国名であったが、いつか全体の国名も秦氏側に傾いて、「秦氏の国＝ＨＩＴＡ－ＴＩ（常陸）」として一般的に通用することになったのである。当初は常陸ではなかったことを証言する、同風土記の総記に載る部分である。

古《いにしへ》は、相模国《さがみのくに》の足柄岳《あしがらやま》の坂《さか》より東《ひむがし》の諸《もろもろ》の県《こほり》、惣《すべ》て、我姫国《あづまのくに》と称《い》ひき。是《こ》の当時《とき》には、常陸《ひたち》と言《い》はず、唯《ただ》、新治《にひばり》・筑波《つくは》・茨城《うばらき》・那賀《なか》・久慈《くじ》・多珂《たか》の国《くに》と称《い》ひ、各《おのもおのも》、造《みやつこ》・別《わけ》を遣《つかは》して検校《をさ》めしめき。

常陸という地名はあとからできたものであり、HITATI＝HATATIであるから、やはり多氏系の秦氏が、当地の代表的な氏族に成長したからであろう。その秦氏とは、美濃国からやってきた養蚕技術者たちであった。天皇家ばかりか、多氏系秦氏が絹織物技術を中心に大発展を遂げ、「多氏」に代わって、当地の代表的氏族名になっていったのである。ここで分かるのは、九州の多氏（＝秦氏）が常陸に移動する前の根拠地として、美濃を選んでいたことである。

美濃の多氏は常陸に移動していったが、そこに残った人たちも居た。この系統から、「壬申の乱」で大海人皇子（天武天皇）の片腕として大活躍する、「多品治《おほのほむじ》」が出るのである。美濃の多氏は「穴八磨郡《あはちま》」（安八郡《あんぱち》）に住んで、大海人皇子の経済基盤管理者＝湯沐令《ゆのうながし》であった。従って「壬申の乱」の最初の挙兵場所が、其処であったのである。天武紀元年6月の記事から、それらのことが分かる。

是《ここ》を以《も》て、汝等三人《いましたちみたり》、急《すみやか》に美濃国《みののくに》に往《まか》りて、安八磨郡《あはちまのこほり》の湯沐令多臣品治《ゆのうながしおほのおみほむぢ》に告《つ》げて、機要《はかりことのぬみ》を宣《のたま》ひ示《しめ》して、先《ま》づ当郡《そのこほり》の兵《いくさ》を発《おこ》せ。

ところで秦氏の織物は、「烏織《うつはた》」（UTU－HATA）といった。UTU（＝ユダヤ）の織物＝ユダヤ系秦氏の織物である。『常陸国風土記』久慈郡条に載る、その秦氏（多氏）の移動経路とUTUのことである。

> 郡《こほり》の東《ひむがし》七里《さと》にある太田郷《おほたのさと》に、長幡部《ながはたべ》の社《やしろ》あり。古老《ふるおきな》曰《い》へらく、「珠売美万命《すめみまのみこと》、天《あめ》より降《くだ》りたまひし時《とき》に、御服《みけし》を織《お》らむとして、従《したが》ひて降《くだ》りし神《かみ》、名《な》をば綺日女命《かむはたひめのみこと》といふ。本《もと》、筑紫《つくしの》国《くに》の日向《ひむか》の二折《ふたをり》の峰《みね》より、三野国《みののくに》の引津根《ひきつね》の丘《をか》に至《いた》りき。後《のち》に、美麻貴天皇《みまきのすめらみこと》の世《みよ》に及《いた》りて、長幡部《ながはたべ》の遠祖多弓命《とほつおやたてのみこと》、三野《みの》より避《さ》りて久慈《くじ》に遷《うつ》り、機殿《はたどの》を造《つく》り立《た》てて、初《はじ》めて織《お》りき。其《そ》の織《お》れる服《はたもの》は、自《おのづか》らに衣裳《みけし》と成《な》りて、更《さら》に裁《た》ち縫《ぬ》ふこと無《な》し。内幡《うつはた》と謂《い》ふ」といへり。或《ある》いは曰《い》へらく、「絁《あしぎぬ》を織《お》る時《とき》に当《あた》りて、輙《たやす》く人《ひと》に見《み》らえき。屋《や》の扉《とびら》を閇《と》ぢて、闇《やみ》の内《うち》にして織《お》りき。因《よ》りて烏織《うつはた》と名《な》づく」といへり。

ここでは地名などに、多氏と秦氏の名前が付いている。太田郷《おほたのさと》＝ＯＨＯ－ＴＡ＝多氏の田、長幡部《ながはたべ》＝ＮＡＧＡ－ＨＡＴＡ＝秦氏。しかしこれは、筆者の考えすぎかもしれない。「珠売美万命《すめみまのみこと》（皇孫《すめみま》ニニギ）」天孫降臨のとき、まず綺日女命《かむはたひめのみこと》が「筑紫国《つくしのくに》の日向《ひむか》の二折《ふたをり》の峰《みね》より、三野国《みののくに》の引津根《ひきつね》の丘《をか》に」移動した。次に美麻貴天皇《みまきのすめらみこと》（崇神）の世に、多弓命《たてのみこと》が三野（美濃）を去って、常陸の久慈に移った、とある。

この「筑紫国《つくしのくに》の日向《ひむか》の二折《ふたをり》の峰《みね》」は、そのまま『古事記』の天孫降臨地と重なっている。すなわち、「竺紫《つくし》の日向《ひむか》の高千穂《たかちほ》のくじふる嶺《たけ》」と同じである。そして「二折《ふたをり》」は「高千穂《たかちほ》」、「峰《みね》」は「くじふる嶺《たけ》」である。「二折《ふたをり》」は、「ＨＵＴＡ（ユダヤ人が）－ＷＯＲＩ（居る）」という意味に違いない。またまたこれは考えすぎで、「二折《ふたをり》」は単に、「二つの山折りの峰＝ツイン・ピークス」であるのかもしれない。
多弓命《たてのみこと》は秦氏の遠祖であるとされて、彼の名前には「多氏」が隠れている。

　多＝「多氏」

　弓＝「もと、おおよそ」

すなわち多弓命《たてのみこと》とは「もとは多氏」の意味であり、多弓命《たてのみこと》＝秦氏は「もともと多氏」であり、「おおよそ・ほとんど多氏」でもある、といっている。その久慈で初めて、「内幡《うつはた》」（烏織《うつはた》）＝ＵＴＵ―ＨＡＴＡ＝ユダヤの服《はたもの》を製作するのである。

拙著『隠された「ダビデの星」』から、この「内幡《うつはた》」に関する印象である。

> 　ここには内幡＝ＵＴＵＨＡＴＡという、現代風に言えば「社外秘」の重要技術を守ろうとする一団の人々が想起される。すなわちＵＴＵ＝ユダヤ系住民であるＨＡＴＡ＝秦氏が、自分たちの経済的存立を保証する機織り技術を外部へ出さないよう、それを他人に見せない工夫が見てとれる。「神綺日女命」を奉じた秦氏が、天孫族に従って「筑紫の日向」から「美濃国」へ、さらにまた「（常陸国）久慈」へと移住してきた経路が示されている。
> 　久慈＝ＫＵＪＩという地名さえ、なにかＵＪＩやＨＵＪＩと繋がっていそうな発音であるが、これは少し言い過ぎたかもしれない。しかし民話「鶴の恩返し」の原型は、ここにあるような気がする。

「筑紫の日向」は伊都国の「日向」であって、宮崎県の旧国名ではない。多氏や秦氏が出発したのは、伊都国からである。神武東征における「日向」も同様に、伊都国の日向から出発したことは、すでに述べてある。多氏一行は伊都国から美濃、そして常陸の久慈へと移動してきたことが、風土記には明確に記されている。

実は美濃については、別の一派が存在した。日本武尊の兄大碓命《おほうす》の子孫である。日本武尊の熊襲討伐のすぐあと、今度は東国が騒がしくなった。武尊が進言して、東国の蝦夷を討つのは兄の大碓皇子がよい、と提案した。西国熊襲との戦いから帰ったばかりの武尊の言葉は当然であったが、大碓皇子はこれを畏れて隠れてしまった。

爰《ここ》に天皇《すめらみこと》責《せ》めて曰《のたま》はく、「汝《いまし》が欲《ほり》せざらむを、豈強《あにあながち》に遣さむや。何《いかに》ぞ未《いま》だ賊《あた》に対《むか》はずして、予《まだき》に懼《おそ》るること甚《はなはだ》しき」とのたまふ。此《これ》に因《よ》りて、遂《つひ》に美濃《みの》に封《ことよ》さす。仍《よ》りて封地《ことよさすくに》に如《まか》る。是《これ》身毛津君《むげつきみ》・守君《もりのきみ》、凡《すべ》て二《ふたつ》の族《やから》の始祖《はじめのおや》なり。

賊と戦う前に懼《おそ》れてしまった大碓に呆れた景行天皇は、彼を美濃の地に封じたのである。美濃に封土を得た大碓は、「身毛津君《むげつきみ》・守君《もりのきみ》」の始祖になったのである。２００５年まで岐阜県には、地名としても身毛津君《むげつきみ》に由来する武儀郡《むぎぐん》（武義郡《むげぐん》）があった。長良川下流の安八郡に対して、武儀郡はその上流部に位置して、二つは近隣の郡であった。また守氏の子孫からは、天智天皇の時代に遣唐使に選ばれた者も出た。第5回（665年）の正使、守君大石《もりのきみおほいは》である。
大碓命がユダヤ系多氏であったという記録はないが、弟の日本武尊ともども、その名にＯＯ－ＵＳＵ（兄のユダヤ）・ＫＯ－ＵＳＵ（弟のユダヤ）という、ユダヤ系に特徴的なＵＳＵが付いていること、多氏の美濃国安八郡に近い武儀郡に住んだこと、さらに父である天皇の漢風諡号「景行」に、東周りのキリスト教を表す「景」が付いていることなど、ユダヤ系多氏に関係があった可能性は大である。天皇の漢風諡号を撰した淡海三船は、奈良時代の大学頭・文章博士であったから、「景」が単なる「陽の光」や「景色」といったありきたりの意味のまま、天皇の諡《おくりな》にするわけがないと思っている。奈良朝の博学者たちは、既に「景教」のことも知っていたに違いない。

9．甕棺と多氏

伊都国王であった多氏の墓制は、甕棺の中に遺体を屈葬する方法であり、棺の内側を水銀朱で赤く塗る習慣があった。また王の遺品として三種の神器（勾玉・割った鏡・劔）を、遺体とともに埋納したのである。

多氏系の磐井一族は九州に装飾古墳を造営して、やはりその石室内部の色調を赤色中心にまとめ、甕棺墓の赤を引き継いでいた。もっと強調すべきは甕棺＝母体・子宮であるというイメージも、保存・承継していたことである。さらにはユダヤ系秦氏の信仰も継承して、装飾古墳壁画に△や○を多用して、唯一神ヤハウェを讃えたのである。

信仰と幾何学模様については、すでに第一章に述べてあるので、ここは「甕棺＝母胎・子宮」のことを、例によって大和先生の著作から引用して学ぶことにする。

筑紫君・肥君の祖は甕依姫であり、建甕槌神は女神である。九州佐賀県の鹿島市の西隣の長崎県の五島列島の漁民の妻たちは、夫や息子が出航すると、航海安全を祈って台所の大甕に水をいっぱい入れておくというが、女達が甕に水を入れるというのは、海底に甕神を鎮座させているように航海の安全を願っての事だが、女性による祈願である。というのも甕は母胎と見られており、女性イメージだからである。その事例を縄文時代の土器で示す。

その土器として、三つの甕型土器の図・写真を載せている。二番目の「人面把手付土器」を、ここに載せた写真10の解説文によって示している。

1．人面把手土器（長野県伊那市月見松遺跡）
2．母胎から嬰児が顔を出している人面把手付土器（縄文中期・山梨県須玉町御所前遺跡）
3．縄文中期の有孔鍔付土器（神奈川県厚木市林王子遺跡）

ここで明らかなように、甕棺墓制は縄文文化を濃厚に引き継ぐものである。甕そのものが母胎であり、屈葬習慣も母胎に納まる格好で、胎児として再生することを祈るものである。甕棺内側

写真10：山梨県指定文化財　顔面把手付深鉢
（出典：広報ほくと2011年3月号 p. 20）

この土器は、須玉町の旧津金小学校の南にある津金御所前遺跡で昭和56年に行われた発掘調査の際、縄文時代中期の住居跡から発見されました。復元高は56cmです。

土器の口縁につけられた顔面把手と、土器本体に描かれた人体のような文様と人面文様は、今まさに子供が生まれ出る瞬間を表現していると考えられています。

この土器は日本を代表する原始美術として国内外で高い評価を受けています。しかし、発見後の復元から約30年が経過し、石膏や接着剤が劣化して破損が心配される状態になったことから、平成21年に修復しました。

修復作業では、土器を解体して古い接着剤や石膏を除去し、樹脂を土器断面に塗って保護しながら復元し、土器が欠けている部分は樹脂で補填しました。土器の形や文様は、現存する土器破片から推測して復元しています。

修復以前とは、土器の形や細かな文様に若干の変更が生じていますが、縄文時代の精神文化を今に伝える顔面把手付深鉢の価値が、改めて確認されました。貸出時以外は、大泉町の北杜市考古資料館に展示されています。

の赤色も、子宮内部を表現しているに違いない。

縄文の甕棺は、弥生の古墳文化に吸収されて、横穴式石室へと変化していった。その横穴式古墳の石室内部も、甕棺内側の赤色が残存して、現代の石室見学者を驚かすに十分な迫力を持っている。既述のチブサン古墳（熊本県山鹿市）に見るように、その赤色の迫力はもう、地元母親たちの信仰対象にもなり得るのである。お乳の出に悩んだ母親は、赤い乳房に祈ったのではないだろうか。

ここまで思い付くままに、装飾古墳の主である多氏や磐井のことや、そこに描かれた△○などの意味を述べてきた。それだけに散漫な文になっているから、それらを図解してまとめてみようと思う。というのも常陸に移動したあとの多氏勢力範囲は、天皇家や秦氏によって少しずつ変質していったが、特に多氏配下であった卜占の中臣氏による「下剋上」によって、多氏の地域支配力は大きく損なわれていった。その実態を理解するためにも、これまでのまとめが要るのである。

①天孫崇神が渡来
↓
②応神
↓
③継体（磐井の乱）
↓
④天智
⑤天武（壬申の乱）
（大海人＝海神族？）

天孫に協力して「国譲り戦」
戦後に中央政権から疎遠（周辺国）

（≒海神・海人）
- ↓安曇族関連地名（安曇野、渥美など）
- ↓志賀海神社／金印（漢の間接支配）

ユダヤ系多氏＝伊都国王（甕棺・三種神器）
- ↓美濃残留組↓壬申の乱↓天武支持＝⑦多品治
- ↓美濃↓常陸（那珂国造）↓磐城（石城《いはき》国造）
  - ↓日本武尊の軍事支援（東国遠征）
  - ↓鹿島社＝甕神。香取社＝敗者祭り
    - ↓河内（東大阪）の中臣氏（枚岡神社）
  - ↓中臣氏随従↓鹿島祭神を自家に取込
    - （甕槌↓御雷／武神）
    - ↓中臣（藤原）↓　⑥持統

（≒秦氏）↔（一族に磐井／装飾古墳）

説明：①天孫崇神↓天皇家の実質初代（崇神朝）
②応神↓皇統が交代した可能性（応神朝）もある。崇神に呼応する天皇＝「応神」
③継体↓応神五世孫として、応神朝の体制を引き継ぐ＝「継体」
「継体」の意味は、崇神後裔ではないという意味を含めた諡号？
④天智↓継体正統としての、男系男子の天皇
⑤天武↓継体正統ではない、男系男子の天皇

正統男系男子ではないため、京都泉涌寺にある皇室位牌から除外
女系持統が男系天智の子として、正統的皇統の維持者となる
「持統」の意味＝皇統維持＝持統（熟語「継体持統」として使用）
天武父親の（男系）高向王は、用明天皇の孫である
〃　　〃　　当麻皇子の子である
当麻皇子の出自に、皇統継承者として不適切な条件があった？
または天武は、当麻皇子の子ではない可能性？
『日本書紀』は、当麻皇子のことを載せていない
当麻皇子については、『日本書紀成立考』（大和岩雄／大和書房・２０１０年）

⑥持統
→天武との子草壁皇子の早逝。孫の文武への皇位継承を熱望
女帝から皇孫への継承は前例がない
神話捏造（女神アマテラスから皇孫ニニギへ＝神話世界に前例創作）
神話捏造に藤原不比等が関与→持統から信頼→藤原氏の政権基盤強化
藤原氏は女系持統を通じて、政権へ関与→藤原氏繁栄は女系天皇から

⑦多品治
→多氏は男系天武を通じて、政権へ関与→多氏繁栄は男系天皇から
多氏は美濃で、大海人（天武）の経済・軍事基盤の管理者
「壬申の乱」最初の挙兵地。鉄製武器の製造・保管・技術確保＝兵士養成

10. 天武天皇の関係者たち

多氏が辿った歴史の道筋は、壬申の乱によって大きく転回することになった。美濃残留組の多氏から、天武側近になった多品治が出たからである。彼が天武政権の重鎮になることによって、多氏全体が再活性化する可能性が出てきたのである。

天武に至る系図を、『日本書紀』から示す。この日本の正史こそ、天武の指示によって編纂が開始されたので、天皇の意志がはっきり残っていると思われる。書かれたこと、および書かれなかったこと双方から、後世に伝えるべき「あるべき天武像」が浮き彫りにされる。系図上に書かれなかった人物とは、天武の母（皇極・重祚して）斉明天皇の最初の夫高向王の父である。その斉明紀の冒頭である。

天豊財重日足姫天皇《あめのとよたからいかしひたらしひめのすめらみこと》　斉明天皇《さいめいてんのう》

天豊財重日足姫天皇は、初《はじめ》に橘豊日天皇《たちばなのとよひのすめらみこと》の孫《みまご》高向王《たかむくのおほきみ》に適《みあひ》して、漢皇子《あやのみこ》を生《あ》しませり。後《のち》に息長足日広額天皇《おきながたらしひひろぬかのすめらみこと》に適《みあひ》して、二の男《ふたはしらひこみこ》・一の女《ひとはしらひめみこ》を生します。

注：天豊財重日足姫天皇《あめのとよたからいかしひたらしひめのすめらみこと》＝斉明天皇《さいめいてんのう》
橘豊日天皇《たちばなのとよひのすめらみこと》＝用明天皇《ようめいてんのう》

息長足《おきながたらし》日《ひ》広額《ひろぬか》天皇《のすめらみこと》＝舒明天皇《じょめいてんのう》

まずは、用明天皇からその孫の高向王に跳んでしまって、王の父親が抜けている。天武にとっては祖父に当たる皇族にもかかわらず、である。さらに「二の男《ふたはしらひこみこ》・一の女《ひとはしらひめみこ》」の名前が載っていない。素直に書くことができない理由があったのであろうか。天武即位前紀の冒頭によって、兄が天智、弟が天武の同母兄弟であると判明するのであるが、舒明の即位前紀、二年正月条にはすでに「二男一女」の具体名を載せているので、「二の男《ふたはしらひこみこ》」は、重複を避けただけかもしれない。

二年の春正月の丁卯《ひのとのう》の朔《ついたち》戊寅《つちのえとらのひ》に、宝皇女《たからのひめみこ》を立《た》てて皇后《きさき》とす。后《きさき》、二《ふたり》の男《ひこみこ》・一《ひとり》の女《ひめみこ》を生《あ》れませり。一《はじめ》を葛城皇子《かづらきのみこ》と曰《まう》す。近江大津宮《あふみのおほつのみやにして》御宇天皇《あめのしたしらしめししすめらみこと》なり。二《つぎ》を間人皇女《はしひとのひめみこ》と曰《まう》す。三《つぎ》を大海皇子《おほしあまのみこ》と曰す。浄御原宮《きよみはらのみやにして》御宇天皇《あめのしたしらしめししすめらみこと》なり。

そしてこの葛城皇子《かづらきのみこ》（天智）は、舒明崩御のときには既に東宮（皇太子）であった。ただ東宮であったという記載は、舒明紀の本当の最後に付け足しのように出てくるから、このあたりも不審な箇所である。その舒明紀十三年の最終行の記述である。

十三年の冬十月《ふゆかむなづき》の己丑《つちのとのうし》の朔《ついたち》丁酉《ひのとのとりのひ》に、天皇《すめらみこと》、百済宮に崩《かむあが》りましぬ。丙午《ひのえうまのひ》に、宮《みや》の北《きた》に殯《もがり》す。是《これ》を百済《くだら》の大殯《おほもがり》と謂《い》ふ。是《こ》の時《とき》に、東宮《まうけのきみ》開別皇子《ひらかすわけのみこ》、年十六《みとしとをあまりむつ》にして誄《しのびこと》したまふ。

東宮は皇太子のこと、開別皇子《ひらかすわけのみこ》はのちの天智天皇である。

斉明紀では、皇太子としての中大兄皇子（天智）は、有馬皇子《ありまのみこ》謀反の嫌疑を追及する「牟婁《むろの》温湯《ゆ》」（紀温湯《きのゆ》）の場面で、追及側の「皇太子」として登場する。

是に、皇太子《ひつぎのみこ》、親《みづか》ら有馬皇子に問《と》ひて曰《のたま》はく、「何《なに》の故《ゆゑ》か謀反《みかどかたむ》けむとする」とのたまふ。答《こた》へて曰《まう》さく、「天《あめ》と赤兄と知らむ。吾《おのれ》全《もは》ら解《し》らず」とまうす。

有馬皇子の答は、反抗的なものであった。「何を言うか、おまえたち朝廷側と私を謀った蘇我《そがの》赤兄《あかえ》とが知っていることであろう。私の関知しないことだ」と言った。しかしこの結末は、有馬皇子絞殺によって幕を閉じたのである。絞殺場所は、和歌浦を望む藤白坂《ふじしろのさか》（和歌山県海南市）であった。

今は天智の皇太子時代を調査しているのではなく、「系図上に書かれなかった人物」として、「天武の母（皇極・重祚して）斉明天皇の最初の夫高向王の父」に焦点を絞っている。彼のことは『記紀』ともに実名を書いていないが、系図上では父の候補者を挙げることはできる。つまり、用明天皇記・紀には、母親と一緒にその皇子たちの記載があるからである。用明の男子は、全部で六人いる。（ ）内は母の名前である。

1. 厩戸皇子《うまやとのみこ》=聖徳太子（穴穂部間人皇女《あなほべのはしひとのひめみこ》）
2. 来目皇子《くめのみこ》（〃）
3. 殖栗皇子《ゑくりのみこ》（〃）
4. 茨田皇子《まむたのみこ》（〃）
5. 田目皇子《ためのみこ》（石寸名《いしきな》=意富藝多志《おほぎたし》比賣・蘇我稲目《そがのいなめ》の女《むすめ》）
6. 当麻皇子（広子《ひろこ》・葛城磐村《かづらきのいはむら》の女）

地名的な関連性からして、高向王の「父」としては当麻皇子がほとんど当確である。当確を出すための推理は、天武が崩《な》くなったときの殯《もがり》の様子を見ることから出発する。二年間にもわたる殯の初日に、最初に誄《しのびごと》を奉じた人物に焦点を当てる。何にしても、「最初」なのである。彼こそ、謎多い天武天皇を幼少より知る人、同じ地域の悪仲間であったに違いない。その地域名が、天武→高向王→当麻皇子に遡っていくであろう。これが推理の道順である。彼の名は、大海宿禰《おほしあまのすくね》蒭蒲《あらかま》という。皇子時代の天武の養育役（壬生《みぶ》）、というより崩御した天武の、幼少時の思い出（「壬生の事」）を語るのであるから、皇子の遊び相手であったに違いない。蒭蒲《あらかま》という名から判断すれば、蒭《まぐさ》を鎌（蒲）で刈る、天武の馬番であった可能性もある。馬を並べて遠出し、悪戯三昧の幼少期を過ごした仲間であったと思われる。

是の日《ひ》に、肇《はじ》めて奠進《みけたてまつ》りて即ち誄《しのびことたてまつ》る。第一《はじめ》に大海宿禰蒭蒲《おほしあまのすくねあらかま》、壬生《みぶ》の事《こと》を誄《しのびことたてまつ》る。

「奠《みけ》」とは、お供え物のことである。「誄」は、貴人の遺徳を讃える詞《ことば》である。彼の名「大海《おほしあま》」には、多くの情報が含まれている。

・OHO―SI―AMA　↓　忍海《おしみ》＝大和葛城にあった郡名
　　　　　　　　↓　凡海連《おほしあま》＝綿積命の後
・OHO　↓　多氏に連なる一族
・AMA　↓　海人（海部）の一族
・TAKAMUKU　↓　高向＝現大和高田市の地名のもと
　葛城から竹内街道の峠を越えると、高向氏の居処（石川沿い）

現在の葛城市（奈良県）には、地名として近鉄忍海駅がある。さらには当麻寺駅もあって、駅から西へ行くと当麻寺の五重塔が見えてくる。当麻寺駅の一つ東には磐城駅さえあって、前記「6．当麻皇子（広子《ひろこ》・葛城磐村《かづらきのいはむら》の女）」のことがすぐ思い浮かぶのである。もっといえば、古代の国道1号線に当たる「竹内街道」も、難波からここ葛城までを一本道で通していたから、この地は古代交通の要衝でもあった。

天武は幼少期を、ここ当麻で育ったのである。当然ながら、父高向王もここで生まれたであろうし、祖父は当麻皇子である（皇子の母は、葛城氏出身の広子）。

高向王の「高向」は、それが転じて「高田」となり、現在の大和高田市となっている。葛城市の北隣りが大和高田市であるから、この葛城古道一帯は「当麻皇子―高向王―天武天皇」三代の故郷なのである。

『新撰姓氏録』右京・神別の項には、凡海連《おほしあま》が記載されている。

４７９　凡海連　同神男穂高見命之後也（同神とは、海神綿積豊玉彦）
６１０　凡海連　安曇宿祢同祖　綿積命六世孫小栲梨命之後也

この記事によって、大海＝凡海＝安曇（阿曇）＝綿津見（＝多氏）であることが分かる。つまり綿津見神が伊都国王の多氏であり、すなわち「大海《おほしあま》」とは「多氏」のことであった。

以上の調査と推理によって、天武（大海人皇子）の幼少期は、葛城に繋がる人々によって育まれたのである。そして皇子の経済・軍事基盤が美濃国（安八磨郡）に在って、そこが皇子養育係の「多氏」によって管理され、壬申の乱最初の挙兵地になったことも納得できた。

滋賀県との県境に伊吹《いぶき》山があるように、美濃国（岐阜県）はもともと伊福部《いふくべ》氏にも関係が深い。金属を吹き分ける生業を自らの姓とした同氏は、多氏の配下として鉄製武器の製造・管理に携わったと思われる。多氏が住み付いた美濃国安八磨郡は、また伊福部氏が住んだ場所でもあった。美濃国の本巣《もとす》郡や山県《やまがた》郡の古い戸籍から、同氏の居住が確認できる。地図上の位置としては飛騨山地から美濃平野に出るところ、長良川が緩やかに流れるあたりである。北から山県郡、本巣郡、安八郡（安八磨郡）の順に並んで、伊福部氏と多氏が隣接氏族であったことが分かる。壬申における大海人皇子の挙兵には、腹心多品治の統率力はもとより、与《あずか》って伊福部氏の鉄製武器の力が大きかったことも理解できる。
　この探偵調査には好都合なことだが、伊福部氏は、あの葛城地方にも居所を有していた。同氏が祭る神社が、葛城市笛吹に存在する。通称笛吹の宮、正式名称は葛木坐火雷神社《かつらきにいますほのいかづちじんじゃ》である。

　俗に笛吹の宮といわれるこの神社は、「延喜式」神名帳に葛木坐火雷神社二座とあり、忍海郡にあった古社の中でも官幣大社級。祭神は、火雷神と笛吹連の始祖、天香山命、火雷神は、火之迦具土神ともいい、火の神。天香山命は石凝姥命で、天照大神が天の岩戸にかくれたとき、天香山の土を掘って鏡を作り、竹で笛を作って吹き鳴らした、と神話に伝えられている。古代、王朝の笛師をつとめた笛吹連がこの地に居住、火雷神を自家の祖神として祀ったのが始まり。本殿の北西には横穴式石室に家形石棺を安置した径26mの円墳があり、笛吹連七代目の建多折命の墓であろうといわれている。その笛吹連の子孫が代々宮司を務め、現在で84代目。

「笛吹連の始祖、天香山命」とあるが、同命は伊福部氏の祖でもある。だから伊福部氏＝笛吹連であり、笛吹神社もその笛吹連の子孫がお祭りしているのである。『新撰姓氏録』左京・神別から、天香山命と伊福部氏との関係を抜き出す。

401　尾張連　　尾張宿祢同祖　　火明命之男天賀吾山命之後也
402　伊福部宿祢　尾張連同祖　　火明命之後也

火明命とは饒速日（天照国照彦天火明櫛玉饒速日《あまてらすくにてらすひこあめのほあかりくしみかだまにぎはやひ》＝大物主）のことであり、その子が天賀吾山命（天香山命）である。天香山《あめのか(ぐ)やま》命は、この説明にあるように笛吹連の始祖であり、また伊福部氏の祖でもあった。笛吹神社は葛城に坐《いま》すので、まさに伊福部氏はその葛城に居たのである。もちろん同族は、美濃にも住んでいた。

しかしこれらの史料は、著者の推理の過程で導いてきたものであるから、素人でも比較的簡単に見つけることができる。先達の研究成果には驚くほど精緻なものがあり、そのご努力には敬服するばかりである。既掲書『日本書紀成立考』（大和岩雄）の中では、先に挙げたような証明史料は、詳細な検証を経て順を追って書かれている。だからこれ以上の論証は、大和先生の著書に譲って、筆者は先を急がなくてはならない。

ここまで来れば大海人皇子と関係が深いのは、明らかに忍海郡や葛城郡である。高向王とのあいだにできた斉明の最初の子、漢皇子《あやのみこ》は大海人《おほしあま》皇子であると思われる。皇子の名からして、「OHO－SI－AMA」＝凡海《おほしあま》（忍海《おしみ》郡）＝多氏の海人《あま》なのである。既に先生は、前掲書の副題を「天武・天智異父兄弟考」として、「大海人皇子＝漢皇子」説を確固として展開されている。著者もその説の賛同者として登録されたいものである。

気に掛かっていることがある。天武系の位牌が、天皇家の菩提を弔う京都泉涌寺にないことである。天武に始まり、持統、文武、元明、元正、聖武、孝謙（称徳）の七人の位牌が存在しない。理由はきっと、天武の素性にある。皇位継承の正統性が、大海人皇子には欠けていたと思われる。それが何であるのか。彼の幼少期における何かが、天孫天皇家の正嫡として相応しくなかったのであろう。

では皇子の幼少期から壬申の乱に至るまでの、その不相応な部分を推し測ってみる。

a．天孫崇神の後裔ではなく、伊都国王多氏の後（天孫に仕える側）であること
b．多氏＝秦氏＝綿津見神＝阿曇氏＝海人族→海人族を出身母体とする天皇であること
c．漢皇子という名から、安耶（安羅）出身者と宝皇女との子である可能性
d．葛城系（出雲系）の天皇である可能性
e．正統天智系から、武力によって皇位を簒奪《さんだつ》したこと（皇位簒奪者）

これら以外の可能性があるかもしれないが、どれが本当のことなのか。公式的な考えとしてはeが原因で、皇位簒奪者天武と以降の天武系位牌が泉涌寺から除かれた、とすべきであろう。筆者には、aもbも捨てがたいが、確たる証拠を示すことができない。

また「天智系の正統な血統を維持した」という点で、持統天皇の存在価値があるようだ。天皇諡号の考案者と目される淡海三船は、持統を天皇として認めていない（『中臣・藤原氏の研究』

（大和岩雄）。彼の漢詩集『懐風藻』には、持統は「天皇」ではなく、「皇太后」と表記されている。すると持統皇太后以降の天皇も、三船にとっては何らかの意味で、正統性に欠ける天皇たちという認識であったことになる。天智系が復活する光仁およびその子の桓武からは、まさに正統的な天皇になるのである。

671年　天智天皇　近江大津宮にて崩御
672　壬申の乱　大海人皇子（天武）が勝利
673　天武天皇　飛鳥浄御原宮にて即位
681　草壁皇子（天武と持統の子）　皇太子に
685　天武天皇　博戯（双六などの賭け事）
686　天武天皇　崩御　→　持統称制
689　草壁皇太子　薨去（柿本人麻呂が挽歌）
690　持統天皇　即位
690　高市皇子（天武天皇の長子）　持統朝の太政大臣に（藤原宮の造営責任者）
694　持統天皇　吉野宮へ（御幸の月）↓1・4・9（持統八年）
694　（持統八年十二月）　持統天皇　藤原宮に遷る
695　持統天皇　吉野宮へ　↓2・3・6・8・12（持統九年）
696　持統天皇　吉野宮へ　↓2・4・6（持統十年）

696　（持統十年七月）高市皇子　薨去（暗殺？）
696　（持統十年八月）多品治　卒去（高市皇子への殉死？）
697　持統天皇　吉野宮へ　↓4（持統十一年）
697　（持統十一年八月）日嗣（次期天皇）の事を禁中にて協議
697　（持統十一年八月）文武天皇（持統天皇の孫＝皇孫、元明天皇の子）　即位
702　（大宝二年）　太上天皇（持統）が参河国などに行幸
702　（大宝二年十二月）太上天皇（持統）崩御
711　（和銅四年九月）元明天皇　『古事記』の撰録・献上を太安萬侶に
　　本記事は『続日本紀』に記載なし
712　（和銅五年正月）元明天皇に『古事記』を献上（『続日本紀』に記載なし）
　＊わずか五カ月ほどでの完成・献上は不可能→『原古事記』の改変
　　改変箇所は「天子降臨」を「天孫降臨」に手直しした可能性あり
　　改変の褒賞人事＝太安萬侶が「民部卿」に昇進
720　（養老四年五月）元正天皇に『日本書紀』献上（『続日本紀』本文の付記扱い）

697年の「禁中にて協議」とした部分を、前掲書から引用する。その協議は紛糾したが、三船の祖父葛野王の一言で、軽皇子（文武）に日嗣が決定した。即ち、皇位は子孫で継ぐべきであり、兄弟で継ぐ場合は国が乱れるもとになる、と他の皇子たちを叱責したのである。

高市皇子薨《みまか》りて後に、皇太后王公卿士《くわうたいこうわうこうけいし》を禁中《きんちゅう》に引きて、日嗣《ひつぎ》を立てむことを謀《はか》らす。（中略。席を占めていた弓削皇子が意見を挿もうとしたとき、葛野王）王子叱《いさ》び、乃《すなけ》ち止《や》みぬ。皇太后其《そ》の一言《ひとこと》の国を定《さだ》めしことを嘉《よ》みしたまふ。特閲《とくえつ》して正四位を授《さづ》け、式部卿に拝《め》したまふ。時に年三十七。

ここでは持統天皇は「皇太后」と明記されて、淡海三船自身は天皇として認めていない。三船の祖父葛野王の一言（弓削皇子への叱責）によって、持統にとっては皇孫に当たる軽皇子が、次の文武天皇となった。この功に報いる意味で、葛野王は正四位に昇進、かつ式部卿に就くことができたのであるから、持統に対してはもう少し緩やかであってもよかったのに、「天皇」ではなく「皇太后」のままで、『懐風藻』に記録したのである。

改めて６９６年７月の高市皇子薨去から、６９７年８月の文武即位までを見てみると、わずかに1年ほどの出来事である。そしてこの1年で、宮廷に関係する氏族はそれぞれに運命が急変したのである。

そんな中で多氏は、美濃の多品治の軍事力によって天武側近になった一方、多氏の配下であった中臣氏は、鎌足・不比等親子の台頭で、天武後宮の持統に急接近していた。多氏が男系天武を、多氏配下の中臣氏が女系持統を足掛かりにして、壬申の乱以降における自家の栄達を試みていた。

天武と多品治の行動が、『日本書紀』に載っている。天武十四年九月条に載る、博戯の一件である。賭博好きの天武には、持統も困っていたのではないか。のちの文武二年七月には、その禁止令を出しているから、社会的にも悪い影響があったのであろう。

辛酉《かのとのとりのひ》に、天皇《すめらみこと》、大安殿《おほあんどの》に御《おはしま》して、王卿《おほきみたちまへつきみたち》等を殿《との》の前《まへ》に喚《め》して、博戯《はくぎ》せしむ。是の日に、宮処王《みやところのおほきみ》・難波王《なにはのおほきみ》・竹田王《たけだのおほきみ》・三国真人友足《みくにのまひとともたり》・県犬養宿禰大侶《あがたのいぬかひのすくねおほとも》・大伴宿禰御行《おほとものすくねみゆき》・境部宿禰《さかひべのすくね》石積《いはつみ》・多朝臣品治《おほのあそみほむぢ》・采女朝臣竹羅《うねめのあそみつくら》・藤原朝臣大嶋《ふぢはらのあそみおほしま》、凡《すべ》て十人《とたり》に、御衣袴《おほみそおほみはかま》を賜《たま》ふ。

博打仲間を一口にいえば、悪友である。この中でも多品治は、壬申の乱最初の挙兵地を預かり、天皇とは文字通り生死をともにした「刎頸《ふんけい》の交《まじわ》り」であったから、博打にも当然のごとく呼ばれるのである。しかしどちらかというと彼は武勇の人であり、乱後の平常時には向かなかったと思われる。多氏のその後にとって一番大事な天皇人脈のうち、次期天皇になるべき高市皇子をいとも簡単に暗殺?されてしまったからである。長期的な戦略眼に欠けていた、といってもよい。

高市皇子が暗殺された、という史料はない。しかし持統天皇が吉野宮へ行幸した月を、694年から697年まで調査すると、皇子が薨去する直前に急増していることが分かる。吉野への御幸にはたくさんの官人が付き従うので、藤原京は人手不足に陥る。在京の政治責任者であった太政大臣高市皇子は、天皇不在のあいだ、どのように政治運営されたのか。皇子にとっては、都から外に出ることができない状況が、持統の吉野行きによって半強制的に作り出されるのである。また在京の留守役人事にも興味がある。人選によっては、足止めされた皇子の周りが不穏になる。

言い換えると、持統の多すぎる吉野御幸と、それによって移動することを禁じられた高市皇子の薨去には、強い関連性・暗殺臭が漂うのである。人手不足で動けない皇子は、暗殺の的には最適になってしまう。

それにしても、あっけないことである。高市皇子の薨去記事（『紀』）は、原文では僅かに七文字である。前に亡くなった草壁皇子のときは、全部で十一文字であるから、これと比較すれば奇異には当たらないかもしれないが、功績面では圧倒的に差がある。

庚戌、後皇子尊薨。（庚戌《かのえいぬのひ》に、後皇子尊《のちのみこのみこと》薨《みう》せましぬ。）

（参考）草壁皇子の表記→「皇太子草壁皇子尊」（持統三年四月十三日　薨去）
高市皇子の表記→「後皇子尊」（持統十年七月十日　暗殺？）

天武の長子であり、ときの太政大臣が亡くなったのである。まして天武の片腕として、壬申の乱の陣頭指揮をとった大人物のはずであるのに、この扱いは何であるのか。天武政権への貢献度に関しても、一行の言及すらない。皇子にとっては、全くの不慮の災難・死であったと思われる。あるいは警戒を怠らなかったにもかかわらず、不意に襲われたのであろう。

天武崩御のあと、その子高市皇子を守るべき多品治の護衛義務は、絶対順守されなくてはならなかった。しかし油断があったのか、敵方が巧妙であったのか、あるいは兵や武器の優劣によってか、皇子を護り切ることができなかった。
高市皇子薨去のすぐあとで多品治の死亡記事を載せたのは、二人の死が強く関連していることを言外に匂わせ、そこは『紀』編纂者の良心というべきものであろう。つまり「暗殺」と「殉死」である。もちろん記事の中に、「殉死」の文字はないが。

庚戌《かのえいぬのひ》に、後皇子尊《のちのみこのみこと》薨《みう》せましぬ。
八月《はつき》の庚午《かのえうま》の朔甲午《きのえうまのひ》に、直広壱《ぢきくわういち》を以て、多臣品治《おほのおみほむぢ》に授けたまふ。并《あはせ》て物《もの》賜ふ。元《はじめ》より従《したが》ひたてまつれる功《いたはり》と堅《かた》く関《せき》を守《まも》れる事《こと》を褒《ほ》美めたまふとなり。

それまでの小錦下（従五位下相当）から直広壱《ぢきくわういち》（正四位下相当）に特進の理由は、不破関を守り、壬申の乱を天武・高市親子と一緒に戦った功績である、と述べている。
先の年表で注意したいことは、『古事記』の撰録から献上までの、異常な短さである。

711（和銅四年九月）　元明天皇　『古事記』の撰録・献上を太安萬侶に
本記事は『続日本紀』に記載なし
712（和銅五年正月）　元明天皇に『古事記』を献上（『続日本紀』に記載なし）
＊わずか五カ月ほどでの完成・献上は不可能→『原古事記』の改変箇所は「天子降臨」を「天孫降臨」に手直しした可能性あり

女帝持統から皇孫文武への皇位継承を、神話に反映させた
改変の褒賞人事＝太安萬侶が「民部卿」（民部省長官）に昇進

もう一方の正史『日本書紀』は、天武の編纂指令から始まって、各豪族が所有する史料の整理などを経て、完成まで実に39年間を要している。

６８１（天武十年三月）天武天皇　帝紀・上古諸事を記定するよう詔《みことのり》
７２０（養老四年五月）元正天皇に『日本書紀』献上（『続日本紀』本文の付記扱い）
＊『続日本紀』の編纂者は、『日本書紀』を正史として認めていない

この『記』『紀』両書の所用年数を比較すれば、元明の詔（７１１年）により撰録・献上（７１２年）した『古事記』は、明らかに『原古事記』を手直ししたものである。先述のように、「女帝持統から皇孫文武への皇位継承を、神話に反映させた」のであるが、既に皇孫文武への譲位は、６９７年に済んでいたから、この神話改変は後付けの感がある。しかし改変を知らない後代の読者は、天孫降臨神話は当初からのものであると認識するであろう。現代の私たちも、その例に漏れないのである。

６９７（持統十一年八月）日嗣（次期天皇）の事を禁中にて協議

697（持統十一年八月）文武天皇（持統天皇の孫＝皇孫、元明天皇の子）即位

悔やんでも悔やみきれないのは、多品治の胸の内である。してやったのは藤原不比等である。高市皇子主導で遷都したのが藤原京であり、彼は持統朝の太政大臣として、「後皇子尊」＝「実質的な皇太子」であった。高市皇子がこのまま存命で、かつ都も藤原京のままなら、次期天皇は間違いなく高市皇子である。天武―高市ラインの人脈が、その後の政治的主導権を握り続けるのだ。

潰さなくてはならない。天武―高市―長屋王と繋がる①正当な皇統ラインを潰せ、というのが不比等の長期戦略であった。その上に藤原京は、②奈良に再遷都させなくてはならない。高市皇子の手で完成し、それゆえ彼の怨念が巣食う都は、藤原氏にとっては不吉である。天武―高市ラインを、③天武―持統ラインに変えてしまうことは、不比等が天皇家の外祖父になる道を容易にして、藤原氏繁栄の政治基盤にもなる。さらに歴史改変の責任者、④太安萬侶を自陣営に取り込もう、神話改竄《かいざん》の口封じも含めて。

この戦略が実行に移されるとき、多氏には衰退の予感が出てくる。品治亡きあとの多氏の氏長は太安萬侶になった、というより任命されたのである。安萬侶がしっかりしなくてはならないときに、朝廷（藤原氏）の人事・職制・利権のネットに、彼自身が蔽われてしまいそうな気配があったからである。

７１１（和銅四年九月）元明天皇『古事記』の撰録・献上を太安萬侶に
７１２（和銅五年正月）元明天皇に『古事記』を献上（『続日本紀』に記載なし）
７１５（霊亀元年正月）元明天皇　太朝臣安麻呂に従四位下（民部卿に）
７１６（霊亀二年九月）元正天皇　従四位下太朝臣安麻呂を氏長《うじのかみ》に任ずる
７２３（養老七年七月）元正天皇　民部卿・従四位下太朝臣安麻呂　卒去

事実はこのようにして、太朝臣安麻呂は正五位上から従四位下に上り、民部省の長官に就き、さらに氏長にもなった。７２３年に亡くなったときの、彼の墓誌銘である。

左京四條四坊従四位下勲五等太朝臣安萬侶以癸亥年七月六日卒之
養老七年十二月十五日乙巳

墓誌の中の「勲五等」とは武勲の等級であるが、文官であった安萬侶がどこかに従軍したとしても、武勲を立てることは難しかったであろう。だからこの勲五等は、別の意味であるに違いない。恐らくは『古事記』改変の功を、武勲に置き換えたものではなかろうか。

歴史的認識の浅い筆者にとっても、この①から④の理屈は分かり易いものであるから、不比等の考えも、多分このようであったと思われる。実際の歴史を後世から眺めることができる現代人は、現代的感覚で古代を理解するしかないが、人間の考えることはそんなには違わないであろう。

筆者にも比較的簡単に、不比等の戦略を列挙することができるのだ。
④については上述の通りであるが、それも含め、年代順に結末を示す。

②：６９６年　高市皇子　薨去（暗殺？）
　　７０７年　文武天皇　遷都の審議開始（審議理由の記事はない）
　　７０８年　元明天皇　遷都の詔
　　７１０年　元明天皇　平城京に遷都（和銅三年三月十日）
④：７１５年　元明天皇　太朝臣安麻呂に従四位下（民部卿に）
　　７１６年　元正天皇　従四位下太朝臣安麻呂を氏長《うじのかみ》に任ずる
　　７２３年　元正天皇　民部卿・従四位下太朝臣安麻呂　卒去
①：７２９年　長屋王の変　→　謀反ありと密告され、妻子とともに自殺
③：７２９年　長屋王の変　→　のちに密告は冤罪と判明
　　同変によって長屋王の男系は断絶

かくして多氏は、太安萬侶以降には人物的にも恵まれず、氏族としての位置も次第に中・下層に沈んでいったのである。反対に藤原氏の隆盛ぶりは、もう書く気力が起こらないほどである。藤原氏と多氏が明と暗に分かれたのは、６９６年の高市皇子薨去（暗殺？）であった。そしてその伏線となったのが、持統天皇の多すぎる吉野御幸である。それらの企画・実行が一人の冷酷な

戦略家藤原不比等の先見力にあったことは、ある意味、驚嘆すべきことであった。しかし、お付き合いする気にならない男ではある。

長屋王冤罪のことは不比等の考えによるものであろうが、その実行は彼の息子たち四兄弟の手でなされた。藤原氏はそのような際どい戦略・企画力そのものさえ、親子間で長期的な筋道を共有していたことが分かる。やはり友人とするには避けるに如かず、の一族である。

11. 多氏と伊福部氏

美濃の多氏は、伊福部氏の製鉄技術者たちを味方にしていた。岐阜県関ヶ原から滋賀県に抜けるところには、同氏に因む伊吹山が威容を誇る。冬場の伊吹山は積雪も多く、濃尾平野を中心とする東海地方は、伊吹おろしの北西風に悩む毎日である。しかしこの強風は、高熱処理を必要とする製鉄業には適していたので、岐阜県垂井町に鎮座する南宮神社は、鉄の神である金山彦命を祭って、鉱山業者の信仰が篤い。

そんな伊福部氏の祖神は天香山命であり、「火明命之男天賀吾山命」とあるように、「火明命」=饒速日（大物主）の後裔でもある。系統からいえば出雲系の神である。『新撰姓氏録』にはやはり出雲系の「尾張連同祖」として載っているから、尾張地方にも関連があり、さらに足を伸ばして美濃国にも定着したのである。美濃では多品治に鉄製武具を供給して、壬申の乱における大海人勝利に貢献した。

多氏＝綿津見神に関係する一族であったため、伊福部氏にも海神族の面影がある。伊吹おろしが太平洋に吹き出していく場所、渥美半島の伊古部海岸には伊古部神社がある。創建などの詳しい時期は不明ながら祭神を見ると、渥美＝阿曇族の名に恥じず、海神の皆さまが勢ぞろいしている。伊福部（ＩＨＵＫＵＢＥ）→Ｉ（ＨＵ）ＫＵＢＥ→ＩＫＯＢＥ（伊古部）である。海人の阿曇族が住んだ渥美半島伊古部は、従って伊福部氏が居たと思われるので、伊福部氏もやはり海人阿曇族の一派ではなかったか。

鉄製品を製造していた伊福部氏は、高熱処理を得意としたユダヤ系秦氏とも関係がありそうである。筆者は東三河出身であるから、秦氏に関連する地名の探査には、地元民の強みを発揮できる。伊古部から北に向かうと近くには羽田《はた》八幡宮があり、さらに北東に行くと豊川稲荷も秦氏に関係がありそうだ。そのお稲荷さんが在る所には金屋という、何か曰くのありそうな地名も並んでいる。傍を流れる佐奈川は、ＳＡＮＡＧＵ（鉄鈴）という古語から派生したものであろう。

東三河の真ん中を流れる豊川《とよがわ》は、古くは飽海《あくみ》川といった。また伊良湖岬に潮騒寄せる渥美半島は、その付け根に豊橋市（旧吉田藩）がある。吉田城の東側には飽海町という地名が残っており、昔は飽海評《こほり》（「評」は「郡」のこと）といったので、地名的には、この辺は全部阿曇族のものであった。飽海町の北側一帯は牛川《うしかわ》町であり、「ＵＳＩ」は「ユダヤ」を意味して、このあたりはユダヤ系の人たちや阿曇族の住むところであったらしい。

さて伊古部神社の祭神であるが、Ａ〈天之忍穂耳命、天津彦根命、天穂日命、活津彦根命、熊野久須毘命〉、Ａ〈田心姫命、市杵島姫命、湍津姫命〉、Ｂ〈底筒之男命、中筒之男命、表筒之男命〉および気長足姫命である。

祭神のグループ別けは、明快である。気長足姫《おきながたらしひめ》命（神功皇后）以外は、天照大神と素戔嗚尊との誓約《うけひ》による神々たちのグループ（A）と、伊邪那岐神が禊をしたときの神々（B）である。最初は誓約によって生まれた五神がまず並んでいる。誓約によって生じた次の三女神は、「国譲り戦」のとき出雲側に味方した宗像氏が、宗像大社の祭神としてお祭りしている。

次の三男神は禊の位置区分（底・中・表）によって生じた神たちで、海人阿曇氏と同族と思われる津守氏が、住吉大社にお祭りした。その阿曇氏は綿津見神を祖とし、志賀海神社（福岡市）に綿津見三神（住吉三神と同じときに生じた神たち）を奉斎する一族である。彼ら二族は「国譲り戦」では天孫側に味方して、崇神海軍力の主力になった。

最後の気長足姫命は、住吉大社の祭神にもなっているから、前の三男神たちと同じグループに入る神である。これら伊古部神社の祭神は、東三河あたりでは珍しい神々といってよい。黒潮に乗って、遠く北九州から熊野をへて、ここ遠州灘に面した海岸にやってきた光景が想像されるのだが、はっきりしたことは分からない。阿曇族の渥美半島という地名も、何時からその名で呼ばれるようになったのか、同じように遠い昔のはなしである。

伊福部氏が製鉄の民なら、渥美半島には砂鉄が豊富にあったのであろうか。「東海の鉄文化を探る」（天野武弘）は、渥美半島の砂鉄のことを調べている。その該当箇所である。

海岸の砂鉄については、その量を問わなければ全国どこの海岸でも堆積している。この観点から、砂鉄産地にはあげられていない愛知県渥美半島の太平洋岸に位置する城下海岸の砂鉄について調べた（加藤誠、天野武弘「城下砂鉄について」名古屋工業技術試験所報告別冊第31巻第1・2号、昭和57年）。その結果からは、砂中の磁選砂鉄が約６％、磁選砂鉄の成分分析では全鉄分55・９％、チタン酸化物13・０％であった。渥美半島の太平洋岸は渥美郡層と呼ばれる洪積層の断崖が波の浸食によって形成されており、砂鉄は崖面に近いほど砂中の砂鉄含有率が高く、洪積層の崩れによる砂鉄堆積と結論づけた。しかし、その採取では、天候が荒れたあとは堆積状況を目視でき採取しやすいが、穏やかな日が続いたあとは採取場所を探すのに苦労することが多く、天候の状況によって採取効率が大きく左右される。これらのことから、小規模な製鉄の原料としての可能性はもっているが、高チタン砂鉄であることを考えると渥美半島砂鉄を使っての操業の可能性は少なかったと推察できる。

この論文から判断すると、渥美半島での砂鉄採取とそれを原料とする製鉄には、あまり期待できそうにない。しかし「洪積層の崩れによる砂鉄堆積と結論」された「渥美郡層」が確認できるので、伊古部は製鉄原料の採取場所としては、かなり優秀であったと考えられる。
島崎藤村は、遠い国から流れ着く椰子の実を詠ったが、ここ渥美半島は南国からの漂流者が到着して住み付き、また船出して北へ向かったところである。

かの祭神の系譜を調べると、関東や東北に旅立った人々のことを確認できる。神社の祭神のうち、初めの三神（＝天之忍穂耳命、天津彦根命、天穂日命）から派生していった人々のことが、『古事記』の「誓約《うけひ》」を書いた部分の仕舞いに出てくる。

天菩比命の子、建比良鳥命、こは出雲國造、无邪志國造、上菟上國造、下菟上國造、伊自牟國造、津島縣直、遠江國造等が祖なり。次に天津日子根命は、凡川内國造、額田部湯坐連、茨木國造、倭田中直、山代國造、馬来田國造、道尻岐閇國造、周芳國造、倭淹知造、高市縣主、蒲生稲寸、三枝部造等が祖なり。

これによると、天菩比命（天穂日命）とその子からは7人、天津日子根命（天津彦根命）からは12人の国造クラスを輩出した。

天菩比命（天穂日命）　→　出雲（島根県）　无邪志《むさし》（東京都他）　上菟上（千葉県）
下菟上《しもつうなかみ》（千葉県）　伊自牟《いしみ》（千葉県）
津島（愛知県）　遠江（静岡県）

天津日子根命（天津彦根命）　→　凡川内（大阪府）　茨木（大阪府）
山代（京都府）　馬来田《むまくだ》（千葉県）
道尻岐閇《みちのくちのきへ》（茨城県）　周芳《すはう》（山口県）

ここに出てくる国々のうち、伊古部海岸から北に位置する国（現県名）は、静岡県、東京都、千葉県と茨城県である。主には千葉県である。海人たちにとっては、熊野灘や遠州灘は、房総半島と一続きの感じであった。

馬来田氏のこと

また余談であるが、馬来田氏のことである。

そもそもユダヤ系の本を書くことになったきっかけは、筆者が興味本位で、千葉県木更津市に出かけたことに端を発する。同市「金鈴塚」出土の黄金の鈴が、女性の額を飾るに相応しい大きさかどうか、という妙な興味に触発された旅であった。なぜなら中央アジアのサマルカンドに遺されている壁画「新羅貴婦人」の額に、金色の鈴らしきがあるのを見つけたからであった。中央アジアと木更津では、何の関係もないはずであるのに、素人の怖さはその無鉄砲振りにある。アジア全図で確認できる、そのとんでもない遠い距離のことは無視して、早春の新幹線に乗ったのである。木更津の金鈴は何の目的で細工されたのか知りたかったのだが、博物館の学芸員の説明でも、よく分からないとのことであった。

いろいろと知識が増えるなかで、この地方が馬来田氏の支配地であり、金鈴塚も同氏の古墳であることを知った。古代の高級絹製品「望陀《もうだ》布」も、馬来田氏由来であることが分かった。

さらに、まくわ瓜のことである。MAKUWAとMUMAKUDA（馬来田）とが、発音上で親類関係にあるのではないか、と疑ったのである。

MUMAKUDA→（MU）MAKUDA→MAKUWA

まくわ瓜の原産地は、中東である。倭国ではすでに2世紀ごろから栽培実績があって、美味しさでは、美濃国本巣郡真桑《まくわ》村のものが優れていたので、自然に「真桑瓜」となった。しかし本巣郡といえば、伊福部氏が住んだところであり、伊福部氏は真桑瓜を携えて上総国にやってきたのではないか。馬来田氏として、あるいは馬来田氏に従って、鉄製武器の鋭利さでその地方を征服した可能性はないか。

美濃から常陸に移った秦氏の例があるように、美濃と房総や常陸は、黒潮で一続きの気安さがあったのではないだろうか。これまで調査した史料を見る限り、美濃と関東の太平洋岸には、密接な関係があると思って良い。『常陸国風土記』に残る伊福部氏の痕跡である。

『常陸国記《ひたちのこくき》』に、昔《むかし》、兄《せ》と妹《いも》と同《おな》じ日《ひ》に田《た》をつくりて、「今日《けふ》、遅《おそ》く植《う》ゑたらん者《もの》は、伊福部《いふくべの》神《かみ》の災《わざは》ひを被《かぶ》るべし」と云《い》ひけるほどに、妹《いも》が田《た》を遅《おそ》く植《う》ゑたりけり。其《そ》の時《とき》、雷《いかづち》鳴《な》りて、妹《いも》を蹴殺《けころ》しつ。（以下略）

（東京国立博物館本『塵袋』第八）

伊福部氏は秦氏と同じく、多氏と一緒に美濃から常陸に移住したのであろう。「雷（＝稲妻）」に示されるような、製鉄関係の仕事を専門にしていた可能性が高い。

12. 多氏は衰退する

これまで見てきたように、美濃国安八磨郡に住んでいた多品治が壬申の乱で大活躍し、またその子太安萬侶は自身の官僚能力によって名を馳せた。先述した通り、安萬侶以降の多氏は、中央政権の中では退潮する氏族になった。が、それはそのまま、常陸における多氏の衰退に繋がっていったのである。

『常陸国風土記』には、崇神の御世に、多氏の建借間命が那賀国造の初祖になった、という記録が載っている。従って「国譲り戦」後の常陸の中心部は、多氏が支配・管理していたのである。常陸に属する他の国造クラスの出身氏族を調べてみると、天菩比命（天穂日命）と天津日子根命（天津彦根命）を祖とする人物や、その関係者で占められていることが分かる。まさに伊古部神社祭神の子孫たちである。ではその国造名を、先述の『風土記』「総記」に記された順にまとめて表示する。「新治《にひばり》・筑波《つくは》・茨城《うばらき》・那賀《なか》・久慈《くじ》・多珂《たか》の国《くに》」の順で、国造名は『先代旧事本紀』巻第十「國造本紀」による。

国名　←　国造名

新治　←　美都呂岐命《みつろぎのみこと》の児《みこ》、比奈羅布命《ひならふのみこと》（美都呂岐命＝天穂日命の八世の孫）
筑波　忍凝見命《おしこりみのみこと》の孫《みまご》、阿閇色命《あへしこのみこと》（出雲系穂積氏から出た采女《うねめ》氏）
茨城　天津彦根命《あまつひこねのみこと》の孫《みまご》、筑紫刀禰《つくしとね》（天津彦根命の子孫）
那賀　伊豫國　造《いよのくにのみやつこ》と同祖《おなじきみおや》、建借馬命《たけかしまのみこと》（多氏）
久慈　物部連《もののべのむらじ》の祖《みおや》・伊香色雄命《いかかしこをのみこと》の三世《みつぎ》の孫《みまご》、船瀬足尼《ふなせのすくね》（出雲系物部氏）
多珂　彌都侶岐命《みつろきのみこと》の孫《みまご》　彌佐比命《みさひのみこと》（彌都侶岐命＝天穂日命の八世の孫）

ここで気付くことは、国造として任命された人々は、天孫系ではあっても、出雲に関係していたことがある神を祖としている人や、もともと出雲系の神を出自とする者たちである。天孫の本隊は大和に政権を打ち立て、倭国全体を管理下に置こうとしていた。しかし「国譲り戦」に協力した天孫系氏族や帰順派出雲系の人たちは、全員を本隊扱いにはできなかったので、それらの一部が東国に押しやられた、という感じがするのである。その中で天孫崇神に協力した伊都国王の多氏は、結果として常陸の中枢部を担当することになったのである。

その中枢部から多氏の支配地が徐々に削られていく様子を、『風土記』はその淡々とした語りで我らに伝えてくれる。中央政権から離れて、人脈的にも核となる人物を出さなかった常陸多氏は、中臣氏などの新興勢力に膝を屈していくのである。かつて太占（鹿の肩甲骨の焼き具合による占い）を担当していた多氏配下の中臣氏が、中央政権との人的パイプを利用して、今度は多氏の支配地を、中臣色に塗り替えてしまおうとする計画が進む。

　行方郡の一節である。ここに出てくる「惣領《そうりやう》」は、重要地区数カ国を管理した地方官のことであり、「大夫《まへつきみ》」とは朝廷に仕える高官のことである。また「流海《うみ》」は、外海に通じた（海水が浸入する）湖のことである。

　行方郡《なめかたのこほり》。［東《ひむがし》・南《みなみ》は並《なら》びに流海《うみ》、北《きた》は茨城郡《うばらきのこほり》なり。］　古老《ふるおきな》曰《い》へらく、「難波長柄豊前大宮《なにはのながらのとよさきのおほみや》に馭宇　天皇《あめのしたをさめたまひしすめらみこと》（孝徳天皇のこと：筆者注）の世《みよ》、癸丑《みづのとうし》の年《とし》に、茨城国造《うばらきのくにのみやつこ》、小乙下《せうおつげ》壬生連《みぶのむらじ》麻呂《まろ》、那珂国造《なかのくにのみやつこ》、大建《だいけん》壬生直《みぶのあたひ》夫子等《をのこら》、惣領《そうりやう》高向《たかむこの》大夫《まへつきみ》・中臣幡織田《なかとみのはとりだの》大夫等《まへつきみら》に請《こ》ひて、茨城《うばらき》の地《くに》の八里《さと》を割《さ》き、七百余戸《へあまり》を合《あは》せて、別《こと》に郡家《ぐんけ》を置《お》けり」といへり。

　この一節から分かることは、この地方の長官であった高向氏と中臣幡織田氏に対して申請して、茨城郡から八里・七百余戸を分割し、新たに「行方郡」が成立したことである。申請者は茨城と那珂の国造二人であるが、二人は壬生氏である（小乙下などは、位階の名称）。

　申請時期は孝徳朝であるが、このあとの天武朝での多氏が、美濃においては壬生（皇子の養育係）であったことを前提にすれば、多氏が支配した両郡からの申請者二人も、多氏から出た壬生氏であると思われる。すると多氏（壬生氏）は、かつての配下である中臣氏に対して申請書を提出したことになる。さらには中臣氏と秦氏とが結び付いて、中臣幡織田氏となっていたので、秦氏に対しても劣勢の感がするのである。

多氏はいつの間に、名門である「多氏」を名乗らなくなったのか。または、名乗れなくなった事情でもあったのか。

続いて香島郡の一節であるが、「大海」とは太平洋のことである。

香島郡《かしまのこほり》。［東《ひむがし》は大海《おほうみ》、南《みなみ》は下総《しもつふさ》と常陸《ひたち》との堺《さかひ》にある安是湖《あぜのみなと》、西《にし》は流海《うみ》、北《きた》は那賀《なか》と香島《かしま》との堺《さかひ》にある阿多可奈湖《あたかなのみなと》なり。］古老曰《ふるおきない》へらく、難波長柄豊前大朝駁宇天皇《なにはのながらのとよさきのおほみやにあめのしたをさめたまひしすめらみこと》の世《みよ》、己酉《つちのととり》の年《とし》に、大乙上《だいおつじやう》中臣子《なかとみのこ》、大乙下《だいおつげ》中臣部兎子《なかとみべのうのこ》等《ら》、惣領高向大夫《そうりやうたかむこのまへつきみ》に請《こ》ひて、下総国《しもつふさのくに》の海上国造《うなかみのくにのみやつこ》の部内《くぬち》、軽野《かるの》より南《みなみ》の一里《さと》と、那賀国造《なかのくにのみやつこ》の部内《くぬち》、寒田《さむた》より北《きた》の五里《さと》とを割《さ》きて、別《こと》に神郡《かみのこほり》を置《お》きき。其処《そこ》に有《あ》る天《あめ》の大神社《おほかみのやしろ》、坂戸社《さかとのやしろ》、沼尾社《ぬまをのやしろ》、三処《みところ》を合《あは》せて、惣《す》べて香島《かしま》の天《あめ》の大神《おほかみ》と称《まを》す。因《よ》りて郡《こほり》に名《な》づく。

ここではもう、多氏（壬生氏）は出てこない。申請者が中臣・中臣部であり、許可する側は先と同じ、地方官の高向氏である。高向氏と中臣氏の馴れ合いによって、「神郡」（香島郡）ができ上がっていったことが分かる。香島郡全体が「香島の天の大神」（鹿島神宮）の維持・管理に充てられ、郡の税収はその神を祭る中臣氏の裁量（租の半分＋庸・調の全部）に委ねられるのである。体のいい中臣領地ができた、といった方が適切である。このようにして多氏は中臣氏の下剋上を受け、ますます勢力範囲を削られていったのである。

香島の神郡が成立したのは孝徳天皇の世であるが、このときの実質的為政者は中大兄皇子（のちの天智天皇）であった。従って神郡成立の人脈的要素は、次のような「馴れ合い」の連鎖であったと思われる。ただ史料はない。

中大兄皇子　→　中臣鎌足　→　常陸地方官の高向氏　→　神郡許可
　　　　　　　　　　　　　　→　常陸の中臣氏　→　高向氏へ申請 ┘

多氏は皇子養育係＝壬生であったから、常陸行方郡には壬生神社がある。ただし名称は「大生《お(お)う》神社」（現　茨城県潮来市大生）である。大（多）氏が壬生であったために「大＋生」の組合せで、多神社とする代わりに大生神社になったと思われる。祭神は鹿島神宮と同じ、健御雷之男神《たけみかづちのおがみ》である。重要な言伝えとして、この神社が現在の鹿島神宮の本宮であるという。現在の地形では北浦を挟んで、両社は直線距離にして6～7㎞の近さにある。また大生神社のすぐ南には大生古墳群が在ることを勘案すると、最初はここに、多氏が祖神を祭ったのであろう。多氏の首長たちがこの大生古墳群に眠っていると考えると、先の社伝などとの整合性は良い。当社の例祭には、中臣氏の鹿島神宮から物忌（神事にあずかる神官など）が出輿するから、神宮も一目置かざるを得ない歴史があったに違いない。

多氏の祭神であった健御雷之男神を、中臣氏が建御雷神として鹿島神宮に取り込んだ結果が、その歴史に反映していると思われる。もちろん多氏祭神のはじめは甕神であったが、先述のように、中臣氏が「甕神を武神に変化」させて、鹿島神宮祭神としたのである。このようなゴリ押しにも、政治権力を笠に着た中臣氏には文句が付けられない、そんな多氏と中臣氏の力学があったと想像される。

「建甕槌命→武甕槌神→武甕雷神→建御雷命」

常陸では衰退の多氏であったが、美濃では多品治が頑張っていた。孝徳―斉明―天智―天武と続く時代に、孝徳天皇のときには既に常陸の多氏は中臣氏の風下に立っていたが、一方では美濃の多品治が、常陸に代わって氏長を務めた。歴史の流れは速く、停められない。

＊多品治の生年は不詳、六十歳没（６９６）年とすると、舒明期の生まれ。壬申の乱のときには、36歳前後の働き盛り。天智天皇より10歳ほど年下。

常陸での多氏と中臣氏の立場が逆転する糸口は、中臣御食子にある。多氏が皇子の養育係（壬生）であったので、多氏の職掌を担う御食子は、中央政権の皇子養育＝後宮での養育に抜擢されたと思われる。彼の名が「御食子」であるから、その「御」は皇族・皇子への御膳を準備し、その他の養育を担当したのである。中臣氏系図における、御食子の位置である。

御食子　―　鎌足　―　不比等（史《ふひと》）

この三代の名前は、興味深い。中臣（藤原）氏の得意分野が示され、同氏が立身出世していく過程そのものが表現されているように見える。藤原氏は、彼ら三代が天皇家に寄り添った結果、天皇家の外戚として当時の政治権力を実質的に支配したのである。


御食子→どの皇子の養育（御食）係か不明ながら、御膳の準備と後宮出入り可能
鎌足　→鎌（鉄製農具・武器）の充足・補充可能＝高熱処理技術者を管理。

　乙巳の変の主導者。頭脳明晰、六韜三略を座右の書に。後宮との関係強化。

不比等→史官。正史編纂（改変）によって、持統女帝（後宮）の信頼が厚い。急速昇進。

　律令制の理解、導入（施行）、応用。天皇家の懐刀。


衰退していく多氏を、天皇家、中臣氏および秦氏が代替していく過程を、以下に簡略化して示す。

○軍事力に弱さのある多氏→天皇家の支援（景行紀）＝九州と関東の多氏地盤への遠征→天皇家が多氏の支配地削減→九州の多氏衰微・常陸の多氏衰退
○多氏の卜占職であった中臣氏→九州の多氏に従って常陸に→卜占＋高熱処理→多氏が壬生（皇子養育係）→養育係として中臣御食子が中央に→そのまま鎌足、不比等へ→中央官僚化（後宮の信頼）→政治権力者へ→常陸の鹿島神宮祭祀を中臣氏へ→常陸多氏の衰退
○岐阜の秦氏も常陸へ→常陸は技術力の秦氏が中心に→常陸多氏の衰退

第三章

崇神に協力した氏族が支配する東国

13. 大毘古命・建沼河別命の親子

ここまで筆を進めてきた筆者には、一つの思いがある。「国譲り戦」後の国家体制を整える時期になると、それまでの軍事中心の時代が終わり、戦いに貢献した軍事氏族の扱いに困るときがやってくる。時代は異なっても、歴史的に有名な戦後処理がいくつかある。内乱＝明治の西南戦争とか、海外膨張＝秀吉の唐入り（朝鮮半島・中国への遠征作戦）がそれである。「国譲り戦」のあとにも同様な処理が必要になって、『記紀』の記事や国造クラスの任命人事に影響した、という思いである。

その戦後処理にも、一応の原則が感じられる。国造などの支配層としては、次の4分類が想定される。

①：崇神天孫族であっても非嫡流
②：崇神天孫族に協力した天孫系氏族
③：崇神天孫族に帰順した出雲系氏族
（①〜③）いずれも騎馬民族
④：①から③の騎馬民族に従属し、彼らを得意技術によって支援した氏族

大毘古命と建沼河別命の親子は、①に該当する。そして彼らがユダヤ系であることは、稲荷山

古墳（埼玉県行田市）出土の鉄剣銘にある、親子の連続記載（『旧約』「歴代志上」の記載方式）によって証明できる。この方式については、既に述べたことである。

鉄剣銘の最初に載る人物こそ、オホビコ（大毘古命）＝意富比垝《おほびこ》である。「意富」は「多」であるから、大毘古は多氏でもある。そして「連続記載方式」の意富氏＝多氏はやはりユダヤ系であり、その名前の意味も「多氏の男」である。

父親の大毘古が、関東平野の利根川中流域を支配する首長クラスであったのに対し、息子の建沼河別は何処を任されたのか。『先代旧事本紀』では、彼の孫が那須国造（栃木県東部）になっている。孫の名にも大（「多」）が付いて、かつ天皇家の「臣」（臣下）であった。

那須國造《なすのくにのみやつこ》
纏向日代朝《まきむくのひしろのみかど》（景行天皇のこと：筆者注）の御代《みよ》に、建沼河命《たけぬなかはのみこと》の孫《みまご》・大臣命《おみのみこと》を國造《くにのみやつこ》に定賜《さだめたま》ふ。

大毘古は、崇神が方面軍司令官として四街道にそれぞれ遣わした将軍の一人で、担当は北陸道であった。息子の建沼河別は東海道を受け持ち、親子は相津（福島県の会津）で再会して合流したので、その地は相津《あひづ》と呼ばれるようになった。他の二街道は、『紀』に従えば、丹波（山陰道）には丹波道主、西道（山陽道）には吉備津彦が遣わされた。

大毘古の父は、孝元天皇である。彼の母方がユダヤ系であるため、ユダヤ系の系図記載方式に則って、支配地埼玉の稲荷山古墳鉄剣銘の最初に、彼の名前が刻まれることになったのである。

この天皇（孝元天皇のこと：筆者注）、穂積臣等《ほづみのおみら》の祖、内色許男命《うつしこをの》の妹《いも》、内色許賣命《うつしこめの》を娶して、生みませる御子、大毘古命《おほびこの》、次に少名日子建猪心命《すくなひこたけいごころの》、次に若倭根子日子大毘毘命《わかやまとねこひこおほびびの》。三柱（中略）その兄《いろせ》大毘古命《の》の子、建沼河別命《たけぬなかはわけの》。こは膳臣の祖なり。

孝元の次の天皇には、三兄弟のうちの第三子「大毘毘」が開化天皇となった。長子の大毘古とその子建沼河別は、天皇家の嫡流ではなくなったのである。結果として、彼らは関東のど真ん中、利根川中流に新天地を獲得し、建沼河別の子孫は那須国の首長となっていった。

このようにして那須国には、ユダヤ系建沼河別の系譜が、国造として五百年余ほど続き、国宝「那須国造碑」に名を刻まれる「韋提《ゐで》」の時代になった。ユダヤ系韋提は西暦700年の正月になくなったので、息子が彼の顕彰碑（那須国造碑）を建立したのである。この当時のことは、拙著『魏志倭人伝の中のユダヤ』に述べてある。

那須国は広さとして中途半端であったせいか、689年には、隣国下毛野国（栃木県）に併合されているが、その下毛野国の国造は、崇神天皇の息子豊城入彦の子孫であった。

まずは崇神記に載るその系統譜、続いて「国造本紀」の上毛野と下毛野をはじめとする国造人事である。

この天皇（崇神天皇のこと：筆者注）、木國造《きのくにのみやつこ》、名は荒河刀辯《あらかはとべ》の女、遠津年魚目目微比賣《とほつあゆめまくはしひめ》を娶して、生みませる御子、豊木入日子《とよきいりひこの》命。次に豊鉏入日賣《とよすきいりひめの》命。二柱　また尾張連《の》の祖《おや》、意富阿麻《おほあま》比賣を娶して、生みませる御子、大入杵《おほいりきの》命。次に八坂《やさか》の入日子《いりひこの》命。次に沼名木《ぬなき》の入日賣《の》命。次に十市《とをち》の入日賣《の》命。　四柱

このあと崇神は、先述の大毘古の娘とのあいだに、次の天皇である垂仁をもうけた。従って木國造の流れを汲む豊木入日子（豊城入彦）は、庶流（分家）の長子として上・下毛野国（現在の群馬県および栃木県）の国造に任命され、現地赴任したのである。

この一節には、多氏にとって重要な箇所がある。「尾張連《の》の祖《おや》、意富阿麻《おほあま》比賣」の部分である。

尾張氏は、OHO―AMA＝大海人＝海人族を祖先に持つ、といっているのである。現愛知県の尾張地方には、海部《あま》郡という地名が伊勢湾岸沿いにあり、木曽三川の一つ長良川を遡れば、即ち其処は多氏の安八磨郡なのである。大海人皇子は、美濃の多氏ばかりか尾張の多氏も味方にして、壬申の乱を戦い取ったことが分かる。

尾張氏のこと

横道に入りたい誘惑に、筆者は弱い。尾張氏と、多氏が関係していた葛城地方との関係である。前掲の『日本書紀成立考』から、一部を引用する。

横田健一・上田正昭は、大（凡）海氏は安曇氏系ではなく尾張氏系と書く。理由は崇神紀に尾張大海媛とあり、崇神記には意富阿麻（大海）比売は尾張連の祖とあり、『旧事本紀』（天皇本紀）には火明命（尾張氏の始祖）七世の孫に大海姫命が記されていること。さらに壬申の乱に尾張氏が協力していることをあげる。上田正昭は壬申の乱における尾張氏の協力は、「尾張の大海」である「天武帝の乳母大海氏」の媒介によると述べている。『日本書紀』（持統十年五月八日条）に尾張大隅が直広肆（従五位下相当）と水田四十町を下賜されているが、『続日本紀』（天平宝字元年十二月八日条）には大隅が壬申の乱の時大海人皇子を迎えて、私第《してい》を行宮として提供し軍資を供したので、上功として功田四十町を与えるから、三世に伝えよと記す。

（中略）

加藤謙吉は葛上郡高尾張邑に「尾張舎人」という人物が居ることをあげ、葛城地方では「蘇我・尾張両氏が勢力圏を共存させ、後者が前者の影響下にあった事実」を述べているが、忍海倉・尾張倉は大海氏が属す尾張氏系であり、（以下略）

この「忍海倉・尾張倉」は、それぞれ忍海倉氏・尾張倉氏という氏族名である。この引用によって分かることは、尾張氏は明らかに忍海郡などが在る葛城地方に深い縁があるということであり、尾張氏は壬申の乱には大海人側に付いていて、重要な役割を果たしていたことである。乱のとき皇子が吉野に逃れたのは、美濃への途路であることに加え、葛城の尾張氏が前陣になって大友皇子軍を防いでくれることを期待してのこと、と思われる。

横道への誘惑は、まだ避けがたく続く。欠史八代の天皇たちへの、異様な諡号のことである。神武―綏靖―安寧―懿徳―孝昭―孝安―孝霊―孝元―開化の中で、「孝」が付された四代である。全員が出雲系出雲に属する女性を后にしているので、それぞれの諡号をユダヤ系出雲に因んで、『旧約』に従って訳してみようと考えたのだ。

孝昭　→　昭（天の光）＝「照」から「灬」（火）を除いた漢字
孝安　→　安らかに生きる
孝霊　→　神の霊
孝元　→　（われらの）元＝ユダヤの元《はじめ》

そして孝元記にはユダヤ関連の発音（UTU・UTI・HUTUなど）が頻出していることについて、既著の中では二、三カ所で述べた。だからもしかすると「孝元」の意味は、ユダヤの元《はじめ》＝そもそもの渡来原因を考え、忘れないようにせよということかもしれない。

大毘古とその子孫について述べているが、彼らがどこの国造《くにのみやつこ》になったかを調べている。東国から北にかけて、多くの国造記録が残っている。

再び「国造本紀」の記事である。現在の群馬県、栃木県および茨城県より北、東北地方までについてまとめてみる。大毘古と彼の子孫以外も含めて書き出してある。前掲の国造記事も合わせて記載するが、前記の①から④の記号を国造名の最後に併記し、戦後処理の対策分類も確認できるようにした。①：崇神天孫族であっても非嫡流、②：崇神天孫族に協力した天孫系氏族、③：崇神天孫族に帰順した出雲系氏族、④：①から③の騎馬民族に従属し、彼らを得意技術によって支援した氏族。

国名	国造名
新治《にひばり》	美都呂岐命《みつろぎのみこと》の児《みこ》、比奈羅布命《ひならふのみこと》（美都呂岐命《みつろぎのみこと》＝天穂日命の八世の孫：②）
筑波《つくば》	忍凝見命《おしこりみのみこと》の孫《みまご》、阿閇色命《あへしこのみこと》（出雲系穂積氏から出た采女《うねめ》氏：③）
茨城《うばらき》	天津彦根命《あまつひこねのみこと》の孫《みまご》、筑紫刀禰《つくしとね》（天照の子である天津彦根命の子孫：②）
那賀《なか》（仲）	伊豫國造《いよのくにのみやつこ》と同祖《おなじきみおや》、建借馬命《たけかしまのみこと》（神武の子である多氏：②）
久慈《くじ》（久自）	物部連《もののべのむらじ》の祖《みおや》・伊香色雄命《いかかしこをのみこと》の三世《みつぎ》の孫《みまご》、船瀬足尼《ふなせのすくね》（出雲系物部氏：③）

多珂《たか》（高）　彌都侶岐命《みつろきのみこと》の孫《みまご》　彌佐比命《みさひのみこと》（彌都侶岐命《みつろきのみこと》＝天穂日命の八世の孫：②）

上毛野《かみつけぬ》　豊城入彦命《とよきいりひこのみこと》の孫《みまご》・彦狭嶋命《ひこさじまのみこと》（崇神天皇の子である豊城入彦命の孫：①）

下毛野《しもつけぬ》　豊城命の四世の孫・奈良別（豊城入彦命の子孫：①）

道奥菊多《みちのおくのきくた》（陸奥の磐城国石城郡）　建許呂命《たけころのみこと》の児《みこ》・屋主刀禰《やぬしとね》（天津彦根命の子孫である建許呂命：②）

道口岐閇《みちのくちのきへ》（常陸国の多珂郡）　建許呂命《たけころのみこと》の児《みこ》・宇佐比刀禰《うさひとね》（天津彦根命の子孫である建許呂命：②）

阿尺《あさか》（安積《あさか》）（福島県郡山市付近）　天湯津彦命《あまのゆつひこのみこと》の十世《とつぎ》の孫《みまご》・比止禰命《ひとねのみこと》（湯津《ゆつ》＝ユダヤの、彦《ひこ》＝男：④）

思《おもひ》（福島県信夫郡？）　天湯津彦命の十世の孫・志久麻彦《しくまひこ》（天湯津彦命の子孫：④）

伊久《いく》（福島県・旧磐城国伊久郡）　天湯津彦命の十世の孫・豊嶋命《としまのみこと》（天湯津彦命の子孫：④）

染羽《しめは》（福島県標葉郡）　天湯津彦命の十世の孫・足彦命《たるひこのみこと》（天湯津彦命の子孫：④）

浮田《うきた》（福島県相馬市）　崇神天皇の五世の孫・加我別王《かがわけのきみ》（崇神天皇の子孫：①）

信夫《しのぶ》（福島県信夫郡）　天湯津彦命の子孫・久麻直《くまのあたひ》（天湯津彦命の子孫：④）

白河《しらかは》（福島県白河市）　天湯津彦命の子孫・鹽伊乃己自直《しおいのこじのあたひ》（天湯津彦命の子孫：④）

石背《いはせ》（福島県・旧岩代国岩瀬郡）　建許呂命《たけころのみこと》の児《みこ》・建彌依米命《たけみよりめのみこと》（天津彦根命の子孫である建許呂命：②）

石城《いはき》（福島県・旧磐城国石城郡）　建許呂命《たけころのみこと》（天津彦根命の子孫である建許呂命：②）

那須《なす》（栃木県・旧那須国）　建沼河命《たけぬなかはのみこと》の孫《みまご》・大臣命《おみのみこと》（孝元天皇孫の建沼河命の子孫：①）

この一覧で特徴的なことは、東山道の白河関より南の有力国には、①の非嫡流に連なる国造であること。上・下毛野国は崇神天皇の息子、那須は孝元天皇の孫である。これらの地域は蝦夷との距離もあって比較的安全な場所であり、税収なども安定していたのであろう。例外は浮田《うきた》（福島県相馬市）であるが、相馬の鉄素材確保に関係していたかもしれない。

白河関を越えると、磐代・磐城といった名称をもつ国造には、②の皇族出身が就いている。具体的には、「道奥菊多」（磐城国石城郡）・「石背」（岩代国岩瀬郡）・「石城」（磐城国石城郡）である。これにも例外があって「伊久《いく》」＝磐城国伊久郡）は、④の天湯津彦命の子孫が担当している。

白河関以北のその他の地域は、④のユダヤ系天湯津《ゆつ》彦の子孫たちに任せている。彼がユダヤ系であると分かるのは、名前にある「ＹＵＴＵ」が、ユダヤ系秦氏の祖「弓月君」＝ＹＵＴＵ―ＫＩと同じ発音だからである。「ＹＵＴＵ」はユダヤを示す代表的な発音であり、「天」もユダヤ

を意味する。阿尺＝安積（福島県郡山市付近）・思（福島県信夫郡？）・伊久（福島県・磐城国伊久郡）・染羽（福島県標葉郡）・信夫（福島県信夫郡）・白河（福島県白河市）。

　このように国造人事には、崇神朝における恩賞人事的な色彩が強く、崇神の近親者が白河関より南に、それ以北は、軍事・技術および税収管理などに長けたユダヤ系の人々が、対蝦夷の最前線に送り込まれたという印象である。秦氏であった天湯津彦命は、阿尺《あさか》（安積《あさか》）地方（福島県郡山市周辺）の開拓に功があったので、現在では同市の安積国造神社祭神となっている。

　東山道についてはいま見た通りだが、東海道はどうか。東海道の北端は常陸国である。先の国造リストで分かるようにここ常陸は、②「協力した天孫系氏族」と③「帰順した出雲系氏族」によって占められる。常陸の中心地である那賀・茨城には②を充て、その周辺には③を配置するといった、政権側の配慮も見えるのである。

　念のため東海道でも常陸国の南、現在の千葉県はどうか。安房・上総・下総の三つの国から成り、『先代旧事本紀』に載る国名は九カ国である。須恵《すえ》（上総・木更津付近）・馬来田《むまくだ》（上総・木更津付近）・上海上《かみつうなかみ》（上総・海上郡）・伊甚《いしみ》（上総・夷隅郡）・武社《むさ》（上総・武射郡）・菊麻《きくま》（上総・市原郡）・阿波《あは》（千葉県南部・安房）・印波《いには》（下総・印旛郡）・下海上《しもつうなかみ》（下総・海上郡）。国造名は省くが、菊麻《きくま》が③の他はすべての国造は②に属する。ここ総国（千葉県・安房、上総および下総）でも、前記の政権側人事政策が一貫していた、と理解できる。

　①から④の中では、④の役回りが一番厳しいように思われる。関東北部から東北にかけて、常に蝦夷と直接向き合う地方を任されている。軍事・経済的にその運営が楽で、かつ安全な国を任

されることはなかったのである。

そして①〜③と④との関係は、前者のグループに④が従属し、技術的な支援を強いられているかの感がする。つまり①＋④、②＋④、③＋④といった組合せを原則として、非服従民への融和策を実行しているのである。方策としては、まず④が先遣隊となって軍事的、宗教的および経済的な融和策を実施して、それが上手くいった暁には、④の上部支配層として、①から③が後発してくる、といえるのではないか。④は天孫族に対しては、政治的な従属を余儀なくされている、と言い換えても良い。

政治的主従構造は、天孫族がその故郷である大陸北方の騎馬民族文化を、倭国に持ち込んだことに基因するのである。江上波夫先生の『騎馬民族国家』によれば、彼らの文化特性の一つが外国人を重用することである。政治・軍事の中枢は自分たちの領分であるが、財政や外交、その他の技術的な領分に外国人を使用して、効率的な国家運営をしたのである。

ユダヤ系の人たちも原郷を離れて異国の中で生活をするためには、自分たちの得意分野の外交的融通性（言語能力・交渉力）や宗教的団結力、ユーラシア移動の途中で獲得した製鉄技術（高熱処理＝鉄製武具製造）、さらには財政・徴税能力さえ駆使して、現地の政治的支配者に奉仕することが必要不可欠であった。

外国帰化人が中央の政府で登用され、とくに財政・外交・文化方面で活躍した例は、大陸の騎馬民族国家においてもひじょうに多く、（中略）

このような現象は、騎馬民族国家の建設者が、政治・軍事方面においては経験も豊富で、手腕もあったが、一般に財政にくらく、文化方面でもたちおくれており、また外交がひじょうに重要なものとして、外国語や外国の知識に通じた者を必要としたからであった。

14. 国造人事から分かること

そんな騎馬民族が天孫族として渡来してきた倭国でも、政治中枢は彼らが支配者として君臨し、非服従者への外交・融和・徴税などはユダヤ系などの外国人に任せた結果が、次の「表2：関東北部と福島県における旧国造人事」である。

〈表1：神話における神々の世代同定〉

イザナギ世代	イザナギの子世代	国譲り世代	国譲り世代の次（子）
←	←	←	←
イザナギ	アマテラス	オオクニヌシ	コトシロヌシ
イザナミ	月読命	ニギハヤヒ	タケミナカタ
⟷	スサノヲ	天津彦根命	建許侶
	大綿津見	天穂日	
「天の御柱」を二人で回るユダヤ	大山津見	崇神	豊城入彦

式結婚		宇都志日金拆 大昆古 宗像三女神 天湯津彦	建借間 建沼河（別）

〈表2：関東北部と福島県における旧国造人事〉

＊表1の同定人物から、その子孫が国造になるまでの世代数→該当世代の欄に◎
◎のあとの○数字は、国譲り戦後の協力関係氏族への対策方針（前述）を示す

国名	現県名	国譲り世代	国譲り＋1世代	＋2～3世代	＋4～5世代	＋6～世代
上毛野	群馬	崇神	◎①			
下毛野	栃木	崇神	◎①			
那須	栃木		建沼河	◎①		
茨城	茨城	天津彦根		◎②		
那賀	茨城		建借間◎②			
筑波	茨城			（忍凝見？）	◎③	
新治	茨城	天穂日				◎②
久慈	茨城	伊香色雄（崇神記）		◎③		
多珂	茨城	天穂日				◎②

岐閇	茨城		建許侶	◎②		
菊多	福島		建許侶	◎②		
阿尺	福島	天湯津彦				◎④
思	福島	天湯津彦				◎④
伊久	福島	天湯津彦				◎④
染羽	福島	天湯津彦				◎④
浮田	福島	崇神				◎①
信夫	福島	天湯津彦		◎④		
白河	福島	天湯津彦				◎④
石背	福島		建許侶	◎②		
石城	福島		建許侶◎②			

注：神名は、該当の世代欄に表示してある。
建許侶の子が忍凝見《おしこりみ》である可能性あり。（「許侶」が変化して「凝」に？）
「建」の付く神名は、国譲り戦では「最前線で戦った武勇に優れた者」への尊称？

本表では、天（ユダヤ系）湯津彦が受け持ったのは、いまの福島県白河市から郡山市へかけての一帯である。彼の子孫がそれらの国造に任命されたのが、「志賀高穴穂朝（＝成務天皇）」であった。崇神と一緒に「国譲り戦」を戦った天湯津彦であることを考慮すると、崇神から3代あとの成務が任命することができるのは、湯津彦の孫から数えて三世孫くらいまでである。しかし『旧事本紀』では、彼の「十世《とつぎ》の孫《みまご》」を任用している。成務ではなくてもっとあとの天皇が、その詔を発したのであろう。国譲り戦後で、倭国内の安定を最優先する時期（垂仁から仲哀）にあった成務天皇では、蝦夷が強く根を張っていた白河関以北への国造を派遣することは無理である。

しかし、成務では無理であっても、その後で内政に力を入れた天皇、仁徳や允恭なら蝦夷勢力圏への国造派遣はあり得る。皇族のための「御名代《みなしろ》」を定め、また秦人を使って公共工事を断行した仁徳。同じく允恭も名代を定め、氏姓を改定したりして内政を重視した。天湯津彦の「十世《とつぎ》の孫《みまご》」を任用できるのは、允恭の御世ではなかろうか。その頃になれば、対蝦夷政策も次第に軌道に乗ってきたと思われるからである。

崇神―垂仁―景行―成務―仲哀―応神―仁徳―履中―反正―允恭
天湯津彦―子―1世孫―2・3・4・5・6・7・8・9・10世孫

天湯津彦はまた、「阿岐國造《あきのくにのみやつこ》」（安藝国。現広島県）の祖でもあるが、こちらは彼の「五世《いつつぎ》の孫《みまご》・飽速玉命《あきはやたまのみこと》」が「國造」となった。天湯津彦は安藝方面の瀬戸内海においても、軍事・海運などのキーマンであったことが分かる。そして安藝（広島）と安積（福島）は、天湯津彦によって結ばれているから、両地方は湯津彦に関連する人々の移住によって深い交流があったと推測できる。

15. 天湯津彦

移住する（させられる）民＝秦氏。秦氏の人間であったと思われる天湯津彦は、さらに『記紀』と『旧事本紀』を結ぶキーマンでもある。両書の最大の相違点は、「天孫降臨」の部分である。『記紀』ではアマテラスの孫ニニギが葦原中国《あしはらのなかつくに》に降臨するが、『旧事本紀』ではニギハヤヒが降臨するのである。天湯津彦は『旧事本紀』の中で、ニギハヤヒのお供衆32人の19人目に登場する。少し長くなるが、「天神本紀《あまつかみのもとつふみ》」の冒頭部分である。『記紀』の降臨神話と比較すると、たいへんな違和感が生ずるところである。

正哉吾勝々速日《まさやあかつかつはやひ》天押穂耳尊《あまのをしほみみのみこと》
天照太神《あまてらすおほみかみ》詔《みことのりて》曰《のたま》はく「豊葦原之千秋長五百秋長之瑞穂國《とよあしはらのちあきながいほあきながのみづほのくに》は吾御子《あがみこ》正哉吾勝々速日《まさやあかつかつはやひ》天押穂《あまのをしほ》耳尊《みみのみこと》の知《しら》す可《べ》き國《くに》なり」と言寄《ことよさ》し詔賜《のりごちたまひ》て、天降《あまくだし》たまふ。時《とき》に、高皇産霊尊《たかみむすびのみこと》の兒《みこ》思兼神《おもひかねのかみ》の妹《いも》萬幡豊秋津師姫栲幡千々姫命《よろづはたとよあきつしひめたくはたちぢひめのみこと》を妃《みめ》と為《な》して、天照國照彦天火明櫛玉饒速日尊《あまてらすくにてらすひこあまのほあかるくしたまにぎはやひのみこと》を誕生《あれま》す。
時《とき》に、正哉吾勝々速日《まさやあかつかつはやひ》天押穂耳尊《あまのをしほみみのみこと》奏《まうして》曰《まを》さく、「僕《あれ》将《まさ》に降《あまくだ》らむと欲《おも》ひ装束《よそふ》間《ま》に所生《あれませ》る兒《みこ》あり。此《これ》を以《も》て降《あまくだす》可《べ》し」とのたまふ。詔《みことのり》して之《これ》を許《ゆる》したまふ。

このように『旧事本紀』では、天孫降臨は〈アマテラス―オシホミミ―ニギハヤヒ〉の組合せで行われたが、『記紀』では〈アマテラス―オシホミミ―ニニギ〉がワンセットになって、かつニギハヤヒとニニギは兄弟となっている。兄弟とすることによって、二つの降臨神話は一続きの物語に変身するのである。

しかし、どちらの物語が先にあったのであろうか。一緒に天降ったお供の数と、その系譜を列挙している『旧事本紀』の方が先であると思われ、その供奉する人数（防衛軍の将）は何と三十二人である。一方の『記紀』は、ニニギに「五伴緒」が付き従い、わずか五人になっている。

描写の精密さからいっても、『旧事本紀』の方が詳しい。『記紀』のアマテラスがニニギに賜ったのが三種の神器（勾玉・鏡・劔）であるのに対し、『旧事本紀』では賜うのは「天神御祖《あまつかみのみおや》」、それを授かったのはニギハヤヒ、その数は十個＝天璽瑞寶十種《あまつしるしのみづのたからとぐさ》である。ここではアマテラスからではなく、天神御祖からである。

では、天神御祖とは誰のことか。『旧事本紀』の本文では、アマテラスやタカミムスビはそれぞれの名前で載っているので、天神御祖は二人とは別人である。宝物を受取るニギハヤヒの祖《おや》であるから、彼はすなわちスサノヲである。またはスサノヲが先代布都努志から受け取ったものを代理して、ニギハヤヒに伝えた可能性もある。

『古事記』　↓　アマテラス　―　オシホミミ　―　ニニギ

『旧事本紀』（系図）　↓　アマテラス　―　オシホミミ　―　ニギハヤヒ

〃（神宝授与）↓　アマツカミノミオヤ　―　ニギハヤヒ

『出雲国風土記』他　↓　布都努志　―　スサノヲ　―　ニギハヤヒ

石上神宮　↓　布都御魂　―　布都斯魂　―　布留御魂

従って『旧事本紀』は出雲系の来歴を詳細に記したものであり、ニギハヤヒの神裔である出雲系物部氏が、自身の歴史を綴ったものである。それでニギハヤヒのフルネームは、天神御祖に由来すると思われる「天照」を頭に頂いている。「天照國照彦天火明櫛玉饒速日尊《あまてらすくにてらすひこあまのほあかるくしたまにぎはやひのみこと》」。

出雲国王はユダヤ系であっても、騎馬民族の文化習俗を持っていたかどうかは分からないが、すでに騎馬の風習は持っていた。朝鮮半島から渡海して、出雲に拠って倭国の最初の覇者となった。しかし半島を含めて倭国も中華圏であると認識していた漢や魏は、倭国では伊都国を拠点として「一大率」を置き、邪馬台国を間接的に従えていた。「統属女王国」と記された倭人伝の文章では、「統」は「治める（統治）」の意味である。また「属」は「後につづく、つらなる」ことである。だから「統属」とは、女王国と出雲（投馬）を含め、それに続く諸国を連ねて統治していた、と中国側は主張しているのである。事実、「一大率」の軍事力を畏れて、邪馬台国の諸国は「これを畏憚《いたん》」したのである。

続いて「天神御祖」から、降臨する饒速日に二つの詔があった。1．天璽瑞寶十種《あまつしるしのみづのたからとぐさ》を授けること、2．死人反正《まかれるひとよみかへし》の祝詞を教えること、の二つである。「天」＝「ユダヤ」であるから、「天璽」とは「ユダヤを表象する」という意味、「瑞寶」は「麗しい宝」、「十種」とは鏡・劒・玉の三種の神器の他、さまざまな「比禮《ひれ》」（呪力をもつ布）のことである。親のスサノヲから子のニギハヤヒに、ユダヤの伝統文化を示すものが与えられたのである。

2．の祝詞は、物部系神社ではいまも唱えられる言葉である。「十種」の宝を一緒に使って宣《の》れば、死人も生き返るのである。

一《ひと》―二《ふた》―三《み》―四《よ》―五《いつ》―六《むつ》―七《なな》―八《や》―九《ここの》―十《たり》と謂《いひ》て、布瑠部《ふるへ》。由良由良止布瑠部《ゆらゆらとふるへ》。

供奉した三十二人のうちの、最初の数人を抜き出してみる。そして十九人目が天湯津彦である。これらの軍団の将たちは、「天」が付いた最初の天孫族であったが、崇神天孫軍に「国譲り戦」で敗れたあとは、「天神」から「地祇」へと格下げされた。しかしニギハヤヒに代わって降臨したニニギに供奉し、「五伴緒」として一緒に降った神たちは、依然として天孫に登録されたのである。それらの幸運な神々も（　）書きにして併記したが、ニギハヤヒ側に付した番号をニニギ側にも付けることで、幸運の度合いも測ることができる。それはまた『古事記』の編纂方針として、神々の序列にも影響している。いうなれば、『古事記』編纂時期における、それらの神々の後裔氏族の政治的優劣の順位として見ることができる。

〈表3：ニギハヤヒへの供奉神と、ニニギへの供奉神〉

ニギハヤヒへの供奉神 ←　（ニニギへの供奉神。数字は『記』での記載順）←

1 天香語山命《あまのかごやまのみこと》　尾張連 等祖《をはりのむらじたちのおや》

2 天鈿賣命《あめのうずめのみこと》　猨女君 等祖《さるめのきみたちのおや》　↓　（3 天宇受賣命《あめのうずめの》　猿女君等の祖）

3 天太玉命《あまのふとたまのみこと》　忌部首等祖《いむべのをむたちのおや》　↓　（2 布刀玉命《ふとだまの》　忌部首等の祖）

4 天兒屋命《あまのこやねのみこと》　中臣連 等祖《なかとみのむらじたちのおや》　↓　（1 天兒屋命《あめのこやねの》　中臣連等の祖）

5 天櫛玉命《あまのくしだまのみこと》　鴨縣主等祖《かものあかたぬしたちのおや》

6 天道根命《あまのみちねのみこと》　川瀬造 等祖《かわせのみやつこたちのおや》

（二人　略）

9 天糠戸命《あまのぬかとのみこと》　鏡作連 等祖《かがみつくりのむらじたちのおや》　↓　（4 伊斯許理度賣命《いしこりどめの》　作鏡連等の祖）

10 天明玉命《あまのあかるたまのみこと》　玉作連 等祖《たまつくりのむらじたちのおや》　↓　（5 玉祖命《たまのやの》　玉祖連等の祖）

（八人　略）

19 天湯津彦命《あまのゆつひこのみこと》　安藝國 造 等祖《あきのくにのみやつこらのおや》

16. 忌部と中臣の確執

表3では、興味深いことをいくつか指摘できる。

まず前述のような、神々の序列・登場順である。中臣（藤原）氏の隆盛を反映してか、『本紀』では中臣氏より上位であった忌部氏が、『記』では下位に甘んじたことである。中臣・藤原氏の意思によって、祭政における忌部氏の優位が揺らぎ始めたのである。そして平安時代には、もう完全に中臣神道のシステムが忌部氏を圧倒する。皇室祭祀などで忌部氏に任されていた部分が、中臣氏の横やりによって、次第に減少していったのである。この中臣氏の横暴に対して反論を試みたのが、大同二（８０７）年に成った『古語拾遺《こごしゅうい》』（斎部広成《いんべのひろなり》）であったが、この点については、また別の機会に調べてみようと思う。

本表で一番目立つのは、ここ全員の名前には、先頭に「天」が付いていることである。前著で、「天」は「ユダヤ」を表すことを述べた。さらに「『魏志倭人伝の中のユダヤ』追記９：発掘された出雲大社本殿と「ダビデの星」」では、数学的公式を利用して、発掘旧本殿に「ダビデの星」がピッタリ内接していることを証明した。

従って出雲大社をお祭りした出雲族はユダヤ系であり、同じくユダヤ出雲系の物部氏が記録する神々に、「天」＝「ユダヤ」が付くのは当然であるといえる。例えば天鈿賣《あめのうずめ》を分解するとＡＭＥ—ＮＯ—ＵＤＵ—ＭＥ、この中には二カ所に「ユダヤ」がある。「ＡＭＥ」と「ＵＤＵ」が

「ユダヤ（の）」を意味している。だから天鈿賣とは、「ユダヤ（の故地を離れ倭国に渡来した）」「ユダヤの女」ということになる。

発掘出雲大社の旧本殿の梁間と桁行：　梁間＝13・4ｍ　・　桁行＝11・6ｍ

長方形に「ダビデの星」が内接する場合の数学的公式：

　　2（長辺）÷$\sqrt{3}$（短辺）＝1・1547

出雲大社の場合：13・4　÷　11・6　＝　1・1552

理論値との差　：1・1552　−　1・1547　＝　0・0005　（100ｍにつき

　5㎝の誤差）

「天《あま》」から始める名前の「命《みこと》」は、その「姓《かばね》」として、「連《むらじ》」が付く人たちの「祖《おや》」である場合が多い。「天」＝「ユダヤ」であるから、「連」も「ユダヤから一緒に連れ立ってやってきた」ということである。「連」は要するに、ユーラシア大陸を西から東まで強い絆で結ばれ、「連帯して生活してきたユダヤ仲間」ということである。

前掲書での江上先生の意見は、簡潔で要を得ている。

しかし私は、連《むらじ》は、天皇氏の同類・仲間（むれ）の主《あるじ》の意味であったこと、それはあたかも伴《とも》が、天皇氏の随従者（とも）の意であったのと同様であろうと考えているものであり、そのように解釈すれば、両者に連・伴の漢字をあてたのも、その漢字の字義と訓が意味を等しくしていることから、直ちに氷解されるであろう。

前表の中で「連」が付くのは四人であるが、『記』の「五伴緒」には、そのうち三人が選ばれている。選ばれなかったのは、「天香語山命　尾張連等祖」だけである。その理由は多分、尾張氏が「仲間」というより、天皇家と同格の地方豪族として、「同類」以上の存在になっていたからではなかろうか。同格の徴《しるし》として、尾張氏地元の熱田神宮には、皇室における三種の神器の一つ、「草薙剣」がご神体になっているのである。

もう一つの「臣」姓については、ユダヤ系出雲族の臣下に組込まれる地域の主《ぬし》たち（「臣姓は土着の豪族」）に付されるものであるから、ここにはまだ出てこない。ユダヤ系出雲国の覇権が確立するに従って、臣下の数も増加していくことであろう。

この表に載る「命《みこと》」たちは、ニギハヤヒに随従して天降った「天神」であったが、「国譲り戦」に負けた結果、彼らは一斉に「天神《てんじん》」から「地祇《ちぎ》」（国神《くにつかみ》）に格下げされた。後から来た天孫族こそ、真の「天神」であり、出雲族は、倭国における第一覇者の栄光を剥ぎ取られて、スサノヲにも大国主にも「天」がない。ニギハヤヒに至っては、「大歳神」と名前までややこしくされてしまった。ただ少し救われるのは彼が、天孫ニニギの兄として、「天《あめの》火《ほ》明《あかりの》命」の名で記載される場面ではちゃんと「天」が付いて、「国譲り戦」前の天孫であったことをしぶしぶ認めている。そうしないとニニギに「天」を付ける理由も消えてしまうからであって、兄弟にはともに「天」

が付いていなくてはならない。

先の「五伴緒」で格下げを免れた者たちの中にも、「天」を削除された者がいる。

2 天鈿賣命《あめのうずめのみこと》　猨女君等祖《さるめのきみたちのおや》　→　（3天宇受賣命《あめのうずめの》　猨女君等の祖）
3 天太玉命《あまのふとたまのみこと》　忌部首等祖《いむべのをむたちのおや》　→　（2布刀玉命《ふとだまの》　忌部首等の祖）
4 天兒屋命《あまのこやねのみこと》　中臣連等祖《なかとみのむらじたちのおや》　→　（1天兒屋命《あめのこやねの》　中臣連等の祖）
9 天糠戸命《あまのぬかとのみこと》　鏡作連等祖《かがみつくりのむらじたちのおや》　→　（4伊斯許理度賣命《いしこりどめの》　作鏡連等の祖）
10 天明玉命《あまのあかるたまのみこと》　玉作連等祖《たまつくりのむらじたちのおや》　→　（5玉祖命《たまのやの》　玉祖連等の祖）

9・10はそれぞれ鏡作り・玉作りという技能系の人たちであるから、政権中枢からは外れてしまって、「天」が意味するユダヤ的尊厳には相応しくない一族になっていったかもしれない。しかし記載順の9・10という一番違いは維持され、そのまま4・5の順である。

だが『本紀』の3・4は、祭政担当のライバル同士の忌部・中臣であったから、『記』での順位逆転と、「天」のある・なしの両方を一気にやられては、そのダメージが全然違う。忌部氏にとっては、耐えがたいほどの屈辱的変更であったと思われる。さらに宿敵中臣氏が、「五伴緒」のトップに踊り出ていることも、許しがたい暴挙であったに違いない。その止み難い怒りが執筆動機となって、忌部氏の後裔である斎部広成は『古語拾遺』を著したのである。正確には分からないが、ときに80余歳であったという。忌部側に伝わる祭政の真実とは、また中臣側に歪曲される前の姿とは何であったか、それを後世に伝えたいという執念からの、当時としては異常な高齢執筆であった。

17.『先代旧事本紀』と『古事記』の相違点

『本紀』と『古事記』の相違点について述べているが、その他の違いも含めて、一旦まとめておく必要がある。古事記側による神話変更（捏造）の跡が、はっきりするかもしれないからである。

比較項目	『先代旧事本紀』の記載	『古事記』の記載	相違点・備考
降臨命令者1	天照太神（男神?）	天照大御神（女神）	男神・女神の相違
〃　2		高木神	高御産巣日神のこと
最初の降臨予定者	天押穂耳尊	天忍穂耳命	ニギハヤヒ・ニニギの父
オシホミミの妃	萬幡豊秋津師姫栲幡千々姫命	萬幡豊秋津師比賣命	ニギハヤヒ・ニニギの母
実際の降臨者	ニギハヤヒ	ニニギ	両者ともに天孫
授与品	天璽瑞寶十種	勾玉など三種神器	十種の中にも三種神器
道案内	（注）参照	猿田毘古神	妻が天宇受賣神

供奉者	天香語山命以下32名	天兒屋命以下5名	供奉者数に大きな違い
副供奉者	天津麻良以下5名	思金神以下3名	「天」＝ユダヤ
その他従者	二田造以下5名		二田《ふつだ》＝HUTU
〃	二田物部以下25名		（HUTU＝ユダヤ）
〃	船長、梶取たち6名		水軍も参加
〃		天忍日命と天津久米命	軍事専門氏族
降臨場所	河内國　哮峯《いかるかのみね》	筑紫の日向の高千穂のくじふる嶺	
降臨者の早逝	長子出生前にニギハヤヒが早逝	ニギハヤヒの早逝はない	
次の降臨者	再び、天押穂耳尊	早逝がないので不要	天孫降臨ではなくなる
更に次の降臨者	今度は、天孫ニニギ	同じく不要	再び天孫降臨神話へ

（注）『本紀』にも猨田彦は登場するが、「天孫本紀《あめみまのもとつふみ》」における饒速日の降臨時ではなく、「皇孫本紀《すめみまのもとつふみ》」のニニギ降臨に載っている。

最後の方は、天孫降臨神話として実にだらしない話になっている。何が何でも「天孫」にこの国を統治させたいのである。しかも天孫のニギハヤヒではなく、天孫のニニギにしなくてはならないのである。出雲系物部氏の書である『本紀』に、騎馬民族系天皇家の「日向神話」を融合させるためには、この天孫降臨を扱う「巻第三　天神本紀」の最終行で、二人の天孫を兄弟に仕立て上げるのである。謂わば「苦し紛れの兄弟」である。そしてその文章も極めて儀礼的で、何かを慮《おもんばか》っているようである。しかしこの一文があるからこそ、ニギハヤヒとニニギは兄弟となり、出雲系神話と日向系神話が一つに結ばれたのである。

太子《ひつぎのみこ》正哉吾勝々速日天押穂耳尊《まさやあかつかつはやひあまのをしほみみのみこと》、高皇産霊尊《たかみむすびのみこと》の女《みむすめ》萬幡豊秋津師姫命《よろづはたとよあきつしひめのみこと》、亦名《またのみな》栲幡千々《たくはたちち》姫命《ひめのみこと》を妃《みめ》と為《な》し二男《ふたはしらのひこかみ》を誕生《あれま》す。兄《みあに》は天照國照彦天火明櫛玉饒速日尊《あまてるくにてるひこあまのほあかりくしたまにぎのはやひのみこと》。弟《みおと》は天饒石《あめにぎし》國饒石天津彦々火瓊々杵尊《くににぎしあまつひこひこほのににぎのみこと》。

両書における最大の問題点は、実際の降臨者がニギハヤヒとニニギでは相違しており、兄弟ではあるが別人であること、また降臨場所も河内と筑紫では全く異なる。それに、最初の天孫降臨神話では、ユダヤ系ニギハヤヒの一団は河内國に降臨し、すぐに大倭國《やまとのくに》鳥見《とみ》に遷座したことである。

何が何でも「天孫神話」としなければならなかった理由は、他のところでも度々述べてきたが、女帝持統が孫の文武へ皇位を継がせたいという、前例のない無体な要求にあった。そこに藤原不比等が付け入って、おりからの正史編纂事業の作業を操作して、神話歪曲を実現させたのである。「男神アマテラス」から「皇孫ニニギ」ではダメであった。「女神アマテラス」から「皇孫ニニギ」へ、という神話でなくてはならない。

しかしこの無理が祟って、記紀神話の「神武東征譚」では、あちこちに論理矛盾が噴出してくるのである。大和における神武の最初の対戦相手は、「那賀須泥毘古《ながすねびこ》（長髄彦《ながすねひこ》）」であったが、天皇の兄「五瀬命《いつせのみこと》」はこの戦で受けた傷がもとで亡くなってしまった。兄を紀國（和歌山県）の竈山《かまやま》に葬ったあと、熊野回りで大和の東に出た。太陽に向かって戦った前戦の反省から、太陽を背にできる大和の東からナガスネビコを攻めた。この敵裏攻略の作戦によって強敵を倒したのであるが、彼ナガスネビコはニギハヤヒの義兄であった。ニギハヤヒはニニギの天孫降臨に登場し、「神武東征」にも再登場してくる。

では「長髄彦《ながすねひこ》」の立場から見た、この東征の矛盾点を探っていく。先の「天孫本紀《あめみまのもとつふみ》」で、皇孫ニギハヤヒが既に崩じてしまったことによる矛盾である。「天神本紀」に載る、その唐突な崩御記事である。

饒速日尊《にぎはやひのみこと》便《つごうよ》く長髄彦《ながすねひこ》の妹《いろと》御炊屋姫《みかしきやひめ》を娶《めと》て妃《みめ》と為《な》し任胎令《はらまし》たまふ。未産時《いまだうむとき》に及《およ》ばざるに饒速《にぎはや》日尊《ひのみこと》既《すで》に神殯去坐《かむさりま》しぬ。

このように長男の宇摩志麻治《うましまち》が誕生する前に、突然のように亡くなってしまう。何か非常に不自然な感じを受ける部分であるが、『本紀』を自らの書とする物部氏には、たいへん好都合な一文ではある。というのも父親である饒速日が既に亡くなっていれば、のちの対神武との戦いで、宇摩志麻治が父を裏切るのはできないことになる。物部氏の祖である饒速日を早々と天上界へ送り込むことで、物部氏自体は「裏切られた饒速日の祟り」からは、安全圏に身を置くことになったのである。しかし実際には、わが子による「裏切り」はあったのである。その証拠が、物部氏の氏神を祭る石上神宮鎮魂祭である。

拙著『魏志倭人伝の中のユダヤ』で神宮側が述べた証言を再掲する。「布留大神（饒速日のこと：筆者注）の鎮魂祭ですから、当社でも最高のお祭りです」。饒速日（大物主）は、彼の子孫物部氏にも祟る恐れがあったのである。

たいへん不自然な「天孫本紀」のあらすじであるので、主人公たちの動きに絞って、簡略化して記す。

アマテラスが、わが子オシホミミを天降す決定→天降る装《よそおい》をしているあいだに、子のニギハヤヒが誕生→ニギハヤヒが河内国に天降り、すぐに大和に遷る→ニギハヤヒが亡くなる→（ここから出雲神話の「国譲り」の話になる）→出雲との戦いには、まずフツヌシを遣わすことを決定→この決定に、タケミカツチが異議→結果、両将が「葦原中国」の平定に向かう→オオナムチ（大国主）に「国譲り」を迫る→オオナムチの子、コトシロヌシとタケミナカタの二人を屈服させる→オオナムチの「国譲り」「薨去」と引き換えに、「天之《あまの》日《ひ》隅宮《すみのみや》」（出雲大社）の造営を約束→この「国譲り」のとき、出雲側の帰順者はオオモノヌシとコトシロヌシの二人（登場人物に大きな矛盾）→出雲の帰順により、オシホミミが天降る→彼の子が二人誕生＝ニギハヤヒとニニギ饒速日は最初に天降り、亡くなり、そして最後に誕生してくる。大いなる矛盾である。

〈「長髄彦《ながすねひこ》」の立場から見た東征の矛盾点〉

神武東征	『先代旧事本紀』の記載	『古事記』の記載	相違点・備考
←	←	←	←
記載範囲	ニニギ〜神武（皇孫本紀として）	ニニギ〜神武。天火明（ニギハヤヒ）は、天孫ニニギの兄	ニギハヤヒは天孫本紀の主人公
東征の主人公	磐余彦尊《いはあれひこのみこと》（天孫とも表記）	神倭《かむやまと》伊《い》波《は》禮《れ》毘《び》古命《この》	神武天皇のこと
東征の目的地	中州《なかつくに》（大和盆地）	（大和盆地）	
東征最終戦の相手	長髄彦《なかすねひこ》	登《と》美《み》の那《な》賀《が》須《す》泥《ね》毘《び》古《こ》	
ナガスネヒコの主君	ニギハヤヒ。崩じてのちはその子ウマシマチ（注）	主君の記載なし	
ナガスネを殺す	ウマシマチが殺す	殺した記載なし	『紀』ではニギハヤヒ
神武への帰順	ウマシマチが帰順	ニギハヤヒが帰順	ニギハヤヒ再登場
神武への貢納品	天璽瑞寶十種壹《あまつしるしみつのたからとくさあまりひとつ》	天津瑞《あまつしるし》	三種の神器を含む
神武への貢納者	ウマシマチ	ニギハヤヒ	『記』は世代的に矛盾

（注）ニギハヤヒには、長髄彦《なかすねひこ》の妹「三炊屋媛《みかしきやひめ》」とのあいだに長男「宇《う》摩《ま》志《し》麻《ま》治命《ちのみこと》」がいた。長髄彦はニギハヤヒ亡きあと、その子である甥のウマシマチに仕えた。しかし長髄彦を殺したのはこのウマシマチであった、と『本紀』には記載されている。

ウマシマチには、何処か暗殺者、裏切り者の匂いが付き纏う。『本紀』では、母の兄であるナガスネヒコを殺した彼である。『記』では、父ニギハヤヒを裏切った可能性が大きい。その分天孫側には、彼を大歓迎する趣が濃いが、ニギハヤヒ後裔の物部氏には、その後も大きな負い目となって、同氏が奉斎する石上神宮に布留（ニギハヤヒ）を祭り、先述のように、彼の鎮魂祭は今日に至るも盛大に執り行われているのである。

そしてウマシマチの父ニギハヤヒは、天孫降臨のときはニニギの兄となり、神武東征のときには神武の対戦相手であった長髄彦《ながすねびこ》（ニギハヤヒの義弟）を殺したり、神武に「天津瑞」を献じて「參降《まゐくだ》」ったり、独りで数役をこなすことになる。

まずそのニギハヤヒが神武と戦う場面、国譲り戦における大和進攻の終盤である。以下長文になるが前著から引用して、ニギハヤヒとウマシマチの役割記述に、当時の編集者たちの苦労が滲み出ている部分を確認する。この引用部分は、ユーラシアを通過する長いあいだに、既に東洋的風貌になっていたユダヤ系の支配者たちが、自らの出自を証明する最重要物としてユダヤの「表物《しるしもの》」を見せ合う場面であった。まず『記』。

> 故邇藝速日《にぎはやひの》命參赴《まゐおもむ》きて、天つ神の御子に白ししく、「天つ神の御子天降《あまくだ》りましつと聞けり。故、追ひて參降《まゐくだ》り來つ。」とまをして、すなはち天津瑞《あまつしるし》を獻りて仕へ奉りき。故、邇藝速日《の》命、登美毘古が妹《いも》、登美夜毘賣《とみやびめ》を娶《めと》して生める子、宇摩志麻遲《うましまぢの》命。こは物部連、穂積臣、婇臣の祖なり

ここでは出雲系饒速日が、天孫神武に「天津瑞《あまつしるし》を献りて仕へ」たことが記されている。そして突然のように、饒速日の子として「宇摩志麻遅命《うましまぢの》」が登場するが、彼は何をしたのか、そこが何も述べられていない。名前だけが載っている。彼、宇摩志麻遅こそが、父である饒速日を裏切って、出雲敗戦の主要因を作ったのである。そして天津瑞を神武に献じたのも宇摩志麻遅であり、それゆえ唐突に名前だけが記載されている。饒速日は降参する意志は全くなかったが、我が子の背信によって大和から逃れなくてはならなかったのである。

続いて『書紀』の同じ部分であるが、「登美毘古」は「長髄彦《ながすねびこ》」として、「登美夜毘賣」は「三炊屋媛《みかしきやひめ》」として載っている。そして饒速日と三炊屋媛との子が、「可美真手命《うましまでのみこと》」（＝宇摩志麻遅命《うましまぢの》）である。

神武の対戦相手であった「長髄彦《ながすねびこ》」が、神武に苦情を申し立てる部分である。

「嘗《むかし》、天神《あまつかみ》の子《みこ》有《ま》しまして、天磐船《あまのいはふね》に乗《の》りて、天《あめ》より降《くだ》り止《い》でませり。号《なつ》けて櫛玉饒速日《くしたまにぎはやひの》命《みこと》（中略）。故《かれ》、吾《やつかれ》、饒速日命を以《も》て、君《きみ》として奉《つか》へまつる。夫《そ》れ天神の子、豈両種《あにふたはしら》有《ま》さむや。奈何《いかに》ぞ更《さら》に天神の子と称《なの》りて、人の地《くに》を奪《うば》はむ。吾《やつかれ》心に推《おしはかりみ》るに、未必為信《いつはり》ならむ」とまうす。

長髄彦の異議が理路整然としているため、神武は思わず「天神の子亦多にあり」と、正直に答えてしまうのである。そして、天神の証拠である「表物《しるしもの》」を見せ合う場面が続く。天神を名乗ることができる渡来人は多く居た、と明言する『日本書紀』の重要箇所である。

天皇の曰《のたま》はく、「天神《あまつかみ》の子亦多《またさは》にあり。汝《いまし》が君《きみ》とする所《ところ》、是実《これまこと》に天神の子ならば、必《かなら》ず表物《しるしもの》有らむ。相示《あいみ》せよ」とのたまふ。長髄彦《ながすねびこ》、即《すなは》ち饒速日命《にぎはやひのみこと》の天羽羽矢《あまのははや》一隻《ひとは》及《およ》び歩靫《かちゆき》を取りて、天皇《すめらみこと》に示《み》せ奉《たてまつ》る。天皇、覧《みそなは》して曰《のたま》はく、「事不虚《まこと》なりけり」とのたまひて、還《かへ》りて所御《みはかし》の天羽羽矢《あまのははや》一隻《ひとは》及び歩靫《かちゆき》を以《も》て、長髄彦に賜示《みせたま》ふ。

ここで長髄彦は、神武が見せた「矢」と「靫」を本物と認めるのだが、彼の戦意は変わらず、遂に饒速日は長髄彦を殺して、神武に帰順する。そしてこの饒速日のことを、『紀』は「此物部《これもののべの》氏《うぢ》の遠祖《とほつおや》なり」と記すのである。

『先代旧事本紀』（大野七三　校訂編集）には、同じ出来事が次のように述べられている。長髄彦軍が強いため、天孫軍は苦戦を強いられる、その場面からである。原文には難しい旧字があるので、新字にしたものがあるが、読み方は正確を期した。

中州《なかつくに》の豪雄《ひとこのかみ》長髄彦《ながすねひこ》、本饒速日尊《もとにぎのはやひのみこと》の兒《みこ》宇摩志麻治命《うましまちのみこと》を推《をし》て君以奉《きみとしてつかへまつ》る。此《ここ》に至《いたり》て乃《すなは》ち曰《いは》く「天神子《あまつかみのみこ》豈《あに》兩種《ふたはしら》有《まさん》や、吾他有《あれあたしひとあること》を知《しら》ず」とまをし遂《つい》に兵《つはもの》を勒《ととのへ》て之《これ》を距《ふせ》ぐ。天孫軍《あまのみまごのみいくさ》連戦《そきりにたたかふ》も戡能《かつことあたは》ず。時《とき》に、宇摩志麻治命《うましまちのみこと》、舅《しうと》（母の兄、長髄彦のこと：筆者注）の謀《はかりごと》に従《したがは》ず。

很戾《もとりもとれる》を誅殺《ころ》し、衆《もろもろ》を帥《ひきい》て歸順《したがひ》たまふ。時《とき》に天孫《あまつみまご》、宇摩志麻治命《うましまちのみこと》に詔《みことのり》て曰《のたま》はく「長髄彦《ながすねひこ》性為《ひととなり》狂迷《たへれまと》ふ。兵勢《いくさのいきほひ》猛鋭《たけくと》し。敵戦《あたのたたかふ》に至《いたり》て誰敢《たれかあへ》て勝堪《かちにたへ》む。而《しかる》を舅《しうと》の計《はかりごと》に壉《よら》ず軍《みいくさ》を帥《ひきい》て歸順《まつらひ》て遂《つひ》に官軍《みいくさ》に款《まこと》あり、朕其忠節《あれそのいさをし》を喜《よろこ》ぶ」とのたまふ。特加《ことにくはへ》て褒寵《ほめていつくしみ》たまい神劔《あやしきつるぎ》を以《も》て、其大勳《そのおほひいさをし》に答《こたへ》たまふ。凡厥神劔《すべてそのあやしきつるぎ》の韴霊劔刀《ふつのみたまのつるぎ》は亦名《またのな》は布都主神魂刀《ふつぬしのかみたまのかたな》。亦《また》は佐士布都《さしふつ》と云《い》ふ。亦《また》は建布《たけふ》都《つ》と云《い》ふ。亦《また》は豊布都神《とよふつのかみ》と云《い》ふは是《これ》なり。復《また》、宇摩志麻治命《うましまちのみこと》、天神御祖《あまつかみのみおや》、饒速日尊《にぎしはやひのみこと》に授《さづけ》たまふ天璽瑞寶十種壹《あまのしるしみつのたからとぐさあまりひとつ》を以《も》て天孫《あまつみまご》に奉獻《たてまつ》る。

ここには大事な点がいくつかあるので、それらを列挙する。

・長髄彦が仕えたのは饒速日ではなく、その子の宇摩志麻治であった
・長髄彦軍は強く、天孫軍は苦戦した
・しかし宇摩志麻治は長髄彦の戦法に従わなかった
・却って長髄彦を殺して、天孫軍に帰順した
　「很戻」＝道理に逆らう（人）＝長髄彦のこと
・苦戦の天孫軍は、大喜びした
・宇摩志麻治の大勲功に対し、神劔を以て応えた
　神劔別名＝「韴霊劔刀《ふつのみたまのつるぎ》」「布都主神魂刀《ふつぬしのかみたまのかたな》」「佐士布都《さしふつ》」「建布都《たけふつ》」「豊布都神《とよふつのかみ》」
　「ＨＵＴＵ」＝ユダヤ（の）

・天神御祖が饒速日に神宝を授けたが、その名を天璽瑞寶十種壹《あまのしるしみつのたからとぐさあまりひとつ》という
・饒速日の子、宇摩志麻治が、その天璽瑞寶十種壹を天孫に献上した

『記紀』が記録する物部氏の背信行為に比較して、『先代旧事本紀』の記事は、両軍の駆け引きさえ想像できて、切迫感が感じられる。多分、これが両軍の実際の動きであったに違いない。戦いのあと両軍からは神宝の交換があったのだが、天孫側から「ＨＵＴＵ」の名をもつ神刀が授与されたのには驚く。なぜなら天孫が持っていた神刀は、最初から「ユダヤ」の刀であったからである。このことからも、『天』が『ユダヤ』を表す言葉であると推測できる。「高天原」だって、「ユダヤの故地」を示しているのではないか。「天宇受賣」は「ユダヤの女」を意味しているのではないか。

18．天孫ニギハヤヒ

ニギハヤヒは天孫であった。すなわちユダヤ系の渡来人の子孫であった。天孫としては彼が最初に大和に降臨した。その降臨場所は『本紀』によれば「河内國《かふちのくに》の河上哮峯《かはかみのいかるがのたけ》」であったが、すぐに遷って、「大倭國《やまとのくに》鳥《と》見白庭山《みのしらにはのやま》」に坐《ましま》すことになるのである。降臨に使用したのが、「天磐《あまのいは》船《ふね》（ユダヤの磐船）」であった。船の名や地名を連ねてみると、ニギハヤヒの降臨順が自ずと分かる。現在の国道１６８号に従って、枚方市から交野市を奈良市の方向に南下してきたのである。

天磐船《あまのいはふね》 → 鳥見《とみ》（登美）→ 白庭山《しらにはのやま》 → 哮峯《いかるがのたけ》

現代の感覚からすれば、大阪湾（草香江《くさかえ》）から旧大和川を遡って大和に入るコースが便利であると思われるが、水運を最大限に利用しようと思えば、草香江からさらに淀川を上って三島江《みしまえ》（枚方市）から上陸し、１６８号を峠越えして奈良に行く方が楽であった。峠には「磐船《いはふね》神社」があり、舟形巨石がご神体である。峠を下ったら今度は大和郡山市へ、さらに天理市へと続く。

三島江（河内國《かふちのくに》の河上《かはかみ》）→枚方で下船→交野→「磐船《いはふね》神社」→鳥見《とみ》（登美）

白庭山《しらにはのやま》や哮峯《いかるがのたけ》が、現在の何処に該当するのかよく分からないが、現代道路地図では「登美」の周辺に、「白庭台」や「斑鳩《いかるが》町」が載っている。鳥見《とみ》（登美）から先は、そのまま東南方向に進んで行けば石上神宮（天理市）に至り、神宮から南下する「山辺《やまのべ》の道」を辿って、無事に三輪山＝卑弥呼の邪馬台国に到着する。

三輪山の西や北側には、いまも「出雲屋敷」という地名（『出雲を原郷とする人たち』岡本雅享／藤原書店・２０１６年）が伝承されているので、ニギハヤヒの軍勢や一族の居住地は、ここであったと思われる。ニギハヤヒ自身の住まいは、大神神社そのものではなかったか。山辺の道も神社境内を通り、その南には海石榴市《つばいち》が立って、大和盆地をはじめ、他国産の多くの物資が交換された。三輪山東側にも「出雲」という地名を見つけることができるが、つまり出雲勢は三輪山を取り巻いて、産業や軍事体制の陣容を整え、邪馬台国・卑弥呼を政治支援したのである。

またニギハヤヒは、「大和《やまと》」の枕詞にも深く関係している。降臨場所を記した直ぐあとに、空から国見をするときの言葉が、その枕詞になったのである。

所謂《いはゆる》天磐船《あまのいはふね》に乗《のり》て大虚空《おほそら》を翔行《かけりま》して是郷《このさと》を睨《み》て天降《あまくだり》たまひて、「虚空見日本國《そらみつやまとのくに》」と謂《のたまふ》は是《これ》なる歟《や》。

問題は、「虚空見日本國《そらみつやまとのくに》」である。ユダヤ的視点でこれを観察すると、比較的簡単に解釈することができる。

虚空《そら》　＝「天」　＝　ユダヤ（の故地を離れたユダヤ系の人々が）
見《みつ》　＝　満つ　＝　たくさん住んでいる
日本國《やまとのくに》＝　ヤ＋ウマト　＝　神ヤハウェの国

ニギハヤヒが天降った奈良盆地には、すでに多くの渡来ユダヤ系の人々が住んでいたのである。彼らの大王として、堂々たる入国であったと思われる。ニギハヤヒ白身もユダヤ系出雲の人であったから、現地の住民からは歓迎されたことであろう。ユダヤ系以外の人たちとは多少のいざこざはあったかもしれないが、出雲による大和入部は軍事面でも抵抗がなかったようである。「是郷《このさと》を睨《み》て天降《あまくだり》」したとあるから、鋭利な鉄製武器を片手に、ニギハヤヒは奈良盆地を睥睨《へいげい》しながら天降ったのである。

「天磐船《あまのいはふね》に乗《のり》て大虚空《おほそら》を翔行《かけりま》し」て、というのは大袈裟であるが、「天磐船」が「天鳥船」を意味していたなら、「空を翔る」のは当然であった。「天鳥船」はイザナギ・イザナミの神生みの話に出てくる。『古事記』「神々の生成」には、「鳥之石楠船《とりのいはくすふねの》神、亦の名は天鳥船《あめのとりふね》」として、立派に「天磐船」を連想させる名前として。

「天磐船」が「天鳥船」に関係ありとなると、たいへんなことになる。珍敷塚左端に描かれたゴンドラ型の船が、すなわち「天鳥船」ではないか。エジプトの壁画に描かれた「太陽の船」に、瓜二つである。ユダヤ系の人々がエジプトにいたのは、聖書の「出エジプト記」を読めば明らかであり、ユダヤ系ニギハヤヒの脳裏にも、過去の民族の記憶が沈殿していたのではないか。太陽の舟は、天磐船に変化するのである。

太陽の舟→船首に鳥→天鳥船→鳥之石楠船《とりのいはくすふね》→天磐船（＝珍敷塚壁画左端の船）

「太陽・蛇・鳥・ゴンドラ型舟・櫂など、両図の相似性は際立っているので、珍敷塚の画工の下絵には、このエジプト壁画があったに違いない」。前述の壁画に関するこの説明文は、ニギハヤヒの天孫降臨場面でも、有効であるようだ。

枕詞からエジプトの船の話になってしまったが、「大和」の枕詞「そらみつ」は、ユダヤと関係することが理解できたのである。万葉集の最初の歌にも、「そらみつ」は何気ない顔をして出てくる。雄略天皇の御製歌《おほみうた》である。菜を摘む乙女に求愛する雄略が、胸を張って自己紹介するところである。

そらみつ　大和《やまと》の国は　おしなべて　我こそ居れ　しきなべて　我こそいませ

訳：（そらみつ）この大和《やまと》は　ことごとく　わたしが治めている　すみずみまで　わたしが治めている

枕詞「そらみつ」は括弧書きになって、意味が付けづらいことを表している。先ほどのニギハヤヒの言葉をそのまま適用すると、次のようになる。

訳：故地《ふるさと》ユダヤを離れて渡来した人々が住むこのヤハウェの国・ヤマトは、ことごとく私が治めているのだよ

奈良盆地ではユダヤ系豪族たちが円陣を成して、天皇家を取り囲むように本拠を構えていた。三輪山麓の天皇家から反時計回りに、物部・和邇・平群・葛城・許勢・波多・蘇我・大伴の各氏

である。和爾氏はユダヤ系出雲族の尾張氏に関係があり、小野妹子も一族であった。大伴氏はそもそもからして、ユダヤ系神々の総元締めであるタカミムスビから出て、天孫ニニギの軍事責任者であった。その他の諸氏族は、孝元記のユダヤ系建内宿禰《たけうちのすくね》を祖に持つ。TAKE（強い）―UTI（ユダヤ）。孝元記に多出するUTIやUTU・HUTU・UDUは、あちこちでくどいほど述べてきたが、「ユダヤ（の）」を意味している。

記紀神話などでは、天孫降臨は3回あった。正確に記すなら、3回に分割された。その理由については、既述回数も多いので再掲はしない。最初はニニギのときである。2回目は神武東征時である。『本紀』には、神武のことを「磐余彦尊《いはあれひこのみこと》」と書き、併せて「天孫」とも表記している。神武も天孫なのである。そして3回目が崇神渡来のときである。

崇神は、任那から渡来した。彼の名がそれを表しているが、『紀』では「御間城入彦《みまきいりびこ》五十《い》瓊殖《にゑの》天皇《すめらみこと》」となっている。「御間城入彦」とは、「任那《みまな》の城《き》から渡海してきた男」である。「五十瓊」が意味するのは、「五十」＝「たくさんの」、「瓊」＝勾玉、ということである。「瓊」は「ケイ」と発音し、意味は「美しい玉、赤い玉」である。邪馬台国の時代背景を考えれば、もう「勾玉」というしかない。「殖」は「増やすこと」であるから、勾玉を使う国・支配圏を増やした「天皇」なのである。つまりこの倭国に勾玉宗教圏（勾玉をご神体とする神道・神社）を確立したのは、「ハツクニシラススメラミコト」の崇神天皇である。

『記』では、彼は「御眞木入日子印恵《みまきいりひこいにゑの》命」と表記される。問題は「印恵」である。「印」は、「しるし＝目印・証拠」である。また「恵」は、「物を贈る、恵む」意味であるから、全体では「（信仰の）しるしを贈る」支配者であった。新たな信仰形態を倭国（邪馬台国）にもたらした天皇、ということである。

　勾玉自体は、すでに伊都国王墓などから出土するから、彼らのあいだにも勾玉信仰（ヤハウェ信仰）があったと思われるが、国家的な宗教としての神道は崇神に始まるといってよい。崇神は、多くの神社の創建にも関わっている。

　しかし崇神は、記紀などでは「天孫降臨」に関連して語られていない。彼については、「国譲り戦」後の祟り神（大物主＝ニギハヤヒ）を怖れる話が中心である。『記』では、崇神が「天孫」であることの表現もないし、崇神の対出雲戦も出てこない。しかし『紀』には、終わりの方で「出雲」が登場してくる。崇神紀六十年の秋七月のことである。戦いが済んで大国主亡きあとの出雲側では、「出雲振根《いづものふるね》」が国を率いていたが彼の名はここにしか出ない、いわば謎の人物である。文庫版の注書きにも「他に見えず」とだけで、素っ気ない。

　だが彼の名前には、多くの情報が含まれている。「出雲」は、そのまま「出雲国」である。「振《ふる》根《ね》」は「布留《ふる》という男」といった感じであろう。そして「布留」はすなわち、「ニギハヤヒ」のことである。「布留」が出雲に来る前は、「温羅《うら》」という名で、山陽道を任された「吉備津彦」と戦った。その前が大和のニギハヤヒ（布留）であり、わが子ウマシマチに裏切られて吉備に逃げざるを得なかったのである。

ＨＵＲＵ（布留＝石上神宮祭神）→（Ｈ）ＵＲＵ→ＵＲＵ→ＵＲＡ（温羅）

大和のニギハヤヒ→わが子の背信で吉備に逃亡→吉備では、温羅として吉備津彦と戦う（昔話のネタとして、温羅は鬼・吉備津彦は桃太郎）→敗れて出雲へ→出雲振根として『紀』に登場→再び吉備津彦等と戦い敗死

前著から引用して、出雲におけるニギハヤヒの最後を見届ける。

「（武日照命《たけひなてるのみこと》が）天《あめ》より将《も》ち来《きた》れる神宝《かむたから》を、出雲大神《いづものおほみかみ》の宮《みや》に蔵《をさ》む。是《これ》を見欲《みまほ》し」とのたまふ。（中略）是《こ》の時《とき》に当《あた》りて、出雲臣《いづものおみ》の遠祖《とほつおや》出雲振根《いづものふるね》、神宝《かむたから》を主《つかさど》れり。是《ここ》に筑紫国《つくしのくに》に往《まか》りて、遇《まうあ》はず。其《そ》の弟《いろど》飯入根《いひいりね》、則ち皇命《おほみこと》を被《うけたまは》りて、神宝を以て、弟《いろど》甘美韓日狭《うましからひさ》と子《こ》鸕濡渟《うかづくぬ》とに付《さづ》けて貢《たてまつ》り上《あ》ぐ。

（『日本書紀』）

筑紫から帰った出雲振根は、兄の自分に相談もせず、崇神に神宝を貢納したことに立腹し、弟飯入根を騙し撃ちして殺してしまった。何か、崇神側の策謀に掛かってしまった感がある。

則《すなは》ち吉備津彦《きびつひこ》と武渟河別《たけぬなかはわけ》とを遣《つかは》して、出雲振根《いづものふるね》を誅《ころ》す。故《かれ》、出雲臣等《いづものおみら》、是《こ》の事《こと》を畏《おそ》りて、大神《おほかみ》を祭《まつ》らずして間有《しましあ》り。

これらの記事から分かるのは、出雲振根は崇神や吉備津彦、武渟河別と同世代であり、だから「国譲り戦」の主人公の一人であったこと。「振」は「布留」、また「ニギハヤヒ」（大物主）であり、ユダヤ系出雲の首長であった。『記紀』神話は、このニギハヤヒを実に多くの名前に分散させた。倭国最初の覇権国出雲とその英雄ニギハヤヒ（スサノヲの子）。覇権国の実像を打ち消すのに懸命の正史編纂事業は、彼をあちこちに分散登場させて、イメージの矮小化を図った。つまり、ニギハヤヒを偉大なままにしておくと、彼を武力で倒した崇神は後出しの覇者であり続けることになって、正々堂々の覇者天孫族ではなくなってしまう。『記紀』は、それを避けたのである。
それにしても多いことだ。思い付くまま記すと、ニギハヤヒには次のような名前がある。

天火明・饒速日・大物主・大歳・布留・温羅・振根など

彼のフルネームの最初に冠された「天照」でさえ、女神アマテラスに献じている。

19．天湯津彦と珍彦

再び、天湯津彦に戻す。彼は「阿岐國造《あきのくにのみやつこ》」の祖であった。彼の五世孫が「阿岐國造《あきのくにのみやつこ》」（安藝＝広島県）であり、十世孫が「阿尺國造《あさかのくにのみやつこ》」（安積＝福島県）であった。左記の対比を見れば分かるように仁徳の頃に、五世孫が「阿岐」の国造に任命され、允恭のあたりで十世孫が「阿尺」

の地、現在の郡山市付近を担当したのである。

崇神―垂仁―景行―成務―仲哀―応神―仁徳―履中―反正―允恭
天湯津彦―子―1世孫―2・3・4・5・6・7・8・9・10世孫

崇神の頃には、国造たちの祖である天湯津彦が活躍していた。安藝国から瀬戸内海一帯を支配する豪族であったと思われる。実在したと考えられる十代目の崇神が「御肇国天皇《はつくにしらすすめらみこと》」であるが、神話上では初代神武が「始馭天下之天皇《はつくにしらすすめらみこと》」として、この国を初めて統治した天皇になっている。このために崇神と同世代の天湯津彦は、「神武東征」のときには「珍彦《うづひこ》」として現れ、天皇の水先案内人になって手助けしたのである。『紀』では、神武が関門海峡を通過するとき登場した。「ＹＵＴＵ―ＨＩＫＯ」ではなく、「ＵＤＵ―ＨＩＫＯ」になっているが、同一人である。

このように安藝国造の祖であった「天湯津彦」は、「珍彦」の名で神武東征の一翼を担い、のちの子孫栄達の道を切り拓いたのである。彼が務めた水先案内は、また瀬戸内海制海権の水先案内でもあった。瀬戸内制海権が神武側に靡《なび》くまで、神武はゆっくりと東上していったことが分かる。瀬戸内海の他の豪族たちを自陣に組込む作業をしていたのだが、湯津彦（珍彦）自身が、彼らを口説く役割であったかもしれない。

東征元年冬十月　（伊都国から）東征開始。速吸之門《はやすいなと》（関門海峡）通過。珍彦が

「海導者《みちびきひと》」として登場、菟狭（宇佐）に至る
〃　十一月　筑紫国の岡水門《をかのみなと》（遠賀川河口付近）に至る
〃　十二月　安芸国に至る

その後は吉備国に3年を過ごし、このあいだに「舟檝《ふね》を脩《そろ》へ、兵食《かて》を蓄《そな》へて」いった。そして遂に東征の戦に出立して、浪速国（難波）、続いて河内国から胆駒（生駒）山を越えて奈良盆地の長髄彦と相戦うのである。その後のことはもう詳述したから、述べる必要はない。

神武東征としての物語ではなく、崇神の「国譲り戦」としては、湯津彦（珍彦）はどのように記録されているのであろうか。『記』『紀』はともに、彼に関する記事を載せていない。

しかし崇神が渡海して、倭国内で戦ったのは事実である。天皇の尊号からして、「御肇国《はつくにしらす》天皇《すめらみこと》」なのである。戦わずして国を肇《はじ》めることは、どんな天才をしても無理というものである。崇神渡海の後、伊都国から日本海・瀬戸内海、さらに大和に至る国々での戦闘があったはずであるのに、対出雲戦は天孫ニニギのところで語られ、次の対大和戦は天孫神武の武勇伝として載せてしまった。崇神に残されたのは、対北陸道・東海道・丹波・吉備などの地方戦であった。これらの地方戦にはそれぞれの方面軍指揮官を任命して戦ったから、崇神が直接手出しした部分は少ない。

湯津彦（珍彦）も、対大和戦での出番があったから、そのあとの崇神紀では「湯津」も「珍」も見当たらないのである。こうなったら、どこか古い神社の社伝にでも残っていないか。早速、

大山祇神社を見てみる。その理由としては三つ、①瀬戸内海の要衝であった大三島（愛媛県今治市）に鎮座していること、②出雲系ニギハヤヒの末裔である小千《おち》命が創建したこと、③小千命が瀬戸内制海権の帰趨を左右する人物であったこと。

YUTU（湯津）→（Y）UTU→UTU→UDU（珍）
→OTU→OTI（小千《おち》・越智《おち》）

小千命が創建したといわれる大山祇神社のご由緒については、小椋一葉氏の『消された覇王―伝承が語るスサノオとニギハヤヒ』（河出書房新社・1988年）から該当部分を引用した。そのあとの説明文は筆者のもの。

和多志大神と称せられ、地神・海神兼備の霊神であるので日本民族の総氏神として、古来日本総鎮守と御社号を申し上げた。大三島に鎮座されたのは、神武天皇東征のみぎり、祭神（大山津見のこと：筆者注）の子孫、小千命《おちのみこと》が先駆者として伊予二名島（四国）に渡り、瀬戸内海の治安を司っていたとき、芸予海峡の要衝である御島（大三島）に鎮座したことに始まる。

神格の説明として「和多志大神」とは「渡し」の神さまという意味で、彼は陸海両方の交通・交易を掌っていたことを示している。そればかりか彼の子孫である「小千命」は、神武の先鋒と

『古事記』による血縁関係（スサノヲを中心として）

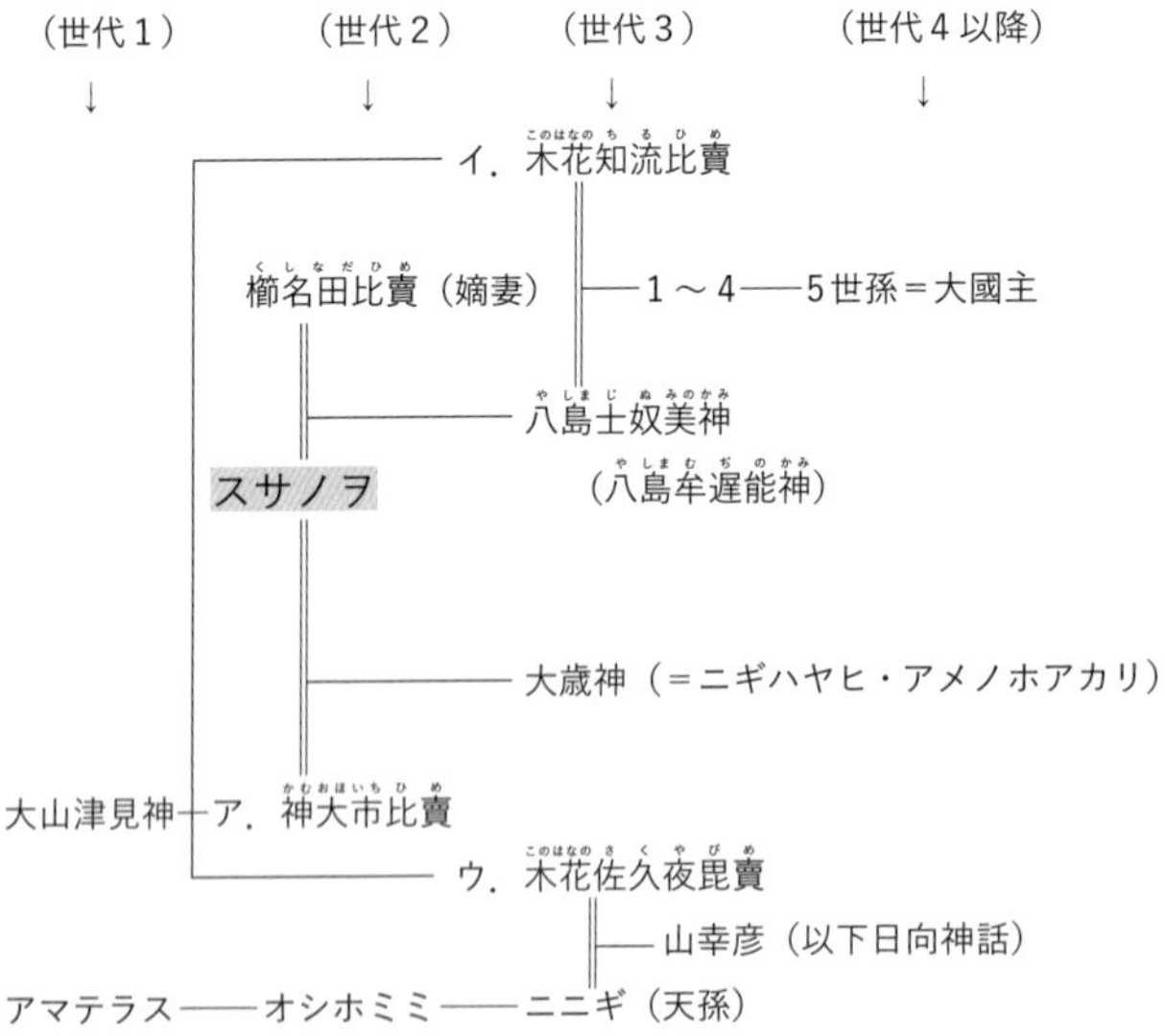

（注）

1．世代３が「国譲り戦」を戦う世代である
2．戦いの主人公である大国主が、スサノヲ５世孫になっている＝矛盾点
3．大国主は、スサノヲの娘須勢理毘賣《すせりびめ》の入り婿であるから、世代３に位置する
4．渡来した祟神も世代３に位置し、大国主たちと「国譲り戦」を戦う
5．大山津見の３人の娘は、ア・イが出雲系に嫁ぎ、ウは天孫ニニギの妻になった
6．大山津見は出雲、天孫両陣営との縁組で、どちらが勝利してもよい態勢を整える

して、瀬戸内海の治安を引き受けていたのである。しかし「小千命」が最初から神武陣営にいた人物ではないことを証明しなくてはならない。彼が出雲陣営から崇神側に鞍替えしたので、瀬戸内海の制海権が出雲から崇神に移ったのである。以下の比較は、既出の『消された覇王』からのものである。

「大山祇神社」（大三島）の由緒説明　↓　大山津見を、その子孫小千命が祀る
「勝岡八幡神社」（松山市）の由緒説明　↓　饒速日命の末裔である小千御子を祀る

愛媛県越智郡に名を残している小千（越智）一族の祖先が、出雲系の饒速日であったこと、さらなる祖神が大山津見であることを、これらの由緒書は述べているのである。饒速日の末裔であることからも分かるように、血族的にも出雲系であった「小千命」が、いつしか神武の先駆けとなったことをこの由緒書きは証言しているのである。「小千命」にとっては、血族のきずなに殉ずるより、水軍の長としての役割の方を優先させたものと思われる。やむを得ない選択であったろう。

出雲系の人たちであった彼らは、その血縁を系図にすると分かり易い。

ここに見たように、天湯津彦＝珍彦は安芸周辺の海域を中心に、海上交通を左右する人物であった。そして名前も「ＵＴＵ・ＵＤＵ（珍）」から「ＯＴＵ・ＯＴＩ（小千《おち》・越智《おち》）」へと変化

して、瀬戸内海の制海権を握っていた。最初は出雲系、のちに天孫系に鞍替えして、ニギハヤヒ敗北の原因を作った。まさに彼は、「瀬戸内海の治安」を司り、「芸予海峡の要衝（大三島）」を抑えていたのである。

20．倭人と越人

それにしても、「国譲り戦」当時の邪馬台国では「海の民」が大きな役割を果たしていた、というのが筆者の実感である。「海の民」は国籍がなく、海の上なら何処へ行こうが「自由人」という印象である。

当時の倭人は、魏志倭人伝などによれば、「鯨面文身」の民であった。そして中国側の記録では、倭人は南方系と思われていて、海南島や台湾の近くに住んでいるという先入観に縛られていた。倭人伝では、「儋耳《たんじ》・朱崖《しゅがい》」（海南島《かいなんとう》）の風俗と同じと書かれ、全体としては「会稽《かいけい》の東冶《とうや》の東にあるべし」と断定された。つまり、現在の中国浙江省から江蘇省にかけて在った会稽郡、その中の東冶県の東の海上にあった。そんな中国人の既成観はどこから来ていたのか。

筆者が困っているとき、解決に適切な書籍を貸してくれるのが近在のT先生である。『倭人・倭国伝全釈—東アジアのなかの古代日本』（鳥越憲三郎／角川ソフィア文庫・２０２０年）。その冒頭の「序説　倭人について」を読むと、そんな中国側の既成観にはちゃんとした裏付けがあったことが分かり、T先生には本当に感謝している次第だ。

『古代中国と倭族』（中公新書、二〇〇〇年）でも紹介したことであるが、かつて広州《こうしゅう》の中山《ちゅうざん》大学を訪れた時、歴史学系の先生たちに迎えられての歓談の際、倭人の「倭」の古音は「ヲ」woであったと聞かされた。その時の感激は大きかった。それは「倭」が越人の「越」の古音「ヲ」woに通じることに気づいたためである。物部《もののべ》一族の名門で愛媛県の越智国造《おちのくにのみやつこ》をはじめ、越智姓の人たちの「越智」（ヲーチ）は、今でも古音のまま伝えているのである。

中国では古くから類似した音の漢字は簡単に代えられる。つまり「越」は「倭」の類音異字にすぎず、「越」を「ヱツ」と発音するようになったのは漢代以降のことで、戦国時代までは「ヲ」といい、そのことは越人が倭人であったことを示し、また越王は入れ墨をしていた。

その越人の本拠地は浙江《せっこう》省紹興《しょうこう》市の地であった。彼らは春秋《しゅんじゅう》時代末に呉を滅ぼし、江蘇省と山東省の一部にまで領域をひろげるが、戦国時代末に楚《そ》に討たれて滅び、大挙して南方に向けて亡命した。そして浙江省に残留した越人は「於越《おえつ》」と呼ばれ、福建《ふっけん》省では「閩越《びんえつ》」、広東・広西では「南越《なんえつ》」（揚粤《ようえつ》）、ベトナムは「越南《えつなん》」と称された。さらに長江流域に分布する倭人たちに対して「百越《ひゃくえつ》」という呼称まで生じた。「百」はたくさんの意である。

このように古代中国にあっては、「倭《ワ》」は「ヲ」であり「越《ヲ》」であったから、自然な理解として、倭人は長江流域から南の民族であり、入れ墨をした蛮族として認識していたのである。彼らの風俗が現在でも残っている、という部分を引用する。「まえがき」の中の一節であるが、烏越先生が毎日テレビに依頼して、「タイ山地の少数民族の取材」をしたときの報告である。

まずアカ族の村で、村の出入り口に鳥居《とりい》に似た門を見つけた。その笠木《かさぎ》には数羽の木彫りの鳥が置かれ、〆縄《しめなわ》まで吊《つ》るしてあった。〆縄は村に侵入する悪人を縛るための威《おど》しであるが、わが国でも「締める縄」として伝え、また「鳥居」という名称の起こりについても知らされた。

(中略)

ところが東南アジアにひろく分布する少数民族だけでなく、古くはカンボジアのクメール人をはじめ、タイ人・ミャンマー人まで中国雲南から南下したことを知った。そこで雲南省の奥地に足を伸ばすことを計画した(中略)。

ねらいは今から三、四十年ほど前まで「首狩り」をしていた佤《ワ》族の村々であった。(中略)そして「首狩り」が稲作儀礼としての神聖な行事であったことを知ったが、珍しく母系社会を維持する海東《かいとう》村を訪れたとき、女性は赤ん坊まで貫頭衣《かんとうい》を着け、まるで弥生《やよい》時代の村に入った思いがした。

中国の長江から南、雲南省から東南アジアにかけて分布している少数民族は、魏志倭人伝に残された倭人の風俗と同じである。「首狩り」の記録はないものの、「鯨面文身」や「貫頭衣」は、当時の中国人には明らかな「倭」の風俗であった。

「倭人伝」に記載はないが、佤《ワ》族の母系社会や鳥居・注連縄《しめなわ》も、弥生時代の倭人文化のルーツである可能性が大きい。

「越」「倭」は「ヲ」と発音され、「越人」や「倭人」は同じ人々であった。「越人」は南方ばかりか東方にも居を移し、朝鮮半島南部から日本にかけての沿岸を自由に行き来していた。まさに「海の民」は「自由人」なのである。「越《ヲ》」の発音を継承してきた越智《をち》氏が、瀬戸内芸予海峡の主となっていたことは、われわれに重要な示唆を与えてくれる。倭人伝・倭国伝の編者にとっては、「倭」が意味する地域は中国南部が中心であったこと、そしてその「倭」が、邪馬台国時代の「倭人」の姿に色濃く反映されていることである。

「海の民」であった倭人は、同族として東南アジアまでの広い海域を生活範囲としていた。というより、「せざるを得なかった」のである。「呉越同舟」の熟語が示すように、春秋時代の彼らは長江河口の南にあって、北の強国「呉」に隣接する「越」であった。入れ墨の越王がいたことは、彼らが国家を形成して、春秋戦国の世を果敢に渡っていたのである。呉王夫差《ふさ》は越王句践《こうせん》を会稽《かいけい》の戦いに破ったあと中原に進出したが、その隙を句践が衝いて、呉国は滅ぶ。その越国も、前306年頃、「楚」に滅ぼされたのである。滅ぼされた「越人」は何処に逃げたのか。逃げて雲南省や東南アジア、また日本近海に居を移「さざるを得なかった」のである。結果として「越《を》」は「倭《を》」になり、倭人伝では「倭《わ》」になったのである。

「倭《を》」の越智氏は、「YUTU・UTU・UDU（珍）」から「OTI・OTI（小千《おち》・越智《おち》）」↓WOTI（越智）」であり、安藝國造の祖「天湯津彦」に関連する一族であった。「天湯津彦」といえば阿尺（安積）国造の祖でもあったから、「越《を》（智）」＝「倭《を》」が表す範囲は、現在の福島県にまで及ぶことになる。想像逞しい筆者にかかると、阿尺《あさか》という発音は、安積《あさか》＝安曇《あづみ》族へと直結させて考えてしまうのである。そして安曇（阿曇）族は「海の民」であり、渥美半島など日本の各地にＡＤＵＭＩ・ＡＴＵＭＩ・ＡＴＡＭＩなどの地名を残している。彼らの本拠地は北九州の糟屋郡阿曇郷（福岡市東部）であった。また大阪府にも拠点があって、こちらの地名は「安曇江」である。旧摂津国西成郡に在った。

21.『隋書』の中の倭人（髪を両耳の上に垂らす）

この安曇族こそ、安曇目の入れ墨をした海人族なのである。要するに、春秋戦国時代の「越」の子孫であった。

前４７３年　「呉」が滅ぶ
前３０６年　「越」が滅ぶ
前４～後３世紀　弥生時代

まさに日本の弥生時代は、華南の呉・越が滅んだ時代から始まるのであり、稲作が本格化するのも同じ頃からである。呉王夫差《ふさ》の名前「ＨＵＳＡ」でさえ、「総国《ふさのくに》」すなわち上総・下総（千葉県）にまで連想の羽が伸びてしまう。

呉・越といった歴史に残る国を建てた人たちは、楚に追われて彼方此方に逃げたあとでは、その逃亡先で建国するよりは、地方の片隅で生活する方を選んだようである。越人も覇権国家の影響が少ないところで、例えば雲南の奥地などで気楽な生き方を選択したのである。

　従って倭人は、自分たちの王家ではなく、他民族の下請け的存在となった。邪馬台国では、崇神天孫族へ協力する伊都国王の下で、阿曇族の一員として海の戦いに参加した。制海権を左右する阿曇氏配下の「海の民」（阿曇氏＋「海の民」）となったのである。阿曇氏自体は綿津見神を奉斎するユダヤ系秦氏と同族であり、伊都国王や崇神の信任が厚かったと思われるが、支配層に抜擢されるケースは少なかったようである。「海の民」を配下にもつ利点を活かして天皇家の食膳担当になったが、重用されたとは言い難い。

　倭人という場合、これまでの史料を検討すると、次のような三層に分かれていたと考えられる。一般的には広義の倭人を対象にして記述されるが、その風俗を述べるときは狭義の倭人観察によって、「鯨面文身」や「貫頭衣」の倭人が記録された。例外はあって、支配層に属する男でも「鯨面」の族長がいた。神武記の大久米命は入れ墨をした鋭い目を持っていたが、久米族はその名が暗示するように、南方系クメール族かもしれない。

1. 政治・軍事的支配層＝出雲族、崇神天孫族、伊都国王（多氏）
2. 海運・交易・財政・食料や武器調達などの専門層＝秦氏、阿曇氏（膳部《かしわで》）
3. 専門層に属する実務層の倭人＝「海の民（狭義の倭人）」、高熱技術者など

（1〜3）広義の倭人

倭人の身なりとしては、重要で興味深い報告が中国側にある。鳥越先生の前掲書内『隋書』「煬帝紀」に載るもので、推古時代の男子の服飾などが分かる。漢文は省略して、当該部分の和訳を引用する。

その服飾、男子は裙襦《くんじゅ》を衣《き》、その袖《そで》は微小《びしょう》なり。履《はきもの》は屨形《くけい》の如く、その上に漆《うるしぬ》り、之を脚《あし》に繋《つな》ぐ。人庶《じんしょ》は多く跣足《せんそく》なり。金銀を用いて飾りとなすことを得ず。故《ふる》き時の衣は横幅《よこはば》、結束《けっそく》して相連《つら》ねて縫うことなし。頭にも亦冠《またかんむり》なく、但《ただ》髪を両耳の上に垂らす。

〈裙襦〉はだぎ。じゅばん。〈微小〉小さい。〈屨形〉くつの形。〈人庶〉人民。庶民。〈跣足〉はだし。〈横幅〉腰巻（先生の解説による：筆者注）。

『隋書』によると、倭人庶民の男子は裸足で、旧い時代は腰巻で過ごした。そして「髪を両耳の上に垂らす」という、妙な風習があったことを書き留めている。原文では、「但垂髪於両耳上」である。

推古天皇のときの摂政は聖徳太子であったが、来朝した隋の人たちには、両耳に長く垂れ下がった倭人の髪は、異様な結髪方法に見えたに違いない。まさに記録するに値する異風であった。当時の庶民は垂れ下げたままであったが、太子などの支配層は、きちんと束ねた「美豆良《みづら》」に結っていたのであろう。

しかし、よくぞ残してくれたものである。この記録はそのまま、ユダヤ人の長く垂らした鬢にも適用できるからである。こんな髪型が、飛鳥時代までの日本にあったのは驚くべきことであるが、現代ユダヤ教徒のあいだにも宗教的習慣として存在するのである。

この妙な髪型は、ユダヤ（教）と古代日本にだけ見られる文化遺風である。ユダヤ教徒が額に付けるヒラクティリと山伏の兜巾が、それぞれユダヤと日本にだけあるが如く、注目すべき謎であるが、ユダヤ系の人々が遥か日本にまで到達し、それまでの居住地は跡を残さず引き払ってきた、と考えれば合理的な解釈になる。

22. 越人（倭人）文化とユダヤ教の融合

前出の引用文には、「笠木《かさぎ》には数羽の木彫りの鳥」が置かれていたとあったが、越人が楚に追われて日本まで逃げてきたことを前提にして論を進めている筆者には、強い味方がある。弥生遺跡から出土する木製の鳥形遺物である。木の鳥には棒を差し込む穴が開いているので、まさにアカ族の鳥居に据えられた「木彫りの鳥」と同じ使用方法であったに違いない。笠木の専用装置にはめ込まれて、鳥居の上のそれら木製の鳥たちは何か神聖な役割を果たしていたと思われる。

この歴史公園の画像に添付された説明には、「鳥形」は「穀霊信仰」によると推察しているが、「鳥居」が神聖な場所との結界を示すものであるから、「鳥形」は神の使者、神の声を伝える象徴物ではなかったか。出土した陶片に描かれた「鳥の絵」も宗教的建造物の屋根の上であり、「鳥

写真11：南内郭入口（東側）門に設置した鳥形
（出典：吉野ヶ里歴史公園ホームページ）

弥生時代の土器等に描かれた高床建物や重層建物の屋根の棟飾りや軒飾りには、鳥の姿が描かれていることがあります。また弥生時代の遺跡からは木製の鳥形が出土しており、当時の習俗的シンボルであったと考えられます。鳥への信仰は現在でも穀霊観念が明確な東南アジアの稲作民族に広くみられることから、弥生時代に穀霊信仰が存在したと推察されます。当公園においては佐賀県神埼市の「託田西分貝塚遺跡」の出土例に基づいて復元した鳥形を環壕入口の門や主要な建築物の軒飾りとして設置しています。（吉野ヶ里遺跡公園ホームページより）

形」も鳥居の上に置かれる。神（天）の声を代弁する神聖な動物と理解すれば、それらの鳥は、鳥居や屋根の上に一時的に止まった、あるいはその上を飛ぶ姿であったと思われる。倭人のシャーマン（巫女）が鳥装をしていたのも、神の御声を皆に伝えるのに、御使いとしては最も適した姿であったからである。

佤《ワ》族の鳥居は、自分たちの村に悪霊や悪い人間が入り込まないための、結界を示す門であった。この中に入ると〆縄で縛ってしまうぞ、という威しの注連縄を見せ付け、さらに村内には神々が坐《おわ》す標《しるし》として、門の上に神の使者「鳥形」を付けて、「悪いことは絶対お断り」の表札になっている。一方のユダヤの移動式幕屋は、移動に移動を重ねて、遂には日本の神社となったが、その門は普通の柱であった。だから鳥形の付いた笠木がある鳥居とユダヤ式幕屋の門は、別々の経路で倭国に到着したものだと考えられる。

ところで、出雲大社旧本殿に「ダビデの星」が内接していることを証明した筆者は、お世話になったことに感謝して出雲参拝の旅に出かけた（２０１９年4月13日）。「星」のことまで書くと罰《ばち》が当たると言う家内と連れ立ち、ある意味ではそんなことまで書いてしまったお詫びの旅でもあった。参拝を済ませてからは、宍道湖を眺めつつ戻って米子に一泊、翌日はバスで大山寺にお詣りした。しかし前日の快晴大山とは一変して、みぞれ交じりの氷雨降る参道を上ることになり、改めて出雲の神が厳しいことを知ることになった。２０１１年の春には奥出雲の三瓶山にも旅しているから、これで「国引き神話」で綱を懸けた二つの火山を巡ることができた。出雲神話の舞台は大きいのである。

かくして別々に倭国に到達した鳥居とユダヤ教は、神社の入口として共存することになった。「門の中に神聖な神が坐す」ことを表す結界標識として、「鳥居」を建てたのである。木彫りの鳥は神の使者として鳥居の上に置かれ、注連縄は文字通りの縛る縄から変化して、ヤハウェ神が発する白い稲妻（紙垂《しで》）となって鳥居を飾った。

笠木に乗った木彫りの鳥はいつの間にか姿を消し、両耳に髪を垂らす風習もなくなった。貫頭衣も見ることはないし、入れ墨だってもうほとんど過去の遺風となった。邪馬台国時代の倭族の風俗は、現代には引き継がれていないが、確実な記録としては残っている。それらをばらばらに観察するのではなく、融合したものとして見るとき、神社は有効な視点を提供してくれる。

23. 越人はさらに北へ

「越」と聞いて、「越智」を思い起こす人はまずいない。しかし「呉越同舟」の故事や、北陸道の「越国《こしのくに》」を連想するのは、歴史好きなら普通のことである。

越《を》↓越智《をち》（WOTI）↓（W）OTI↓（K）OTI↓KOTI↓KOSI（越《こし》）
↓KOTI（交趾《こうち》）↓KOSI（交趾《こうし》）

（W）を（K）に変えることができるのか、言語学には素人の筆者にはよく分からないが、例示した交趾《こうし》とは、今のベトナム北部トンキン湾一帯の古称である。楚の武力的圧迫に耐え切れず南方に逃げた「越人」が、ベトナム北部に移動して住んだ場所の名である。中国側は前漢から唐にかけて、現在のハノイ付近に「交趾郡」を置いたので、この郡に住んだ移住越人のことを指すのかもしれない。

やや強引な解釈と感じる読者もいるかもしれないが、「越《を》」は「交趾《こうち》」であり、また「越智《をち》」でもある。そして北陸の「越《こし》」に繋がっている。繋がっているという史料はないが、先述のごとく、神社の祭神を調べることによって、間接的にその繋がりを証明できると考えている。越智氏が出雲系であったことを考慮して、出雲から日本海側を北上しながら見ていきたい。

その前に、全体の歴史的時間帯の中では、「越国」はどのあたりから存在していたのであろうか。ここを押さえておかないと、無駄な調査になってしまう。

西暦	中国	日本
←	←	←
前７７１年～	春秋時代	
前４７３年	「呉」が滅ぶ	
前４０３年～	戦国時代	
前３０６年	「越」が滅ぶ（越人離散）	弥生時代（前４～後３世紀）
	浙江省残留組＝「於越《おえつ》」	
	福建省《ふっけんしょう》＝「閩越《びんえつ》」	
	広東・広西＝「南越《なんえつ》」（揚粵《ようえつ》）	
	ベトナム＝「越南《えつなん》」	
	長江流域＝「百越《ひゃくえつ》」	
	東方移動＝朝鮮半島南部・倭国	
前２２１年～２０２年	秦	⇨（弥生時代）⇦
前２０２年～後８年	前漢	
前１２２年	武帝、山東半島中部に泰山郡《たいざんぐん》設置	
	泰山郡に「倭」あり（『山海経《さんがいきょう》』）	

8年〜25年	新	
25年〜２２０年	後漢	
57年	光武帝から金印授与	後漢の初代光武帝に遣使（奴国）
	『後漢書』倭伝→	倭は「凡《およ》そ百余国（多くの国）」
１５０年〜１９０年頃		倭国大乱（越人グループの反乱？）
２２０年〜	三国時代（魏・呉・蜀）	
３世紀	『魏志』倭人伝 ↓	邪馬台国とその他の国を記録
２３２年頃		崇神渡来、「国譲り戦」
２３９年		第1回　遣魏使（卑弥呼）
２４３年		第２回　遣魏使（卑弥呼）
２４７年		第３回　遣魏使（卑弥呼）
２４８年		卑弥呼死す
２５０年？		第４回　遣魏使（台与）

「東方移動＝朝鮮半島南部・倭国」としたのは、「越人」が中国東部の山東半島にも居たからである。山東半島から朝鮮南部、倭国（邪馬台国）には、「海の民」なら渡海するのに躊躇するような距離ではない。『山海経』に載る、山東省に住んだ「倭人」である。鳥越先生前掲書から引用した。

蓋国は鉅燕の南、倭の北に在り。倭は燕に属す。

・蓋国＝泰山郡蓋県（山東半島中央部に位置）
・鉅燕＝大きな燕。燕は遼東半島などの渤海湾北岸の国。山東半島は領有せず
・倭　＝山東半島に住んだ倭人

続いて、『後漢書』「倭伝」による。時代的には後漢よりあとの国である魏の歴史書『魏志』の方が先に成立していたので、『後漢書』の記載には『魏志』のものと思われる記事も多い。しかし班固《はんこ》（32年～92年）編集の最初の史料も入っているから、参考になる。

倭は韓の東南大海の中にあり、山島に依りて居をなす。凡《およ》そ百余国あり。

この頃の倭人は、「山や島などの自然境界を利用して居住し、たくさんの小国に分かれていた」と述べている。そして魏志倭人伝の邪馬台国へと、統治体制が整っていくのである。このような流れの中にあって、越《を》人＝倭《を》人はどのような経路で日本海を北上し、「越国」にまで到達したのか。簡単な仮説に基づいて、歴史事象を発生順に並べてみる。そうすることによって、越人を含めた倭人の全体像を把握することができるであろう。

①縄文時代には、朝鮮半島とのあいだに自然な往来があった（気候変動や食料事情など）

②縄文晩期には、山河の位置に依って、自然発生的な集落ができた
③中国の春秋戦国時代の混乱期には、長江流域の国家間にも戦乱があった
④その中の呉・越は宿敵であったが、越が呉を滅ぼした（前４７３年）
⑤その越を、楚が滅ぼした（前３０６年）
⑥越人は南方や西方（長江の奥）、さらには東北の山東半島へ流亡離散
⑦山東半島から、朝鮮半島南部や日本へ移動　→　日本に弥生時代到来（前4世紀以降）
⑧前漢時代、山東半島中部の泰山郡《たいざんぐん》に、「倭」人の存在を確認（前１２２年）
中国側は、朝鮮半島南部から日本の地域も、長江以南と同様に、倭人の国として認識
⑨越人は倭人（海の民）として、農耕民と一緒に集落形成→小国家に成長（「百餘国」）
⑩越人は拠点としての奴国（現在の博多付近）、さらに日本海を北上して越国にも定着
⑪その奴国が後漢に「奉貢朝賀」し、金印（国宝の金印とは別物？）を授与（57年）
国宝金印は「漢委奴國王」（「漢の伊都国王」）であり、「倭の奴國」とは違う可能性？
⑫後漢は「一大率」を伊都国に常駐、出雲や大和（邪馬台国）までを間接支配する体制
魏も帯方郡使を伊都国に常駐させ、倭国の間接支配体制を継続（奴国は伊都国傘下）
⑬魏の軍事力低下→伊都国の支配力低下→出雲による覇権→越国も出雲傘下に
⑭魏による出雲牽制→騎馬民族首長の崇神を渡海させ、「国譲り戦」開始
⑮崇神勝利を魏に報告（卑弥呼による第1回遣魏使：２３９年）
⑯卑弥呼死す（２４８年）

中国側の史料では、「倭」は「於越《おえつ》」であり、また「閩越《びんえつ》」、「南越《なんえつ》」（揚粤《ようえつ》）、「越南《えつなん》」、「百越《ひゃくえつ》」などであった。さらには「倭は韓の東南大海の中」にあった。「倭」に関する彼らの認識の大前提は、以上の如くである。

　すると日本列島とそこに住んだ倭人は、そんな「倭」の延長線上で観察されていたはずであり、『後漢書』の一文は大きな問題点を提起してくる。

　建武中元二年倭奴國奉貢朝賀使人自稱大夫倭國之極南界也光武賜以印綬

　「建武中元二年、倭の奴国、奉貢朝賀す。使人自ら大夫と称す。倭国の極南界なり。光武、賜うに印綬を以てす。」

　建武中元二（57）年は、日本では弥生時代の只中である。このときに、「奴国」が後漢に遣いを送ったのである。まだ邪馬台国は出てこない。この奴国は「倭の奴国」であって、「委奴国」ではなかったと思われる。すなわち「越人」＝「倭」が「韓の東南大海の中」に移ったあとに建国した国である。「越」は、「呉越同舟」の戦国時代末期には既に国家としてあったから、建国とその管理方法には習熟していたのである。だから国を維持するに必要な製鉄などの基幹技術は、その技術者を含め、もう完備していたと思われる。もちろん米作については、中国・浙江省の「河姆渡《かぼと》遺跡」を持ち出すまでもなく、長江流域では前５０００年ごろまで遡ることができる。

その遥か後輩の「越」ですら、弥生人には大先輩であった。

北九州・博多湾沿岸の国「奴国」も、米作や製鉄の基幹産業を持つ国であった。当時の国々の中では突出した実力を持ち、彼らのリーダー格であったに違いない。彼らを代表して後漢に遣使した。中国側の記録は、その遣いを「倭奴國奉貢朝賀」とした。国名の意味は「倭（人）の奴國」である。

遣いが自ら称した「大夫」は、漢代の官位では大臣クラスの高官に当たる。当時の倭に、漢式の位階制度があったかどうか分からないが、使者は精一杯の見栄を張っていたのであろう。そして「倭國之極南界」という中国側の理解には、倭人が中国南部の海南島付近にあるという先入観から、奴国も倭国最南部の国であり、そんな遠方から朝賀にやってきたという、一種の労わりが見てとれるのである。

越人の国は、「奴国」だけであったのか。国名としての「越《こし》」があるので、彼らは北陸にまで進出していた。長江河口の「越」から移ってきた人々が、「奴国」（九州）に倣って建てた「越国」（北陸）であるが、やはり製鉄などの高熱技術に優れていた。その間接的証拠が、越後一宮「弥彦神社」の祭神「天香山命《あめのかぐやまのみこと》」であり、製鉄の民である伊福部氏の祖である。「越国《こしのくに》」は、『古事記』や『先代旧事本紀』では「高志国《こしのくに》」と表記される。

先ほどの⑬で、「出雲による覇権→越国も出雲傘下に」とした部分の説明であるが、出雲の大国主が、高志の沼河比賣に求婚する場面（『記』）である。比賣がこの求婚を受け入れることによって、高志が出雲の傘下になったことが分かる。

> この八千矛《やちほこの》神、高志國《こしの》の沼河比賣《ぬなかはひめ》を婚《よば》はむとして、幸行《い》でましし時、その沼河比賣の家に到りて、歌ひたまひしく、（略）。

八千矛神は、大国主のことである。比賣の名の「沼河」とは、「和名抄」にある越後国頸城郡沼川郷のことであろう。また「沼河」は「渟名川＝高天原の川」を意味し、「渟」はまた玉のことであるから、比賣は、玉（翡翠）産地の糸魚川（旧西頸城郡）あたりを治めていた豪族の娘でもあった。そして、彼女と大国主との子が「建御名方神」である。以下は、『本紀』「巻第四」からの引用である。

> 次《つぎ》に高志沼河姫《こしのぬなかはひめ》を娶《めとり》て一男《ひとりのひこかみ》を生《う》む
> 兒建御名方神《みこたけみなかたのかみ》、信濃國《しなののくに》諏方郡《すはのこほり》諏方神社《すはのかむやしろ》に坐《ま》す。

そしてこの諏訪大社が、製鉄関連の神社なのである。諏訪地方における洩矢神と建御名方神との戦いが、製鉄技術をめぐるユダヤ系同士の戦いであることを前著で述べたが、その一節である。

第二次渡来のユダヤ系出雲のタケミナカタ神と第一次のユダヤ系諏訪の洩矢神の戦いは、鉄素材の戦いでもあった。出雲が砂鉄（磁鉄鉱）を原料にした武器であったのに対し、諏訪の方は植物の根に付着した褐鉄鉱の塊から作った武器を使用した。その素材競争の結果は、出雲式の蹈鞴製鉄による武器が優れていたことが証明されたのである。しかし、負けたからといっても、洩矢神は完全に諏訪から排除されたのではなくて、諏訪大社の筆頭神長（神長官）として、その後も重責を果たすのであるが、多分それは、同じユダヤ系の誼《よしみ》があってのことかもしれない。

諏訪大社が製鉄に関係していたことは、平安後期の今様《いまよう》歌謡集『梁塵秘抄《りょうじんひしょう》』の中にも見える。鉄鉱山の神「金山彦」を祭る「南宮」は、諏訪大社が一番目、そして美濃の金山彦神社と伊賀の敢国神社が続く、と謡うのである。三つの神社を三兄弟に譬えて、みんな製鉄に関係しているよと、聞く者には信仰と地理的興味を教える内容になっている。

２６２　南宮《なんぐ》の本山《ほんざん》は　信濃国《しなののくに》とぞ承《うけたば》る　さぞ申す　美濃国《みののくに》には中《なか》の宮　伊賀国には稚《をさな》き児《ちご》の宮

１諏訪大社（信濃国）　→祭神　建御名方神（南方刀美神《みなかたとみ》）
２南宮大社（美濃国・仲山金山彦神社）　→祭神　金山彦命
３敢国《あえくに》神社（伊賀国）　→祭神　金山彦命

この調査からは、建御名方が製鉄に関係する神であり、母沼河比賣は高志（越）の豪族の娘であった。父がユダヤ系出雲の大国主であったから、建御名方は出雲系の将となって、「国譲り戦」

の最終段階で、事代主の次に登場してくる。しかし天孫軍の司令官「建御雷之男神」との「力競《ちからくら》べ」に負けて、「科野國の州羽の海」に追い詰められ、諏訪大社に鎮まることになったのである。

建御名方については、神話上の扱いに混乱が見られる。『記』では上述のように、大国主の子としては事代主のあとの「国譲り戦」二番手で、建御雷と「力競べ」をする場面に出てくる。だが、「大国主の神裔」では子として載っていない。

また『紀』では、登場もしない。

だから母子関係がはっきり分かるのは、『本紀』の記載によるのである。何か怪しげな建御名方である。母が越人であるから、彼の名に「南方」が付いていても不思議ではない。彼の別名が、「南方《みなかた》刀《と》美神《みのかみ》」となっているのも頷ける。南方の「越」から来た越人の母沼河比賣は、諏訪を含む信濃までも勢力圏にした「越国」の娘であり、覇者出雲より前の時代には、出雲を脅かす存在でもあった。あの恐ろしい「八岐大蛇《やまたのをろち》（『紀』）」は、「高志」から「出雲」にやってくる「製鉄の民」であった。「高志」はもともと「海の民」であるが、国家を形成する上では「製鉄」もできなくてはならない。労働集約産業の製鉄業の人手不足を補うには、他所から労働者を確保することが必要であったと思われる。

24. 越の領地を奪う出雲（国引き神話）

この「人手不足」説は著者の想像であるが、神話上では「八岐大蛇（製鉄）」の話に反映されているのではないか。以下は『記』のその部分であるが、スサノヲが退治する前の「大蛇（製鉄関係者）」は、高志国からやってきていたのである。娘の「櫛名田比賣《くしなだひめ》」を中にして泣く足名《あしな》椎《づち》・手《て》名椎《なづち》の夫婦に、スサノヲがその理由を問う場面である。

また「汝《な》が哭《な》く由《ゆゑ》は何ぞ。」と問ひたまへば、答へ曰《まを》しく、「我が女《むすめ》は、本《もと》より八稚女《やをとめ》ありしを、この高志《こし》の八俣《やまた》の大蛇《をろち》、年毎《としごと》に來て喫《くら》へり。今そが來《く》べき時なり。故《かれ》、泣く。」とまをしき。

高志の製鉄関係者たちは、毎年、出雲へ来て悪さをした、と夫婦はスサノヲに訴えたのである。当時は出雲より高志の勢いが強く、軍事力も上であったことが分かる。しかしスサノヲの時代からの出雲は、一気に強くなったのである。両国の立場は逆転して、今度は出雲が高志を攻める番になった。出雲国は高志国の一部を割いて、「国引き」をしたのである。すなわち、高志国の領土や人材を引っ張ってきたのである。『出雲国風土記』が語る、その「国引き」神話である。

亦《また》、「高志《こし》の都都《つつ》の三埼《みさき》を国《くに》の余《あまり》有《あ》りやと見れば、国《くに》の余《あまり》有《あ》り」と詔《の》りたまひて、（中略）国々来々《くにこくにこ》と引《ひ》き来縫《きぬ》ひたまひし国《くに》は、三穂《みほ》の埼《さき》なり。接《つ》ぎ引《ひ》きたまひし綱《つな》は、夜見島《よみのしま》なり。固《か》堅《たた》め立《た》てたまひし加志《かし》は、伯耆国《ははきのくに》有《な》る火神岳《ひのかみのたけ》、是《これ》なり。

高志国から引っ張ってきたのが「三穂の埼」であり、これを最後にしてスサノヲの「国引き」

は終わったのである。つまり、最終回の対象を高志国とする意味は、妻櫛名田比賣の姉たちの仇をとったことにある。先に大蛇の犠牲になった7人の姉たちの無念を、スサノヲの剣によって晴らしたのであった。

さらにはスサノヲの婿大国主が、高志国を実質的に支配下に置いて、出雲の勢力圏を北陸から信濃まで拡げていった。その支配下に組込まれた沼河比賣と子の建御名方は、出雲圏の中とはいえ、独立色が強い地域の首長を任されていたから、「国譲り戦」では、出雲の事代主に続いて天孫軍の攻撃対象になった。というのも天孫軍にとっては、出雲を攻略したと思ったら、越国や信濃には、まだ「建御名方」という強者が出雲陣営に居たことが分かって、諏訪地方の最前線に、それっとばかりに「建御雷」を差し向けてきたのである。「力競べ」の相手である「建御名方」が『古事記』に唐突な現れ方をするのも、「越」が倭国の中では異国、多分言葉や風俗も違う越人の国、であったことを窺わせるのである。

このように当時の「越」は、出雲にとってはどこかに異民族的な感じがあった。『出雲国風土記』には、それら異国が、スサノヲの「国引き」の相手として記録された。ただしスサノヲという名ではなく、「八束水臣津野命《やつかみずおみつののみこと》」として出ている。

国引きの順番　相手国　　　　　　　　獲得した土地（地域）
←　　　　　　←　　　　　　　　　　←
1　新羅（「栲衾《たくぶすま》志羅紀《しらき》の三埼《みさき》」）　「八穂米支豆支《やほしねきづき》の御埼《みさき》」（島根半島西端）

2　北門《きたと》の佐伎《さき》の国《くに》（隠岐・海士町崎）　狭田《さだ》の国《くに》（宍道湖北岸・松江〜出雲）

3　北門《きたと》の良波《えなみ》の国《くに》（北門＝隠岐）　闇見国《くらみのくに》（松江市・「久良弥神社」）

4　高志《こし》の都都《っっ》の三埼《みさき》（高志＝越）　三穂《みほ》の埼《さき》（島根半島東端・美保関町）

史料の解読は、島根県教育庁文化財課や隠岐の海士町《あまちょう》などの資料によった。

ここから分かることは、「国引き」の相手国が、出雲にとっては外国として理解されていたことである。新羅はもとより隠岐や越も、出雲国内に一種の占領地を持っていたのである。「新羅」は島根半島の西端にある出雲大社のあたりを占有し、「隠岐」は半島中央を、「越」は東端の美保関周辺を領有していた。だからスサノヲはまずこれらの外国勢を追っ払い、出雲の国土を拡張した功績者として、『風土記』の最初に記録された。

当時の宍道湖は東西に日本海が入り込んで、外海に通じた入海であった。だから島根半島は大きな島を形成して、その東西の端を占領されたら、出雲にとっては軍事的な一大脅威となるが、しかし事実は占領されていたのである。ここを開放したスサノヲは出雲の英雄であり、出雲が覇権国になっていくための、最初の第一歩を踏み出した男として特筆されたのである。

また「高志《こし》の都都《っっ》の三埼《みさき》」とあるように、「越国」は対馬南端の「豆殿《っっ》」にも領土を持って、「海の民」として生きていくための軍事・交易拠点を確保していたと思われるが、その地名「豆《っ》殿《っ》」の発音そのままに、北陸道のどこかに「都都《っっ》」という名の島か半島を支配していたのであろう。

「国引き」記録から類推できることをあれこれと列挙したが、史料的に確たる証拠があるわけではない。長江下流の「越」から北陸「越国」までを、一続きの「海民移動物語」として観察することもできる、そんな可能性を示したのである。

長江から北陸まで移動してくるためには、所々に中間拠点がないと難しい。応援してくれる「海民」の存在も必要である。そんな「海民」たちの損得抜きの付き合いが、後世の史料ながら、『万葉集』に残っている。「筑前国《つくしのみちのくち》の志賀《しか》の白水郎《あま》の歌十首」として載る歌群であるが、彼の名は「荒雄」、彼の義侠心は後世にまで残った。歌群の最後にある「左注」によって、事の次第が分かるのである。かなり長い左注であるため、簡単に意訳する。

神亀年間に、大宰府は宗像《むなかた》郡の海民である宗形部津麻呂《むなかたべのつまろ》を、対馬へ食糧をおくる船頭に任命してきた。彼は糟屋《かすや》郡志賀《しか》村の海人荒雄《あらを》のところに来て、代役を頼んだ。「ちょっとした用事があった」ためである。快くそれを引き受けたときの、荒雄の言である。

「走《われ》郡を異《こと》にすれど、舟を同じくすること日久し。志《こころ》は兄弟より篤《あつ》く、殉死《じゅんし》することありとも、豈復辞《あにまたいな》びめや」

「同じ船に乗って久しい間柄ではないか、どうして断ることがあろうか」。そして肥前国《ひぜんのくに》の松浦《まつら》から対馬に向けて舟を出したのだが、「忽《たちま》ちに天暗冥《くら》く、暴風は雨を交じへ、竟《つひ》に順風なく、海中に沈《しづ》み没《い》りぬ。」

作者は多分、筑前国守であった山上憶良ではなかったか。十首のうちの最初の二首を引用して、荒雄の一途な愚かさと、当時の「海民」同士の義侠心を感じてみたい。それは作者山上憶良が代弁してでも、後世に残したかったものであったに違いない。

大君《おほきみ》の　遣《つか》はさなくに　さかしらに　行きし荒雄《あらを》ら　沖に袖《そで》振る
荒雄らを　来《こ》むか来《こ》じかと　飯《いひ》盛《も》りて　門《かど》に出で立ち　待てど来まさず

「さかしらに（賢しらに）」は「かしこぶって」、「自ら進んで行動して」の意味である。ここでは「義侠心」と訳したが、当時の海人たちにそのような心情が普段からあったのか定かではないが、どこか任侠の世界を思わせるのである。

　また二人は近隣とはいえ、宗像郡と糟屋郡（両郡とも福岡県）に分かれて住む人間であった。「国譲り戦」の海戦では、宗像氏は出雲陣営であり、糟屋郡の阿曇氏は天孫軍の指揮下にあったから、二人の祖先は敵味方に分かれていたはずである。しかし危険な荒波を乗り越え、海神を信仰していた点では、全くの同類であった。二人のそんな共通心情が、仲間意識を育んでいたことも事実であろう。

　ただ「越人」は玄界灘から北に遠く、どこか異国人の印象もあったから、仲間意識を持つことが難しかったかもしれない。「海の民」同士が、損得抜きで支援し合うといっても、確固たる史料に基づくものではない。

25．越の建沼河別と出雲振根《いづものふるね》（饒速日）

横道に入ってしまったが、北陸道にある「都都《つつ》」という名の島か半島を探していた。しかし先人の調査は、すでに能登半島先端の珠洲岬に目を向けていた。その先端には日本海に突き出た岬がいくつかあって、その中の禄剛崎や金剛崎など三つの岬の総称を珠洲《すず》岬といったようである。ＴＵＴＵ→ＳＵＳＵ（珠洲）→ＳＵＺＵ（珠洲）。要するに、能登半島の先端部分には国の余りがあったので、そこを国引きしたと『風土記』には記載された。

実際は、そんな遠い能登半島のことではない。越国が出雲の三穂に植民地を持っていて、そこからの掠奪行動を毎年行っていたが、今度はスサノヲが反撃し、越国領の三穂を出雲領に編入してしまったのである。

しかしさらに攻守逆転、「国譲り戦」に乗じて越は出雲を攻め、沼河比賣息子の建沼河別が、「出雲振根（饒速日）」を討ってしまうのである。二転三転する「出雲」と「越」であるが、掲げた系図からその内容を説明する。（『古事記』の「国譲り戦」世代系図）

沼河比賣は出雲の大国主とのあいだに建御名方を儲けるが、彼女の名前を継いでいるのは大毘古の子「建沼河別命」である。どういうことかというと、比賣と大毘古との子が、すなわち建沼河別命であることを暗示している。大毘古は沼河比賣を通じて、越国＝北陸道に深い血縁・地縁があったと考えると、納得がいく。

建沼河別は大毘古の息子であるが、彼の母が誰であるのか、史料がない。名前の「沼河別」から判断すれば、「高志國の沼河比賣」であると思われる。すると系図に載せたように、彼の両親は大毘古と沼河比賣ということになる。

崇神紀の大毘古は四道将軍の一人であるが、系図上の判断として、彼が北陸道を担当するのは、地縁・人縁からしてベストな人事であったと考えられる。血縁の大毘古がやってくるなら、「越」の抵抗は少なかったはずである。一方の東海道を担当した息子建沼河別の遠征軍も成功して、彼は父大毘古と相津（会津）で合流した。北陸道も東海道もその遠征軍司令官の任命は、崇神参謀の成功例なのである。

建沼河別はまた吉備津彦と一緒になって、出雲振根（布留＝饒速日）を討つことになる。スサノヲや大国主の出雲勢によって支配されていた越側は、比賣の息子の建沼河別によって、再び出雲を倒すことになる。討ったり討たれたり、手を結んだり裏切ったり、目まぐるしいほどの展開であるが、戦いは関係者全員に癒しがたい恨みを残すのである。

建沼河別命に似た名に、多氏の祖である神八井耳命の弟、「建沼河耳命」（綏靖天皇）がある。弟の②沼河耳が天皇家を継承し、兄の①神八井耳の子孫は那賀（茨城県）などの首長クラスを務めた。また大毘古の息子③沼河別の孫は、那須国造（栃木県東部）になっていく。ここに記した三人は、①②が神武の子たち、③は崇神の同世代であるから、世代的には異なっているものの、神武と崇神が同じハツクニシラススメラミコトであるから、なにか違和感なく書くことができる

『古事記』の「国譲り戦」世代系図

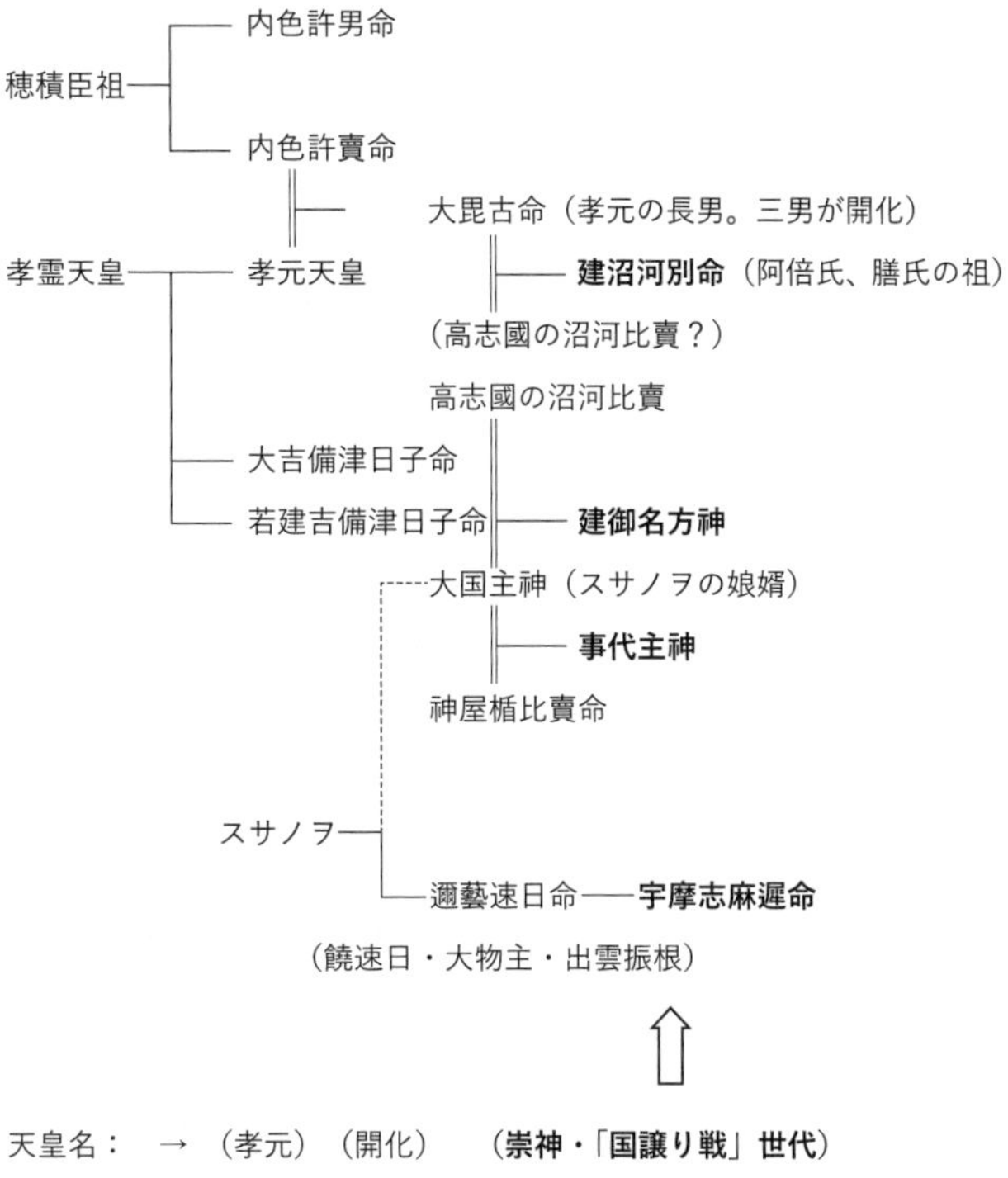

天孫軍：大毘古命・建沼河別命・吉備津日子命
出雲軍：大国主神・邇藝速日命・事代主神・建御名方神・宇摩志麻遲命

崇神天皇の『国譲り戦』登場人物関係図

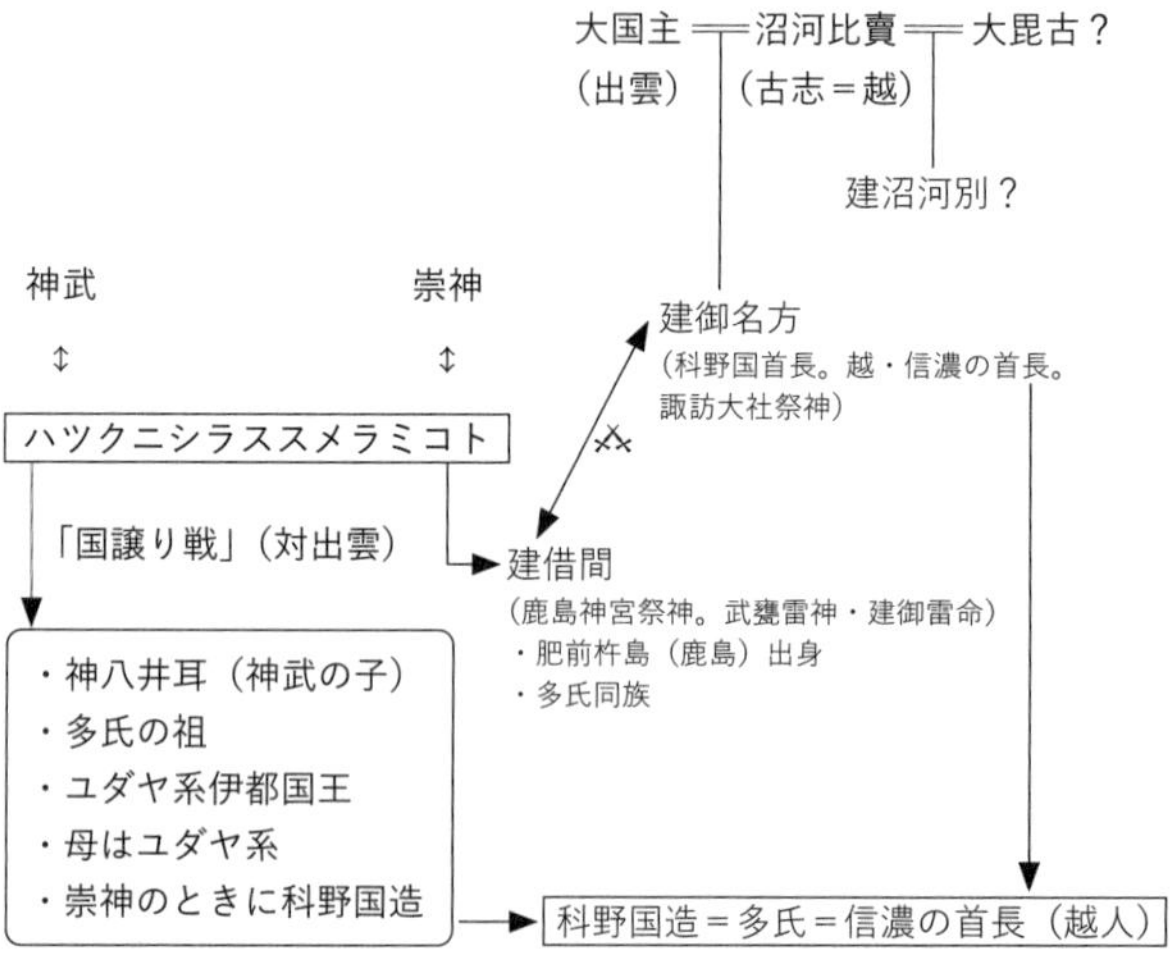

から不思議だ。

「ハツクニシラススメラミコト」が神武と崇神を結び付けているので、ここからスタートすれば、「国譲り戦」世代のことがはっきりしてくる可能性がある。登場人物の関係を図解して見ると、これまで気付かなかったことを発見できるかもしれない。

　この登場人物関係図は、「ハツクニシラススメラミコト」をキーワードにして、「国譲り戦」の主要人物を一覧表にしたものである。この戦いは天孫崇神と出雲（出雲本国と大和）とのあいだの1回限りの争いであったが、神話上は3分割されていることで、ややこしい話の展開になっている。分割された理由は、もう何回も述べている。対出雲戦（建御雷⇕大国主、事代主、建御名方）。対大和戦＝「神武東征」（神武⇕饒速日、長髄彦）。北陸道など対地方戦（四道将軍⇕当該地方の独立勢力）。

天孫軍の将「建御雷（建借間）」は「科野《しなのの》國の州羽《すは》の海（諏訪湖）」で「建御名方」を破ったあと、常陸に攻め込んで現地を征服した。そのまま常陸の「仲《なか》（那賀《なか》）国造」となった。『古事記』には、多氏の祖である神八井耳命を「仲國造の祖」と記載しているから、「建御雷（建借間）」は多氏であった。

また『先代旧事本紀』では崇神天皇の御世に、神八井耳命の孫が「科野國造」となっているから、多氏は科野国の首長レベルである。諏訪大社祭神の建御名方も科野の首長であったと思われるので、彼は高志（越）の沼河比賣の息子であると同時に、多氏でもあった。すなわち可能性として、多氏も越人であった。越《を》人は倭《を》人であったから、後漢に朝貢したのは多氏であったと思われる。『後漢書』に出てくる「帥升」は、やはり多氏ではなかったか。

多氏（＝越人）→北九州に奴国を建てる→奴国が後漢の武帝に遣使→金印（未発見？）

多氏＝伊都国王→後漢や魏の代理人として倭国を間接支配→金印（漢委奴國王）

越人が弥生時代を拓いたから、北九州に彼らの奴国やその他の小国ができたのは自然の成り行きであったが、ここに後漢や魏が触手を伸ばしてくると話は別である。彼らは、倭国を間接支配するための軍事都市が必要になる。要するに北九州の大国である奴国の西部に、軍事要塞として適したところを探して、そこに「一大率」を置き、倭国全体を掌握する体制を採るのである。それが「伊都国」であるとすると、伊都・奴という隣国関係が、すっきりと分かってくる。経済中心の奴国と軍事（政治）中心の伊都国、という関係である。

その現代版は、アメリカのニューヨークとワシントンという両都市に代表される関係であるから、我々にも理解し易い。弥生時代の奴国は、国とはいうものの、大きな集落規模の経済中心地であったと思われるから、政治・軍事面を統括する「王」は、漢・魏を代理する統括官＝西隣の伊都国王で十分であった。

この場合は、弥生時代から存在した奴国の一部を、後漢が軍事目的に特殊化して、其処を「倭《を》奴《ど》→委《ゐ》奴《ど》→伊《い》都《と》」と変化させて、「伊都国」としただけかもしれないが、史料がないので著者は自信をもっていうことができない。加えて発音の上でも甲類と乙類の区別があって、「委《ゐ》」が「伊《い》」へと変化することにも自信がない。

追記

追記1．大山祇＝和多志大神

瀬戸内海の大三島に鎮座するのは、大山祇神社である。物好きな夫婦が「しまなみ海道」のバス旅をしたのは、２０１８年３月３～４日であった。頼朝をはじめ、名だたる武将から奉納された刀剣や鎧が陳列されて、まさに海の国宝館といった趣であった。敵の馬もろともに薙ぎ払う超大刀からは、戦国時代を生きる人間の持つ、その実用主義本位の考え方・行動がもろに迫ってきて、我らは肝を潰してしまったのである。本当に恐ろしいものを見た。

社記によると、大山祇は「和多志大神」と称せられ、御社号は「日本総鎮守」と申し上げている。「神武東征」のおり、大山祇の子孫である「小千命」が伊予二名島（四国）に渡り、瀬戸内海の治安を司っていたときに、ここ大三島に鎮座した、とある。

改めて気付いたのだが、この社記の中にはユダヤ系の言葉がいくつか見られ、さらには越に関係するものも出ている。既述の如く、「小千命」（越智氏の祖）はもともと出雲系海軍の一翼を担っていたが、「東征」では神武方に転向した。このため瀬戸内海の制海権が神武に移って、結果として出雲の大和責任者である饒速日（大物主）は敗れることになった。出雲にとっては、まさに裏切り者の越智氏であった。

勝岡八幡神社（松山市）→①「饒速日命《にぎはやひのみこと》の末裔小千御子を祀る」

大山祇神社（今治市）　→　②「祭神（大山祇のこと：筆者注）の子孫、小千命《おちのみこと》」

〃　　　　　　　　　　→　③大山祇神は「和多志大神」

①から小千命は、ユダヤ系出雲国首長（大和担当）の饒速日の子孫であり、②から大山祇の子孫でもある。すなわち大山祇の娘、神大市比賣《かむおほいちひめ》とスサノヲの子が饒速日であるから、世代だけを簡単に示すと、以下のようになる。

大山祇――スサノヲ――饒速日――小千命

③から大山祇は「和多志《わたし》大神」であるから、大山祇は越から海を渡ってきた神でもある。著者ははじめの頃、「和多志」を「渡し」と理解して、海運・交易の神だと思っていたが、名称としては単純に、WATA（WOTI）の一族の神という意味であった。

WATA（WOTI＝越智氏）―SI（の）→○　和多志大神《わたしおおかみ》

　　　　　　　　　　　　　　　　→×　和多志大神《わたしのおおかみ》（「の」は不要）

WATA―SI　→　WOTA―SI　→　WOTI（小千《をち》）

　　　　　　　　　　　　　→　WOTI（越地）→　KOSI（越）

「和多志大神」と同じ用例は、大国主の別名にもある。「宇《う》都《つ》志《し》國玉《くにだまの》神」。

WATA－SI（志）　⇕　UTU－SI（志）
和多志（越の・越智氏の）　宇都志（ユダヤの）

「WATA－SI」は、「越（人）の」ということである。従って「和多志大神」の大山祇は、越から来た越人であり、小千氏（越智氏）も越人の子孫になる。しかし大山祇（大山津見）はイザナギ・イザナミの子であるから、もともとユダヤ系の人である。越から倭国に移住してきた海人たちの支配者として、ユダヤ系海神であったというしかない。越から移ってきたので、「越智」という氏族名の中に「越」を明示しているのである。

また彼の父饒速日もユダヤ系であったので、父方の系譜にもユダヤの血が流れている。

先の社記にある「伊予二名島（四国）」についても、「二名」は「HUTA－NA」である。

古代の音韻は、先人の研究を参考にできるので、その規則通りに発音すればよい。大山祇に関係する、漢字とその古代発音である。

WA　→　和《わ》（和多志大神）、倭《わ》（倭人・倭国）
WI　→　居《ゐ》、井《ゐ》、委《ゐ》（委奴）
WE　→　惠《ゑ》
WO　→　乎《を》（1．乎《を》致《ち》命）、小《を》（2．小千命）、（3．越智氏）、倭《を》（倭奴）、
尾《を》（尾張）

「WO」欄の越智氏の表記には全部で三通りあるが、古代の発音はすべて「WO―TI」である。三通りもあることに最初は違和感があるが、それぞれの漢字が「WO」と発音することに気付いたとき、驚きも三通りになる。「小」が「WO」であると分かったとき、誰もが唖然とするだろう。

「日本総鎮守」の方は、どう理解すればよいか。その社号が、大山祇＝越人越智氏の祖に由来することから、「日本総鎮守」も越人由来であったと思われる。

弥生時代の農耕文化が越人の渡来から始まったことを勘案すると、その弥生人が全国的に拡散して、倭国全体に越人村落が誕生した頃を想像すると良い。当時の国意識としては、「日本」はなかった。倭国に根を張った越人たちの連帯意識が、すなわち一種の国意識であった。弥生時代の越人村落（小国家）全体を護ってくれる神が、大山祇神として人々の信仰対象になった。大山祇は、越人全体を鎮護してくれる神＝「日本総鎮守」と称されるようになった。これはもちろん筆者の想像であるが、最初に越人が弥生時代の小国家を形成した、と仮定した上での推理であるから、大筋としては歴史の流れに沿っていると思う。

ただ信仰面では、鳥が乗る門に〆縄という越人の古俗と、唯一神ヤハウェとでは上手くいかなかったと思われる。民衆支配の術《すべ》に長けた大山津見は、自らの信仰であるヤハウェを越人に強要することはなかったであろう。

しかし為政者側がそれを強要した途端に、「倭国大乱」が起きた可能性がある（後漢の桓帝・

霊帝［１４６年－１８９年］のときの出来事。乱後に卑弥呼が共立される）。また卑弥呼が亡くなったあとも、多分、シャーマンのお告げを信じる人々と唯一神ヤハウェを信仰する支配層とのあいだに、信仰上の諍いがあって、双方が「相誅殺し、当時千余人を殺す」惨事になったのである。

追記2．弥彦神社

越人には信仰形態としての神社はなく、その代わりに、村落の入口を護る鳥居を建てて悪霊から身を護った。

弥生農耕文化の前は縄文人の狩猟＋採集文化であったが、越人（弥生人）の信仰形態は縄文から続く磐座信仰も残していた。1世紀から2世紀にかけて、ユダヤ系のヤハウェ信仰の人々（洩矢神・出雲人）が渡来するに及んで、二つの信仰は融合した。

A．磐座　（磐座は縄文由来）
B．鳥居＋磐座　（鳥居は越人由来）
C．鳥居＋拝殿＋磐座（又は神体。多氏の甕）　（拝殿はユダヤの移動幕屋由来）
D．鳥居＋拝殿＋本殿（神体。鏡、剣など）　（拝殿＋本殿は　〃　）

現代の神社はそのほとんどがD形式であり、私たちは鳥居をくぐって拝殿前に進み、賽銭箱に何がしかのお金を投げ入れて、本殿の神にお祈りする。しかし縄文や弥生のはじめに拝殿はなかったので、当時の人々は鳥居の上の木彫りの鳥形にお願い事をしたり、鳥装の巫女から降される神の言葉を信じたと思われる。

いまは越人・弥生人の信仰を問題にしている。その延長線にあるのが、越後国一宮の弥彦神社であって、その創建はいつごろであり祭神はどなたであろうか。越人由来の鳥居があるＢから、徐々にＣ・Ｄへと移行する時期の神社のことである。

弥彦神社の祭神は、天香山命《あめのかぐやまのみこと》である。越後開拓の祖神であり、神武天皇のときの鎮祭である、と伝える。以下は、ご祭神に関する神社側の説明である。

御祭神　天香山命は高倉下命《たかくらじのみこと》とも申し上げ、皇祖天照大御神の御曾孫《ひまご》にあたられます。父神は饒速日命《にぎはやひのみこと》、母神は天道日媛命《あめのみちひめのみこと》で、天孫降臨に供奉して天降られました。（中略）

神武天皇即位四年（西暦紀元前６５７年）、天香山命は越の国平定の勅を奉じて日本海を渡り、米水浦《よねみずがうら》（弥彦山の背後・長岡市野積）に御上陸されました。当地では住民に漁業・製塩・酒造などの技術を授けられ、後には弥彦の地に宮居を遷されて、国内の悪神凶賊を教え諭し万民を撫育して、稲作・畑作を始め諸産業の基を築かれました。

この説明の通り、祭神天香山命の父は饒速日命であり、母は天道日媛命である。

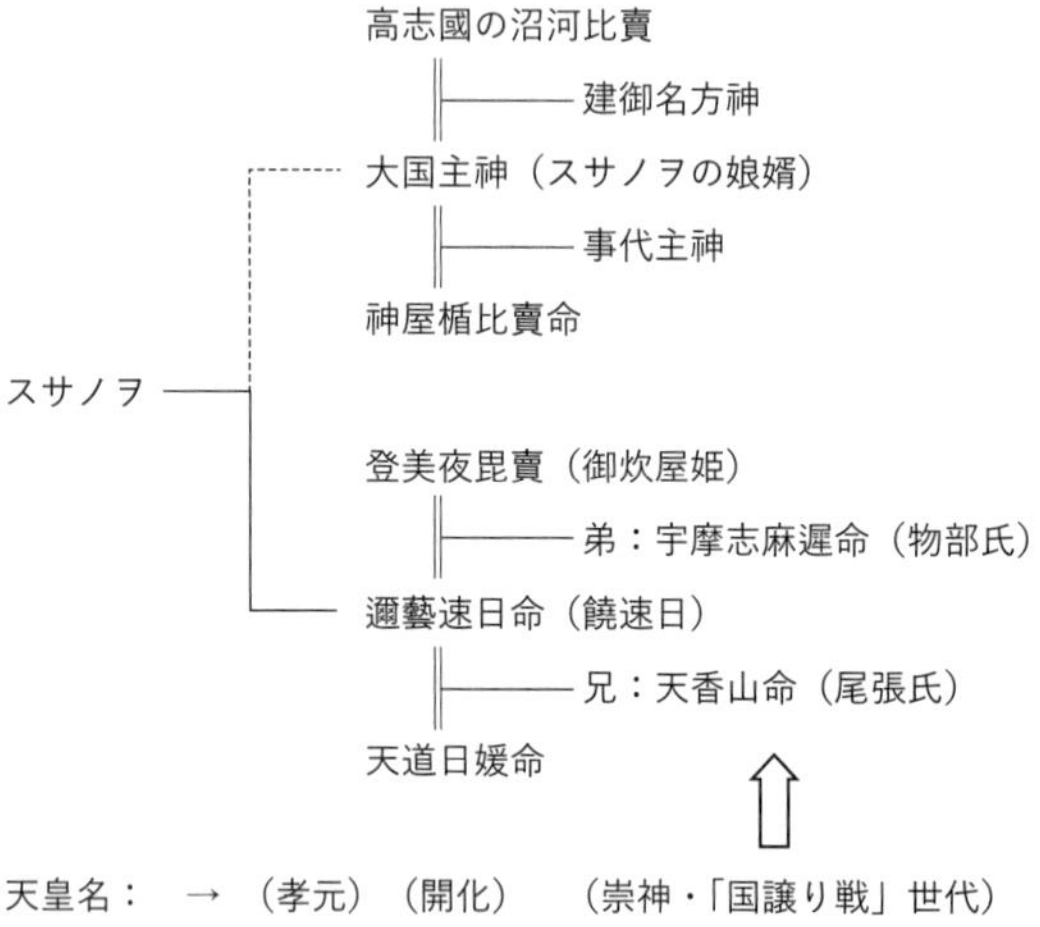

『先代旧事本紀』巻第五に載る、饒速日の子たちの記事である。

天照國照彦《あまてるくにてるひこ》天火明櫛玉饒速日尊《あまのほあかりくしたまにぎはやひのみこと》、天道日女《あまのみちひめの》命《みこと》を妃《みめ》と為《し》て天上《あめ》に天香語山命《あまのかごやまのみこと》を誕生《あれ》ます。御炊屋姫《みかしきやひめ》を妃《みめ》と為《な》し、天降《あまくだり》て、宇摩志麻治命《うましまちのみこと》を誕生《あれ》ましぬ。

兄の天香語山命が尾張氏の祖となり、異母弟の宇摩志麻治命は物部氏の祖となった。従って尾張氏も物部氏も出雲系氏族である。ユダヤ系出雲の首長である饒速日を父としているから、両氏ともユダヤ系出雲の一族となる。

物部氏は饒速日の子として出雲系そのものであるが、尾張《をはり》氏はその名に「ＷＯ」が付くように、越人の出雲系である。『新撰姓氏録』の表記も、饒速日の後裔とはなっていない。表記における、両氏の違いを見てみる。「石上朝臣」は、物部氏のことである。

３４６　神別　天神　石上朝臣　神饒速日命之後也
５１８　神別　天孫　尾張連　火明命之子天香山命之後也

物部氏（石上氏）は出雲の首長「饒速日之後也」とあって、出雲直系となっている。しかし尾張氏は「火明命（饒速日）」の裔《すえ》ではあるが、彼の子の「天香山命之後也」として、明らかに物部氏とは区別している。「天香山命」の母方に、「越《を》」の血が入っているからであろう。氏族名も「尾張《をはり》」である。伊勢湾岸一帯に勢力圏を張った「越」という意味なら、尾張（越張《をはり》）氏にピッタリである。

出雲の覇権は、日本海側に偏っていたと思われる。何しろスサノヲとその子どもたちが、僅か二代で築き上げた強国出雲であったから、服属させた地域が偏るのはやむを得ないのである。出雲系首長の墓制である四隅突出型墳丘墓の分布が、その覇権勢力圏を示している。当然ながら出雲地方にもっとも多く分布し、山陰道から北陸道に沿って次第に少なくなっていくのである。その総数は１０３基とされ、県別分布では島根県39基、鳥取県28基、広島県17基、岡山県１基、兵庫県２基、福井県３基、石川県１基、富山県10基および福島県２基である。３番目に多い広島県の分布を見ると、島根県寄りの県北（三次市12、庄原市３、他２）に築かれているから、全体の傾向としては、四隅突出型墳丘墓は日本海沿岸に偏り、かつ出雲から北へ、遠くなるほど少なくなっていくのである。

そして不思議なことに、「一大率」が置かれていた伊都国のある九州には、現在までのところ1基も存在していない。出雲の覇権といっても、出雲から北の日本海諸国に対して有効であったことが裏付けられる。

それにしても性急な出雲圏の拡大は、それまでの越人の小国家を吸収して成ったものであるため、出雲の覇権は脆弱であったと思われる。つまり服従していた越人は、機会があれば出雲に反撃するのである。先の年表に示した「倭国大乱」は、そんな越人の反抗が現実になったことを記録したものである。

2世紀頃　出雲国のユダヤ系首長が、倭国に覇権を確立（第二次渡来）
越人の小国家が出雲に服属＝信仰上の対立発生？
150～190年頃　倭国大乱（越人グループの反乱？）
190年頃　卑弥呼が倭の王となる（彼女が25歳の頃）＝異なる信仰が併存？
232年頃　崇神が任那から渡海。「国譲り戦」開始（第三次渡来）
248年頃　女王卑弥呼死す

崇神の「国譲り戦」が始まると、そんな越人は一斉に出雲から離反した。覇権国出雲に歯向かった国名や氏族名には、「WO」が付いているので分かり易い。

越国　→　建沼河別命＝最終的には「出雲振根（饒速日？）」を殺す
越智　→　小千命＝瀬戸内海の制海権を司っていたが、出雲から天孫に鞍替え
尾張　→　天香山命＝戦局を静観（建沼河別の背後から、彼の動向を援助）

天香山命は越後弥彦神社の祭神であるが、同じ越人の建沼河別命が対出雲に動いたとき、その背後を脅かすことなく静観していた。また天香山命は尾張氏の祖でもあるから、越人は北陸道ばかりか、東海道にも進出していたことが分かる。そして伊勢湾岸の尾張氏も出雲系ながら、戦況を見守る姿勢に終始して、出雲方を助ける行動には出なかった。というのも、戦局不利を悟って退く饒速日が頼ったのは、尾張ではなく、吉備であったからである。大和から吉備に逃げた饒速日は、「温羅」という名で吉備津彦と戦ったが、さらに出雲に後退し、「国譲り戦」の最終局面では、吉備津彦と建沼河別とに討たれたのである。崇神紀六十年条にある、布留《ふる》＝出雲振《ふる》根＝饒速日の最後である。

則《すなは》ち吉備津彦《きびつひこ》と武渟河《たけぬなかは》とを遣《つかは》して、出雲振根《いづものふるね》を誅《ころ》す。故《かれ》、出雲臣《いづものおみ》等《ら》、是《こ》の事《こと》を畏《おそ》りて、大神《おほみかみ》を祭《まつ》らずして間有《しましあ》り。

殺される直前、饒速日が最後の望みを託して訪問したのが、筑紫の「一大率」であったと思わ

れる。邪馬台国に所属する諸国（出雲を含む）の検察官であったからである。瀕死の出雲を救う手立てが何かないものか、崇神への仲介を依頼したと思われるが、出雲への帰国と同時に彼の望みは空しくなった。

　覇権国出雲に離反したのは、「ＷＯ」のグループばかりではなかった。出雲の中にも背信者が居た。物部氏のことであるが、その理由などはここには再掲しない。わが子宇摩志麻治命の裏切りによって戦いに敗れた饒速日（布留）は、祟り神「大物主」となった。その祟りの様子は崇神紀に詳しく書かれているので、これも再掲しない。

追記3．越人はさらに北へ

　越人多氏が倭国に到達する道筋は、中国サイドの史料を辿れば、長江から山東半島、朝鮮半島南部そして倭国であった。中国が倭国を福建省や海南島に査定した理由には、琉球列島の存在があったと思われる。要するに琉球の存在があるから、倭国・邪馬台国も自然とそこに擬せられたのである。

　倭国への道は、中国沿岸部を北上して倭国に至るよりも、琉球列島を伝わって九州南部に上陸する方が簡単であったに違いないが、こちらの越人移動ルートを確認できる資料がない。しかしその可能性は大きいので、例によって発音の類似から推測すると、次のような連鎖が考えられるが、自信はない。

WO（越《を》）↓（W）OTI↓KOTI（交趾）↓（台湾・琉球）↓KOSI（越）
＝ベトナム　↓KASI（香椎《かしい》宮）
↓KASU（糟屋・福岡県）

伊都国王であった多氏は海神（秦氏）と縁続きの一族となって、太平洋岸をさらに北上した。『常陸国風土記』に残る多氏や秦氏が、その北上組である。その痕跡は、既述のように、国造名や、河川などの地名に見つけることができるが、そこから先の史料がないので困っている。歴史は史料がないと語れないのだが、民俗学の成果を利用すれば、何かを発見できるかもしれない。比較言語学や人骨のDNA鑑定なども参考にできるものの、筆者にはその方面の知識はない。

多氏を含めた越からの渡来人が、今の東北地方の奥まで到達していた可能性について調べている。参考図書として『日本語とタミル語』（大野晋／新潮社・１９８１年）を利用して、その冒頭にある「ポンガルの話」から引用する。東北地方や長野県南安曇郡、また茨城県の民俗が、インド南部のタミル地方のものに酷似しているという報告記事である。インド南部と東北地方には、言語（語幹）を同じくする人々が何らかの理由で分化した結果、双方の民俗の中に、「ポンガル」という言葉が伝承されてきたのである。たいへん重要な部分であるから、少し長文になるがやむを得ない。

多分ヒマラヤやアッサム地方に住んだ二つの民が、分かれて住むことになった原因は、強国からの圧力があったものと思われる。前１５００〜前１４００年ごろ、そんな軍事力に秀でたアーリア人に追われてタミル人は南インドへ、また越人たちは東へ逃れて中国南部へと移住したが、越人はまた楚の迫害（前３０６年、越が滅ぶ）にあってベトナムや倭国に逃れた。これが著者の思い描く仮説であるが、何とも心許ない感じがするのは否めない。しかし「ポンガル」の話を聞けば、こんな仮説も確信程度にはなるのである。

「pongal《ポンガル》」とは、「塩、バター、胡椒」などで炊いたお粥のこと。大野先生たちが南インドのタンジャヴル市郊外のナガチ村で見た、ポンガルの祭りの様子である。

九月のナガチ村には朝から太陽が強く照りつけていた。バナナとココヤシが供えられた祭壇（とは言っても祭神はないのだが）の前で、村長夫人が牛乳を土鍋に注ぎ入れ、土鍋の下でバナナの葉を焚いた。やがて牛乳は沸騰して鍋からどっとあふれ出た。すると、静まりかえって見ていた村人たちは、一斉に「ポンガロー、ポンガル！」と繰返し叫んだ。その豊穣のことほぎ、歓喜の爆発の声は、打ちならすドラム鑵の響きとともに村中にとどろきわたった。

騒ぎが静まると村長夫人は二つの土鍋の一方に粟と米と砂糖、ナッツを入れ、他方に米と塩を入れて再び炊いた。この米は、以前は赤米を使ったのだが、今は赤米を作らなくなったので白米を使っているとのことだった。それが炊き上るとまた歓声があがったが、一人の村人はその粥を埦に盛り、屋根に登った。村人たちは「カア、カア、カア」とカラスを呼び立てた。カラスはその声に応じるように周囲の林から飛び立って、粥を目ざして飛んで来た。

日本の民俗について見ると次のような記録がある。

○青森県津軽郡では、一月十五日の小正月の朝、カラスに餅をやり、青森市滝沢では正月十六日の朝、鳥に餅をやる。
○岩手県遠野町辺では正月十五日夕刻に子供達は枡に餅を小さく切ったものを入れて持ち「カラス来う、小豆餅けから（ヤルカラ）来う来」と叫ぶと、どこからかカラスの群が不思議に飛んで来る。

前掲書には別の3例が、同様にカラスを呼ぶ小正月行事として載っている。その地方は①秋田県鹿角郡毛馬内、②茨城県、③新潟県南魚沼郡であるが、先の青森県津軽郡、岩手県遠野町の「カラス」の件と合わせて考えると、一つの傾向が見てとれる。

先生の観察文である。

カラスに米や餅を与える風習は一月十一日に行うものが多いが、このように本州東北部には小正月にカラスに食物を与える例がいくつもある。ナガチ村の例はこれらに類似する。（中略）

食糧の豊穣を祈るこのタミルの風習と日本各地で行われる小正月のお粥の行事・初ガラスの行事との類似が、根源的なものであると私は感じずにはいられなかった。

先生の興味は、「ポンガル」に似た日本語である「ホンガホンガ」に行き着く。秋田・青森県地方の小正月行事の中に、その言葉を見つけたのである。『歳時習俗語彙』（柳田國男）の中の一文であるため、ここでは再引用の形になる。

小正月の年取の晩、或は十五日の夕方に、大豆の皮と蕎麦の殻、是に酒の糟や豆腐粕を混じたものを器に入れて、家のまはりを撒いてあるく行事を、其折の唱へごとの語によってホガホガと謂ふことは、秋田県の北部から津軽及び南部領にかけて、百年以前から今もなほ続いている（中略）。現在多くの土地に存する文句は

豆ぬかもホンガホンガ
蕎麦ぬかもホンガホンガ
豆腐かすもホンガホンガ…………
やあら来るとおび来る云々

といふのであるが、其意味はもう唱へる人にも解って居ない。（中略）
また長野県南安曇郡では、一月十五日の未明、俎《まないた》を火箸でたたきながら鳥追いをする。

今日は誰の鳥追いぞ、次郎太郎の鳥追いだ。おれもちょっくら追ってやら

と柏子木打ちながら歌い、豊作を祈るこの行事の終りに

ホンガラホーイ、ホンガラホーイ

と囃すという。この日、餅を入れた粥をたいて家族で食べる。

この長い引用文を読む人は誰でも、インド南部と東北地方が何かの糸で固く結ばれているのを

感じるであろう。大雑把ながらに述べた著者の仮説も、「確信程度には」なったと思われる。

越人が東方移動して弥生人になった。そして彼らはさらに北上した。史料としては何もないのだが、そんな仮説を立てて検討しているところである。するとここに出てくる長野県から秋田県、青森県や岩手県の民俗は、まさに越人の北上を証明しているのではないか。

東北地方に特有の神社・祭神もまた、越人北遷を現在に伝えているかもしれない。いつもお世話になるT先生が勧めてくれた書籍で、新たに勉強した成果を記す。その神社名は「古四王《こしおう》神社」、『風土記と古代の神々―もうひとつの日本神話』（瀧音能之／平凡社・２０１９年）からの引用となる。

具体的にいうと、古四王神社は、現在、秋田県をはじめとして、山形・岩手・福島・新潟の各県に分布もしくはその痕跡がみられる。東北に限定的にみられる神社といってもよいであろう。それらのなかでも、秋田県大仙市古四王際《ぎわ》に所在する古四王神社は、入母屋造の本殿が小ぶりながらも重要文化財に指定されている。

しかし、この独特の分布、そしてユニークな社名の古四王神社ではあるが、各々の地元以外ではあまりなじみのない神社といえよう。この神社の由来に関しては、社名の「コシオウ」から「越王」を結びつけ、北陸（越）への平定伝承をもつ大彦《おおひこ》命との関係がいわれている。

（中略）

古四王神社の由来をのべているものに、秋田市寺内《てらうち》にある古四王神社の社伝がある。（中略）社伝によれば、崇神天皇の時代に大彦命が北陸一帯に遠征して、この地にタケミカヅチ命を祭り齶田浦《あぎたうら》神と称し、これにのちになって阿倍比羅夫《あべのひらふ》が蝦夷を討伐したさい大彦命を合祀して古四王神とした、とある。

先生の研究では、古四王神社と大彦命との関連は、「いわれている」ようなものではなく、神社の創建も崇神天皇の時代ではない。諸史料を総合的にみて、天平時代における秋田城設置の頃が妥当である、という。

筆者の越人北遷説からすると、社伝にある「大彦命」は魅力的である。「大彦」は「多氏の男」の意味に理解して話を進めると、「いわれている」ようなものになってしまう。

多氏＝越人の伊都国王＝崇神天孫軍に従軍→「国譲り戦」後、常陸の那賀国造

大彦＝崇神天孫軍の北陸道方面軍司令官→「国譲り戦」後、東国中央部の首長（稲荷山古墳鉄剣銘の最初に記載）

＝息子建沼河別は東海道方面軍司令官→「国譲り戦」後、後裔が那須国造

多氏の大彦とその子孫は、東国に支配圏を確保したことが分かる。そして越人でもあった彼らの仲間は、秦氏も含めてさらに北進し、東北地方に「古四王神社」を残したと考えられる。神社の創建者は「阿倍比羅夫」である、と社伝にはある。

KOSI—OU　→　越王《こしおう》（多氏・大彦）　→　古四王《こしおう》神社（当初はタケミカヅチを祭神）

この本から得た知識によって、これまでよく分かっていなかったことが、筆者の認識の中では一つに纏まって、これまでの結論にプラスすることがある。①神門郡（現在の宍道湖西岸）で働く越人のこと、②「国譲り」に異を唱える大国主のこと、この二つである。

①について、前掲書の当該部分である。

しかも『出雲国風土記』には、出雲と越とのあいだに交流があったことを示す伝承が神門郡に残されている。古志《こし》郷の条がそれであり、

伊弉奈弥《いざなみ》命の時、日淵《ひぶち》川を以《も》ちて池を築造《つく》りき。その時、古志国の人ら到来《き》たりて堤を為《つく》りき。即ち、宿り居し所なり。故、古志といふ。

というものである。これによると、伊弉奈弥命の時代に日淵川を利用して池を造ったとき、越の人々がやってきて堤防を造ったというのである。その越の人々が住みついたのが古志郷ということになる。さらに狭結駅《さゆうのうまや》の条をみると、

古志国の佐与布《さよふ》といふ人来居《きす》みき。故、最邑《さいふ》といふ。　神亀三年、字を狭結と改む。其の

来居みし所以は、説くこと、即ち、古志郷の如し。

とある。この伝承は、みてわかるように古志郷のものと関連しており、越から堤防を造るためにやってきた人々の一人が佐与布という名であったことを書き留めている。

先述した自説では、最初に越が出雲を属国扱いにしていたが、スサノヲや大国主の活躍によって、今度は出雲が越を支配した。上記の話は、この出雲優越時代のものであり、支配下の越から出雲に工事関係者を送り込んで池を築造したのである。一時的な宿所を「古志」といっていたが、その古志郷に住み付いた越人「佐与布」の名に因んで、駅家《えき》を「狭結駅《さゆうのうまや》」といった、その記録である。

出雲優位の時代には、越国の人々は出雲に駆り出されて、土木工事の作業員になる恐れがあった。その前の時代は越国優位であり、出雲の女性たちは越国に連行されて、製鉄作業などの重労働に従事させられたのである。すなわち「高志の八俣の大蛇」の話は、越国優位の時代の人狩りを反映したものと考えられる。

この出雲優位も長く続かず、越の建沼河別が吉備津彦と一緒に、出雲最後の首長である饒速日を倒したのである。変転極まりない両国の盛衰である。

②の「国譲り」に異を唱える大国主のことであるが、「意宇郡《おうのこほり》」の「母理郷《もりのさと》」のところに出て

くる。

母理郷《もりのさと》。郡家《ぐんけ》の東 南《ひむがしみなみ》卅九里《さと》一百九十歩《あし》なり。天下造《あめのしたつく》らしし大神大穴持命《おほかみおほあなもちのみこと》、越《こし》の八口《やくち》を平《たひ》らげ賜《たま》ひて還《かへ》り坐《ま》しし時《とき》に、長江山《ながえやま》に来坐《きま》して詔《の》りたまひしく、「我《わ》が造《つく》り坐《ま》して命《ことよ》さす国《くに》は、皇御孫命《すめみまのみこと》平《たひら》けく世《みよ》を知《し》らせと依《よ》せ奉《まつ》る。但《ただ》し、八雲立《やくもた》つ出雲国《いづものくに》は、我《わ》が静《しづま》り坐《ま》す国《くに》と、青垣山廻《あをがきやまめぐ》らし賜《たま》ひて、玉珍直《たまただ》に賜《たま》はりて守《も》らむ」と詔《の》りたまひき。故《かれ》、文理《もり》といふ。［神亀《じんくゐ》三年《さむねん》、字《まな》を「母理《もり》」と改《あらた》む。］

『風土記』のこの部分は何度も読んでいるはずなのに、出雲地方の地図を明確に頭に入れていなかったので、実際の出雲軍の動きがピンと来なかったのである。「国譲り神話の舞台」として先生が図示した地図（前掲書Ｐ．１１９）を見て、これまでの疑問が氷解する気分を味わうことになった。

追記４．出雲は「禅譲」の舞台

その疑問とは、饒速日軍の主力部隊であった宇摩志麻治や瀬戸内制海権のキーマンである越智氏が、割と簡単に饒速日を裏切って、天孫側に寝返ったことである。一人ならず二人も同時に背信行為を選択させるには、それなりの絶対的な理由があったはずである。

「長江山」の地理的重要性に気付いた途端、その理由が著者なりに分かったのである。以下はそんな戦況の推移である。もちろん想像上のものではあるが、『記紀』や『風土記』の記述内容に沿っているので、実際の戦いと大きく異なってはいないと思う。

1. 長江山は、出雲国と伯耆国の境界をなす山である（出雲の東側に位置する）
2. 越国を平定するために、大国主は主力部隊を「越の八口」に差し向けていた
3. 出雲の留守部隊を、息子の事代主に一任した
4. 事代主は敵国監視の役目を軽視して、美保関（島根半島東端）で魚釣りに興じた
5. 出雲軍の行動を確認した崇神軍は、出雲本国が非常に手薄な状態にあると判断した
6. 崇神軍は敏速に進軍し、宍道湖周辺に点在する出雲軍事拠点を占拠した
7. 崇神軍は、武器や兵糧などの重要物資も押さえた
8. 越の平定が終わり、大国主が出雲に帰還してきた
9. 出雲入国の手前の長江山で、崇神軍の陣容を確認

このような戦況で、大国主の判断はいくつかに分かれていく。

a. 戦う場合は短期決戦しかない（出雲本国からの補給が期待できない）
b. 和睦の道を選ぶ→崇神軍の選択肢に和睦はない（皇孫が治める国と決めている）
c. 一旦退いて、大和の饒速日と一緒に戦う（大和までの退却は、消耗戦となる）

d．越国の兵を、戦いに参加させる（越兵は却って崇神を応援する）

その他にも判断要素はあったと思われるが、宇摩志麻治と越智氏の両方が崇神陣営に加わる決意をしたことを勘案すれば、戦況はa．短期決戦になり、越国からの長途帰還兵である出雲軍は敗れてしまった。そして大和の饒速日は、出雲本国の敗北によって孤立無援となったのである。この最新情報に接して、大和と瀬戸内の両将は出雲から離反したのである。

いつものことながら「国譲り戦」を、崇神と出雲との1回限りの戦いであったとして記述している。すなわち①出雲の大国主と建御雷との戦い、②神武と饒速日の戦い、③その他の地方戦に3分割されている現行の記紀神話に慣れた向きには、不自然な記述が目立つであろうが、それらの登場人物を1回限りの戦いの中に置くと、彼らは生き生きと動き出す。大国主の戦況判断a～dは、越から帰還したばかりの故郷の山から、崇神軍の実態を見下ろした上での困惑と決断であったとして、彼の苦悩まで分かるのである。

戦いの前の情報戦も、記紀神話に記録されている。出雲への情報収集には、天孫側から次の二人が派遣された。

（イ）天菩比神《あめのほひの》、これ遣はすべし。
（ロ）天津國玉神《あまつくにたまの》の子、天若日子《あめのわかひこ》を遣はすべし。

記紀神話には、その結果も載っている。要するに、二人とも失敗したのである。

（イ）大國主神に媚《こ》び附きて、三年《みとせ》に至るまで復奏《かへりごとまを》さざりき。

（ロ）大國主神の女、下照比賣を娶《めと》し、またその國を獲《え》むと慮《おもひはか》りて、八年《やとせ》に至るまで復奏さざりき。

天若日子にいたっては、大国主の娘婿にまでなって出雲を自分のものにしようとした。天孫軍内部も一枚岩ではなく、いざこざがあったようである。出すぎた欲望のままに行動した彼は、高木《の》神の放った矢に当たって死んでしまうのである。

情報戦が計画通りにいかなかったので、崇神天孫軍は実力行使に出た。建御雷を遣って、出雲に「国譲り」を迫った。その結果は、戦争によって出雲を潰したのではなく、「国譲り」を受諾させたという、いわゆる「禅譲」スタイルを採り入れたのである。出雲は天孫を正当な統治者と認めて、統治権を譲り渡す儀式が「国譲り」であった。だから戦いはあってもよいが、最後は「禅譲」形式を採用しなくてはならない、これが記紀神話の眼目である。あとからやってきた崇神が、武力によって国を奪ったのでは、統治の正統性が問われることになる。それでは、単なる簒奪者と異ならない。

「禅譲」の証として天孫側は、大国主のために巨大な神殿を建築することを約束する。というより、それが大国主からの条件であった。彼が自ら隠れるための、必要不可欠な条件であった。しかし実際は天孫側がそんな大建築を造ることはなかった。降伏した出雲側（帰順派）の人員や資材を投入して、大国主が望んだ「天《あめ》の御舎《みあらか》」を造り、その完成後に、戦いの責任者である「建御雷神、返り參上りて、葦原《の》中《つ》國を言向《ことむ》け和平《やは》しつる状《さま》を、復奏したまひき。」という経過を辿り、大国主からの「禅譲」が無事に終わったことを天照大御神に報告したのである。

　ここに説明した内容について、詳しく見てみる。まずその「天《あめ》の御舎《みあらか》」を造った人は、天孫側か出雲側か。ここは非常に重要な箇所であるが、ややもすると読み飛ばしてしまいそうな部分である。

　　かく白して、出雲《の》國の多藝志《たぎし》の小濱《をばま》に、天《あめ》の御舎《みあらか》（出雲大社のこと：筆者注）を造りて

「造りて」の主語は明示されていないが、明らかに出雲側である。もし天孫が大国主の要望に応えて造った場合は、「造りたまひて」となるはずであるから、天孫側は建造過程の監督に終始して、手出しはしなかった。大国主が自ら隠れた（自死または死刑）あとでは、大建築の建設主体は「帰順派」出雲の人々であったと思われる。亡くなった首長の為には、驚くべき巨大な柱を何本も立て、大工事のための人員・資材などを準備して、彼の要望全部を実現させたのである。建設完了のあとでは、帰順派の中からは「櫛八玉《くしやたまの》神」を食膳係（「膳夫《かしはで》」）として、天孫側からは天菩比《あめのほひの》神を「天の御舎」の管理人に任命し、そこから出雲大社の神事が動き始めたのである。

「天の御舎」とは「天の＝ユダヤの」・「御舎＝御社」であり、すなわち出雲大社のことである。

死後の自分の「住所《すみか》」に関して、彼の要望事項を箇条書きにする。『古事記』に残るその言葉は、大国主の無念さを代弁しているようでもある。「この葦原《の》中《つ》國は、命の随に既に献らむ。」死と引き換えに、一国を献上するのである。だから彼の要望事項が、過大だということはあり得ない。『記』該当文をそのまま書いて、その後に説明文を載せる。ただし「天」は「ユダヤ（の）」とし、「高天の原」は「ユダヤの故郷」とした。その理由は、『ユダヤ系秦氏が語る邪馬台国』（P．205）で述べた。

1．ただ僕《あ》が住所《すみか》をば、↓（これからの）私が住む所は（以下、要望事項）

2．天つ神の御子の天津日繼《あまつひつぎ》知らしめす、↓ユダヤの神の子が天下を治めている如く

3．とだる天の御巣如して、↓抜きんでて高いユダヤ高殿のような（住処を）

とだる＝不詳。「巣」が「樹上のすまい」を意味するため、「抜きんでて高い」とした。

また「御」が「統治する」ことを表すので、「高殿」とした

御　＝馬を操る。統治する（ための）

巣　＝古代人の樹上のすまい

4．底《そこ》つ根《ね》に宮柱《みやばしら》ふとしり、↓底の磐に太い宮柱を据え

5．高天の原に氷木《ひぎ》たかしりて↓ユダヤの故郷に社殿の千木《ちぎ》を高くして

6．治《をさ》めたまはば、↓治めることが許されるなら

7．僕《あ》は百《もも》足《た》らず八十《やそ》坰手《くまで》に隠《かく》りて侍《さもら》ひなむ。→私は隅の方に隠れているつもりです
百足らず八十＝「坰手」（くま＝隅《くま》）の序詞。「手」は「～の方」
「多くの曲がりこんだ所を経て行く片隅の国」（既出『古事記』の脚注による）

では、出雲大社に存在する「ユダヤ」はどこか。「『魏志倭人伝の中のユダヤ』追記9：発掘された出雲大社本殿と「ダビデの星」」で書いたように、その本殿遺構の九本の柱によってでき上がる長方形には、「ダビデの星」がピッタリ内接していることを数学的に証明した。だから筆者は、出雲が「ユダヤ系の首長が支配する国」であったという結論に至った。

発掘本殿の南側の中央を支えるのは「宇豆《うづ》柱」といい、「UDU」はすなわち「ユダヤ」を意味している。また「ダビデの星」が内接する長方形の神殿は「田」の字型をしているから、それら小さな四つの長方形にも、小さい「星」が内接している。神官は特別な神事があるときは、本殿内部に入っていく。社殿中心の「心の御柱」を基準にしていうと、神官はまず階段を上って東南の部屋に入る。次に左折して南西の部屋、右折して北西の部屋、そして最後に右折して北東の部屋に至り、そこに西面している大国主の神像を拝むのである。大国主は西を向いて、遥かユダヤの方向（高天原）を見つめている。それが彼の切なる望みであったからである。

実際の戦いでは、血生臭い戦闘の結果、大国主が敗れた。先述のごとく、長江山に帰還した瞬間に、絶対的な不利を悟ったに違いない。しかしユダヤ系首長としては、戦わずして負けを認めることは、その気位が許さなかったであろう。

神話の上では、大国主は戦いをしていない。遥か後世の編纂者たちが、「葦原中國」を天孫に献上する禅譲劇の一幕として、彼の隠棲を『記紀』に載せたのである。

ところで先述の「越の八口」という地名と、そこでの大国主の戦《いくさ》については、研究者の著作をお借りすれば、もっと詳細に語ることができる。『出雲を原郷とする人たち』（岡本雅享／藤原書店・2016年）の「加賀国」を参考にする。「6　出雲系神社が並ぶ邑知地溝帯―越の八口は羽咋か七尾？」は、重要な示唆に富んでいる。

邑知《おうち》地溝帯は、能登半島の西側（日本海側）に位置する羽咋《はくい》市から、富山湾側の七尾《ななお》市に抜ける地溝帯である。羽咋の気多《けた》大社（祭神　大己貴《おおなむち》命＝大国主）から、七尾の気多本宮を往復する神事、平国《くにむけ》祭が行われることでも有名である。この地溝帯に鎮座する神社に立ち寄りつつ、往復総行程が300㎞にも及ぶ大祭である。

この大規模な神幸祭の由緒を、明治三十五年の調査書はこう記す。「上古、大己貴大神、国土を経営し給ひし時、此国に邪悪、妖族屯聚して庶民を悩害せるを誅除して一国平定し給へる古式を伝ふる祭典なり。故に平国祭と云ふ」。

この地溝帯には、気多大社の他にも重要な地名が出てくる。

邑知《おうち》→OH―TI→WO（H）―TI→越智《をち》（小千）

↓WO（R）—TI↓WORO—TI↓大蛇《をろち》

八口《やぐち》↓（八頭《やあたま》）↓八俣《やまた》（の大蛇）↓八頭八尾《やかしらやを》（の大蛇）……七尾（地溝帯の富山湾側）？

↓谷口《やぐち》↓邑知地溝帯入口の谷・湿地↓邑知潟《おうちがた》（古代の邑知郷／現　羽咋市）

問題の多い推論であるが、邑知地溝帯に住んだ越智一族こそが、八俣大蛇（越の谷口に住む越智）と恐れられた豪族（オロチ族）であったと思われる。出雲系オオナムチやスクナヒコを祭る神社がこの地溝帯には連続して存在することから、出雲に服した越智氏が邑知郷の住人であったことを証明している。

羽咋市のすぐ北にある志賀町《しかまち》にも、出雲に関係する地名が多い。同町の旧福野潟周辺は、現在では陸地化しているが往古は潟湖であった。その岸に残る地名によって、出雲やさらに遠く北九州から、海流に乗ってやってきた海神族や出雲族を見ることができる。

志賀町↓志賀海神社（福岡市）の安曇族が移住↓地名：安津見（村）・安津見川

↓地名：出雲（村）↓出雲神社（祭神：迦具土、大己貴）

↓地名：穴口（旧　穴持村）↓旧　大穴持神社（祭神：大己貴と少彦名）

出雲族や安曇族の他にも、宗像の海人も住んでいた。福野潟入口の南には意冨志麻《おおしま》神社が在って、祭神は宗像三神である。簡単にいえば、旧福野潟・邑知潟周辺には古代倭国を代表する名族が揃っていた。出雲族、安曇族、越智氏、また宗像氏である。

このような人々の中にあって、大国主は出雲を発って、能登半島邑知潟の越智氏を平定するために、主力部隊を「越の八口」に差し向けたのである。

もともとは越智氏（越国）の方が出雲を支配していたが、スサノヲの軍事力に負けて、その配下になった経緯がある。ここからは推測の域に入るが、天孫崇神は「国譲り戦」の戦略として「遠交近攻」策を採ったと考えられる。即ち天孫軍は、出雲との勢力逆転に忸怩たる思いを抱く越智氏に対し、軍事支援を約束し、出雲の後方を攪乱させたのである。

当然ながら大国主は、出雲本国の備えを息子事代主に任せたあと、能登半島を回り込んで七尾から上陸し、そのまま地溝帯を西進して邑知潟全体を制圧したのである。ここまでは順調な軍事行動であったが、その帰路、出雲入国の手前の長江山で、宍道湖畔で既に臨戦態勢にある崇神軍を確認し、大国主はすべてを悟ったのである。

追記5.「大山祇とは何ものか」の追記

先述の通り、「大山祇」の扱いに困っていた。「ここまでの理解では、大山祇は秦氏とダブっているように思うが、はっきりとは分からない。機会があれば、再度このテーマに挑戦したい」と、やや曖昧な形にしてあったが、倭国を実質的に支配していたユダヤ系の系図・閨閥を再検討した結果、やはり大山祇は秦氏と深い縁があることを再確認した。

イザナギ・イザナミによる、「あなにやし」のユダヤ式結婚によって生まれてきた神々は、当然ながらユダヤ系である。従って、大山津見は大綿津見とともに、ユダヤ系の代表的な神ということになる。系図を辿って右上に行き着くと、越智氏の大山祇と秦氏の大山咋が隣接した位置にあることが分かる。

越智氏が自らの祖として、小千命や饒速日、さらに「大山祇」を祭るのは、系図を遡れば直ぐに理解できる。また秦氏が斎《いつ》く松尾大社、日吉大社の祭神「大山咋」は、神名の類似からも「大山祇」の一族である。筆者の結論は、次のようになる。

〈越人の根拠地瀬戸内海の支配者＝越智氏〉→〈安芸の支配者天湯津《ゆつ》彦〉→〈YUTU＝弓月＝秦氏の祖〉

越智氏が祭る「大山祇」はまた、秦氏の神でもあった。

市寸島比賣（宗像三女神の一人。二女）

大山咋（松尾大社・日枝神社）

大歳神（饒速日）…越智氏（大山祇神社）

八島士奴美神

５世孫？＝大国主（出雲大社）

木花知流比賣

木花佐久夜毘賣

山幸彦（以下日向神話）

ニニギ

阿曇氏…（志賀海神社、住吉大社）

宗像氏…（宗像大社）

多紀理毘賣（宗像三女神。長女）

迦毛《かも》大御神（高鴨神社）

大　国　主

事代主（美保神社）

市寸島比賣

神屋楯比賣（多岐都比賣の別名。宗像三女）

〈ユダヤ系支配層の系図・閨閥〉

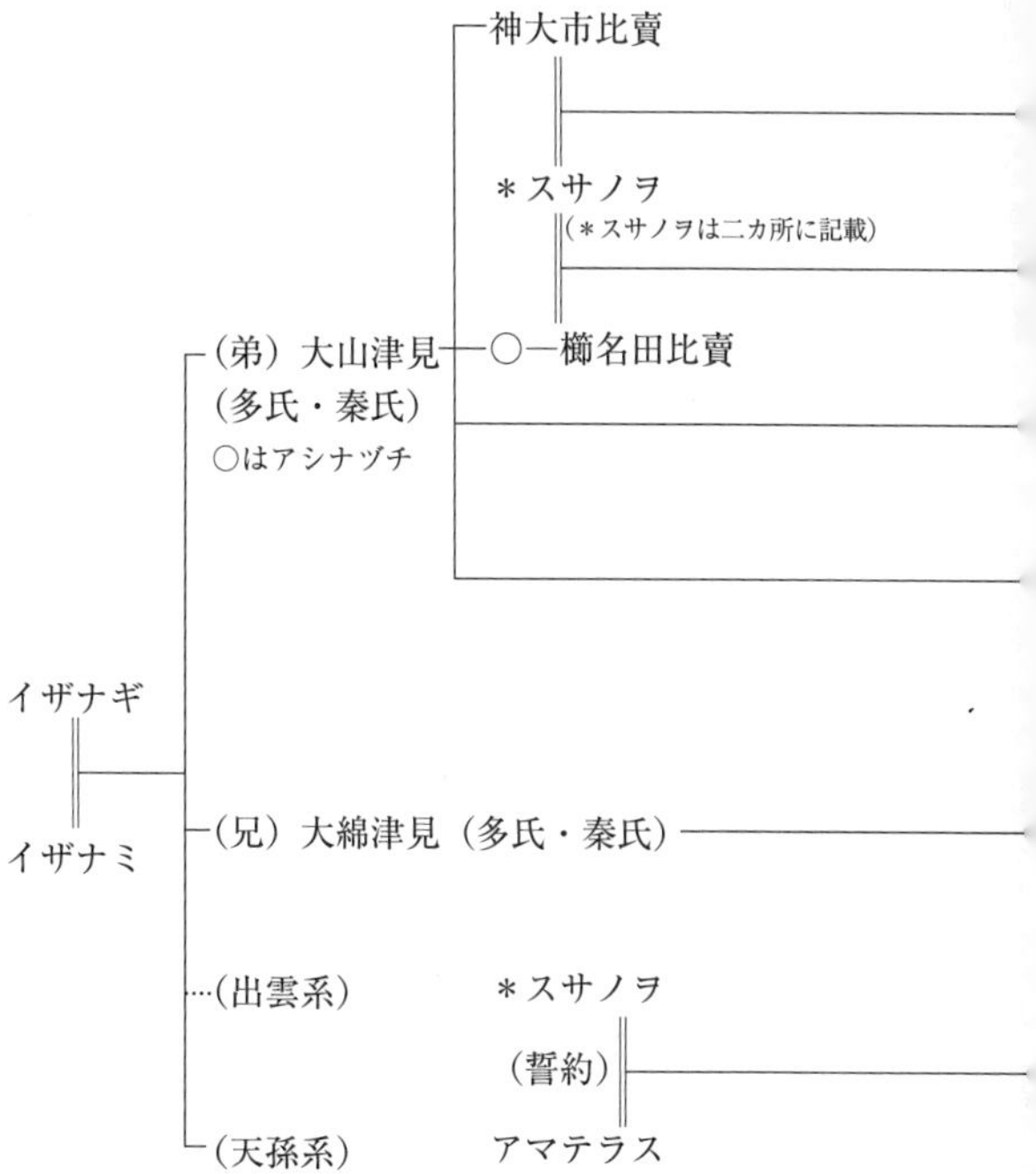

越人の倭国移住→農耕時代（弥生時代）→邪馬台国→崇神渡海

⟺

（倭国は越《を》人＝倭《を》人の国。越人倭国に、ユダヤ系渡来人が支配層に君臨）

追記6.「漢委奴国王」と越人多氏

　後漢の光武帝から賜った印綬には、どんな字が彫られていたのであろうか。公認の通説では、1784（天明4）年に志賀島（福岡市）から出土した「漢委奴国王」印がそれであるという。しかし漢字の国から下賜された金印の文字は、当時の中国では技術も教養も第一級の職人が彫ったはずである。後漢書には「倭奴國」とはっきり載っているから、刻印もそのようになっていたはずである。志賀島出土の金印には「委」とあって、「倭」ではない。表意文字漢字の専門職人が、その意味の違いを間違えるはずもない。「委」は「ゆだねる、まかす」であり、「倭」は「ゆだねる」に「ひと」を付けて、「ゆだねしたがう」という意味になる。「倭」一文字を国名にするときは、古代日本の呼び名にしたのである。

「倭奴國」の意味としては、後漢に従う国、又は奴を従える国「倭奴國」ということになる。そして「倭」は、楚に滅ぼされた「越」のことである。古来、中国側の理解は、長江流域から南に住んだ倭人たちのことであり、東方に移った倭人が建てた国であるから、「倭国」なのである。

　すると「委」は倭人を表現していないから、「漢委奴国王」の意味は「漢の〇〇国王」となって、〇〇には「委奴」が入っているから、「ＩＴＯ」という発音を表し、また「伊都国」ではないのか。「漢の伊都国」なのである。通説に従えば、「漢」の「委（倭）」の「奴国」という、国名が三重構造の刻印になっている。そのような三重刻印が、古代中国の朝貢国のどこかで出土したのか、筆者は知らない。さらに「漢」の偏「三水《さんずい》」はキッチリ彫ってあるのに、「倭」が国名とすれば、そんな未開国は人偏を省略しても構わなかったのか。奴国を労わる光武帝から下賜する金印であるのに、少し変だ。

この論旨をさらに進めていくと、「漢委奴国王」の金印は、後漢が「一大率」を伊都国に置いて、倭人を間接支配していたことの証拠として、伊都国王に与えたものと見るべきではないか。『後漢書』「倭伝」には、魏志倭人伝を参考にした部分があるが、史料としては魏志にない人名なども載っている。それらを素直に解釈すると、どういうことになるのか。さてさて、困ったことばかりである。

『後漢書』に載っている順に、「倭」に関する地名、人名などを抜き出していく。ただし国王の名には、「帥」（王帥升）と「師」（王師升）とがあって、同一人の混同がある。

倭　　　　　＝韓の東南大海。百餘国（国は皆王を名乗る）
大倭王　　　＝邪馬台国（楽浪郡から万二千里。狗邪韓国から七千里）
　　　　　　　〃（会稽東冶の東。朱崖・儋耳と相近し）
倭奴国　　　＝奉貢朝賀。倭国の極南界。光武帝が印綬を下賜
倭国王帥升等＝安帝に請見。生口百六十人を献ず
　＊以下は、『魏志倭人伝　他三篇』（石原道博編訳／岩波文庫・2006年）から引用
倭面上国王師升＝『翰苑』所引の『後漢書』（に記載）

倭面土地王師升＝唐類函・辺塞部倭国の条所引の『通典』
倭面土国王師升＝北宋版『通典』
倭面国　　　　＝『釈日本紀』開題

「大倭王」の「邪馬台国」は魏志によるものであろうが、その他の国名は同じである可能性が高い。なぜなら「帥升（師升）」という名が同じであるから、その名の前の国名も、同じであると考えるのが普通である。

倭奴国→倭《を》の奴《な》国（または「倭奴《をど》」＝委奴《ゐど》国→伊都《いと》国。但し、委《ゐ》と伊《い》は別発音）
倭面上国（倭面土国）→倭人の面土《ゑんとう》国＝委奴《ゐど》国→伊都《いと》国
倭面土地王→倭人の面土《ゑんとう》地（国）＝委奴《ゐど》国→伊都《いと》国
倭面土国→倭人の面土《ゑんとう》国＝委奴《ゐど》国→伊都《いと》国
倭面国→倭人の面（土）国　……「土」が抜けている

このように『後漢書』に載る国名は、すべて「面土《ゑんとう》国＝委奴《ゐど》国→伊都《いと》国」ではないのか。原文の「倭奴国」「面土国」を「伊都国」として読んでも、なんら不都合は生じないように思うが、また古代史の常識とは違う。
これらの解釈は、邪馬台国論争にも関係している。「倭面土」をどのように読むかによって、邪馬台国の畿内説と九州説に分かれるのである。内藤湖南先生は「倭面土《やまと》」と読んで畿内説、白鳥庫吉先生は「倭《わ》の回土《ゑと》（伊都）」と読んで九州説であった。

『後漢書』には、「大倭王」が「邪馬台国」に居る、と書いているから、「大倭」と「倭」は区別されている。従って「倭奴国」や「面土国」は、「大倭＝邪馬台国」の中の国として描かれているのである。もちろんそれは、九州の「伊都国」である。そして重要な認識としては、後漢の時代に既に「伊都国」が存在し、その王「帥升（師升）」が、後漢の光武帝に「奉貢朝賀」していたことである。後漢側は当然のように伊都国を東夷（東倭）の属国と見做し、漢に服属しているという意味の「漢　委奴　国王」（漢の委奴国王）と、三行に彫った金印を下賜したのである。しかし「委」には「任せる」の意味があるため、「委奴国王」には、漢に代わって奴国を任せる、といった感じが出てくるのである。

任せられた伊都国王は、多氏である。多氏は「面土国《ゑ(ん)と(う)》＝委奴国《ゐと》＝伊都国《いと》」の王であり、中国側の史料にある「倭面土国」は、倭《を》人（越《を》人）の面土国《ゑ(ん)と(う)》（伊都国）王でもあった。すなわち多氏は、越人としての出自を持っていたのである。

それにしても越人多氏は、どのようにして神ヤハウェを信仰するようになったのか。越の習慣である鳥居の門や歌垣は捨てたのであろうか。そんなことはない。鳥居は神社の結界を示す標識門となって、ユダヤ教の移動幕屋から変化した神社の正門となって、現在ではごく当たり前の顔をしている。歌垣の方は盆踊りに姿を変え、男女が相唱和する名残は、万葉集の相聞として多くの名歌を生んだ。

越出身の多氏であるが、神話の上の出自は神武天皇に始まる。天皇の后は大物主の娘である富登多多良伊須須岐比賣命《ほとたたらいすすきひめの》である。その御名には、ユダヤ系の比賣であることがはっきり示されている。HOTO（ユダヤの）―TATARA（踏鞴製鉄）。HOTOがユダヤを表すことは、もう何回も述べている。越人の多氏がユダヤ系であるのは、母方の血がユダヤ系であったからである。ヤハウェ信仰も、やはり母方から引き継いだと思われる。

また「国譲り戦」のときは、多氏はユダヤ系秦氏の協力のもとに、崇神天孫軍の主力部隊として出雲軍と戦った。この秦氏とはその後も一緒に行動し、居住地も同じ隣人として、大和でも常陸でもほとんど同族であった。秦氏の信仰であるヤハウェ神は、やはり自然に多氏の心の拠りどころになっていったと思われる。多氏の装飾壁画に描かれた△○は、そんな信仰の具体的な告白なのである。

ところで博多付近の「奴国」は、どうしたのであろうか。「奴国」の方が、「伊都国」より人口が多く、経済的にも強国であったはずであるのに、どこか「伊都国」の陰に隠れてしまっている。後漢から魏にかけての時代が、軍事（技術）・政治を優先して、「奴国」の経済面は後回しになっていたと考えるより他にない。また人事面でも、積極的に後漢へ人材を派遣した伊都国に比べ、奴国の方は、遣いに適した外交専門家を育成してこなかった結果、政治の中心地から外れてしまったのであろう。

では伊都国は、なぜ後漢外交を積極化したのであろうか。ここからは筆者の想像による。

面土国《ゑんとう》＝委奴国《ゐど》→伊都国《いと》
WEDO→WETO→WOTO（倭奴《をと》）→WOTU→WOTI（越智《をち》）
→WETU（越《えつ》）

伊都国は長江流域から東遷した、越人の国であった。その王の名が「帥升（師升）」というのも、日本人っぽくない。中国人のようでもある。「臥薪嘗胆」の越王は、「句践《こうせん》」という名前であり、在位期間は前496年から前465年であった。その「句践」に敗れて自殺した呉王は名を「夫差《ふさ》」といって、こちらは日本人ぽいが偶然である。

疑問はまだ続く。ここに書いた国名は、漢字にすると二文字、その文字のはじめは「W」と「T」である。なぜ他の組合せにならないのか、本当に不思議である。組合せは、それこそ無数にあるのに。

倭（WO）・倭奴《をと》（WOTO）・越智《をち》（WOTI）・越《ゑつ》（WETU）・面土《ゑ(ん)と(う)》（WETO）

倭国の大乱について、『後漢書』は次のように述べている。内容は、魏志倭人伝とほぼ同じである。

桓・霊の間、倭国大いに乱れ、更々《こもごも》相攻伐し、歴年主なし。一女子あり、名を卑弥呼という。

年長じて嫁せず、鬼神の道に事《つか》え、能く妖を以て衆を惑わす。ここにおいて、共に立てて王となす。

魏志倭人伝は、このようになっている。

その国、本また男子を以て王となし、住《とど》まること七、八十年。倭国乱れ、相攻伐すること歴年、乃《すなわ》ち共に一女子を立てて王となす。名づけて卑弥呼という。鬼道に事《つか》え、能く衆を惑わす。

この二つが殆ど同じ内容であることは、誰にも異存はないであろう。年代的な記事として、前者には「桓・霊の間」のいう条件があるので、後漢のこの史料によって、倭国の歴史を叙述することができる。弥生時代の始まりから春秋戦国、さらに呉越や倭国の関係を見ているので、その頃からの年表として、既述部分も再掲する。

前７７１年～　春秋時代
前４７３　「呉」が滅ぶ
前４０３～　戦国時代
前３０６　「越」が滅ぶ（越人離散）→弥生時代（前4～後3世紀）
浙江省残留組＝「於越《おえつ》」　福建省《ふっけん》＝「閩越《びんえつ》」

	広東・広西＝「南越《なんえつ》」　ベトナム＝「越南《えつなん》」
	長江流域＝「百越《ひゃくえつ》」　越の東方移動＝朝鮮半島南部・倭国
前221〜202	秦
前202〜後8	前漢
前122	武帝、山東半島中部に泰山郡《たいざんぐん》設置
	泰山郡に「倭」あり（『山海経《さんがいきょう》』）→　越の東方移動
後8〜25	新
25	新を滅ぼして後漢が建国
1世紀頃	ユダヤ系洩矢神が、諏訪地方に入る（第一次渡来）
57	後漢光武帝の建武中元二年　倭奴国が奉貢朝賀。光武帝が印綬を下賜
107	後漢安帝の永初元年　倭の国王帥升等が請見を願う（伊都国王の帥升）
	倭は「百余国」あり＝越人の小国家
2世紀頃	出雲国のユダヤ系首長が、倭国に覇権を確立（第二次渡来）
	越人の小国家が出雲に服属＝信仰上の対立発生？
147〜167	後漢第11代　桓帝在位期間
150〜190頃	倭国大乱（越人グループの宗教的反乱？）
168〜188	後漢第12代　霊帝在位期間
190頃	卑弥呼が倭の王となる（彼女が25歳の頃か＝異なる信仰が併存？）

220　後漢滅亡。魏が建国。三国時代の到来
232頃　崇神が任那から渡海。「国譲り戦」開始（第三次渡来）
248　卑弥呼死す（前著では、彼女の死を83歳とした）
男王が立つも、「国中服せず（＝信仰上の対立？）」

「当時千余人を殺す」

「卑弥呼の宗女壱与年十三なるを立てて王となし、国中遂に定まる」

287頃　秦氏、新羅の拒みを克服して渡来（『日本書紀』応神紀）

「弓月君、百済より」渡来（『日本書紀』応神紀）（第四次渡来）

「倭」は「越」の東方移動によって、日本にまで到達した。米作をはじめとした技術を伴って移動し、弥生時代が始まった。在地の縄文人は森に生活し、倭人（越人）は海浜の米作適地に住んだが、当然ながら森は地味《ちみ》が肥えて水量も豊かで、米作には好条件がそろっていた。弥生人は森に進出して、縄文人と争う日常であったと思われる。

縄文人は次第に駆逐され、その分を弥生人が人口を増やしつつ、生活圏を拡大していった。弥生時代として私たちがイメージする農耕風景は、もとはといえば越人の東方移動によってでき上がった。越人の集団が中心となって、地元民とも共同しながら多くの小国家を形成し、中国の史書には「百余国」と記録されたのである。

ここからも、大雑把な歴史の流れを書くことになる。だから最初の国々は越人《を》中心であり、中

国側は倭《わ》人と認識した。典型的な倭人は、魏志倭人伝にあるように、「鯨面文身」で海中に没して「魚蛤《ぎょこう》」を取り、「徒跣《とせん》（裸足《はだし》）」で「木綿」の貫頭衣を着て、要するに中国南方の未開人に異ならない格好であった。

倭（WO）・倭奴《をと》（WOTO）・越智《をち》（WOTI）・越《ゑつ》（WETU）・面土《ゑ(ん)と(う)》（WETO）

←伊都国　←越智郡　←越国　←伊都国

我らの先祖弥生人は、中国からは東の夷《えびす》であった。その夷の王が後漢に朝貢したのである。彼は、多氏の祖でもあった。名前は、帥升または師升である。帥は、率いる・導く。師は、人の居住地、集団・教える人、おさ（長）。升はショウと発音し、ひしゃく・ます（枡《ます》）、昇る、の意味である。彼の名が師升であるなら、その意味は「倭人集団の長であるショウ」ということになるが、如何なものか。

このような歴史的推移に追加して、ユーラシアを東漸してきたユダヤ系の人々が、一次から四次に分かれて、倭国に渡来してきた。第一次の洩矢神は諏訪地方に住んだ。第二次渡来の出雲族は、先に倭にやってきた越人や洩矢神を服属させて、倭国最初の覇権国家となった。その覇権に不快感を抱く魏が、今度は崇神を送り込んできた。出雲との「国譲り戦」が起こったのであるが、製鉄資源の戦いでもあった。寒冷気候が続き、森林が枯渇しつつあった朝鮮半島に比較し、梅雨・秋雨前線による多雨の倭国は、製鉄に必要な木材はほとんど無尽蔵であったから、「国譲り戦」の経済的な理由としては、魏と出雲との「鉄」をめぐる戦争でもあった。第四次は、秦氏の祖である「弓月君」が応神朝の招きに応じて、新羅の反対を押し切って渡来してきた。

　第一次の洩矢神の渡来に、秦氏が随伴してきたかどうかははっきりしないが、第二次以降は、同氏が一緒に従っていたのは確実である。それらは、『出雲国風土記』や『記紀』神話の中で確認できる。一般的な表現にすると、「(主として騎馬民族の)政治・軍事的首長＋財務・技術系秦氏」がセットになって倭国に渡来してきた、といえる。多分、前者が後者を強制的に引っ張ってきた、というのが本当のところかもしれない。渡海後の秦氏が、首長たちによってどれだけ重宝されたかを見れば、秦氏抜きの古代史は語れないのである。

　騎馬民族の首長ではなかったが、越人多氏が伊都国王になってから近隣を見渡すと、対馬に海神(綿津見神)＝秦氏が居るではないか。秦氏の女性を迎えて閨閥を作り、結果として、同氏の支族である阿曇族の猛者をも手に入れたことになる。秦氏との関係強化はすなわち軍事力の強化であり、伊都国王多氏の政治基盤をも強化した。

　信仰についても多氏はいつのまにか、秦氏が信ずるヤハウェを守り神として、多氏の装飾壁画に神の象徴である△○の記号を描いた。越人多氏は、ヤハウェを受け入れることによってユダヤ教の一員となり、ユダヤ系多氏となった。しかしユダヤ系になったからといって、越人古来の風俗を失ったわけではない。依然として庶民は貫頭衣であり、鳥居は神社と融合して、その門前を護ったのである。

多氏についてはこれまでの前提として、二通りの出自を考えてきた。はじめは①ユダヤ系の人々として、次に②越人として描いてきた。現在の筆者は最終的に、次のような考えにまとまりつつある。確たる史料はないので筆者の仮説に留まるものの、多氏の実像は、これまでの経緯を総合的に見て判断するしかない。

・装飾古墳と多氏の支配地域が重なる
・装飾古墳は多氏の首長墓である
・装飾壁画に描かれた△○は、神を現わすものである
・神は「ダビデの星」として出現する
・従って、多氏の信仰対象は唯一神ヤハウェである
・装飾壁画の具象画は、多氏の来歴を描いている
・珍敷塚古墳には「太陽の船」が描かれ、多氏はエジプト、ユダヤの記憶を持っていた
・多氏は、渡来ユダヤ系の一員である
・多氏は阿曇氏を従え、多氏首長の穂高見命の勢力は信濃の安曇野にも及んだ
・信州諏訪地方は、ユダヤ系洩矢神が進出していたので、多氏の渡来はその頃か
・阿曇目の人々は、中国の越から東方移住してきた（越王は入れ墨をしていた）
・多氏は入れ墨をしていなかったので、海人の越を支配したユダヤ系として理解できる

・東方移住で倭国に到達した越人たちによって、農耕中心の弥生時代が始まった
・多氏の祖も、弥生時代から倭国に居た
・越人の国である北九州の奴国を傘下に収め、多氏は当地の首長となる
・後漢の光武帝のとき、奴国（多氏）から奉貢朝賀し、印綬を受ける
（遣使の目に入れ墨の記事なし→多氏は越人そのものではない→ユダヤ系の支配層）
・この遣使がもとで、多氏は後漢から「伊都国王」に任命される
・後漢の代理として、多氏は倭国の支配権を獲得する
・以後、代々の伊都国王は、倭国（邪馬台国に連なる国々）を統属した
・産鉄・鉄製武具に優れた出雲国（投馬国）の勢力が強くなり、倭国に覇を唱える
・伊都国王だけでは、出雲の勢力拡大を阻止できない事態となった
・後漢のあとの魏は、出雲圏拡大阻止のため、騎馬民族首長の崇神を渡海させた
・綿津見神（秦氏＝阿曇氏）と縁戚関係を強化していた多氏→「国譲り戦」では崇神陣営
・出雲との「国譲り戦」が開始された

これ以降の推移は既述してあるが、ユダヤ系多氏は越人（倭人）たちの小国家群を管理しつつ、伊都国王として日本古代史に大きな足跡を遺《のこ》したのである。

追記7．古代史の十字路「対馬」

春秋戦国の戦乱を逃れて、越の民が東方移住してきた古代倭国。そこから弥生時代が始まり、現在にまで続く農耕文化が花開いた。一方では大陸・朝鮮半島から、多くの移住者が倭国に来た。その中にはユダヤ系の人々も混じっていたが、彼らは、得意とする外交・財政・高熱処理技術などを駆使して、古代倭国の支配階層となった。

するとそれらの人たちが行き交った「対馬」は、歴史の十字路として、たいへん大きな意味を持っていたことになる。対馬に関する参考書を読まなくてはならない。地元図書館から借りてきたのが、『古代史の鍵・対馬』（永留久恵／大和書房・１９９４年）である。

その「はしがき」の一文にまず驚いた。対馬の最南端にある、「豆酘《つつ》」に関連する説明である。

貞享二年に編集された『対州神社誌』には、高御魂の御神躰は、「うつお船」にのって豆酘《つつ》の浦に流れて来たと伝えている。対馬では、海の向こうから渡来したものには、うつろ船の漂着伝説が多いので、どうやらこの神は、海の彼方から渡来したことを語っているようだ。それがまた、対馬から大和へ勧請されて行く。

ＵＴＵ—Ｏ—ＢＵＮＥ　→　ＵＴＵの船　→　ユダヤの船

ＵＴＵ―（Ｈ）Ｏ―ＢＵＮＥ↓　ＵＴＵ―帆―船　↓　ユダヤの帆（を張った）船

流れ着いた高御魂の神は、『古事記』冒頭の第二番目に載る神名である。この神もユダヤ系渡来人の出自であった、と述べているのだ。

そして、この豆酘にある山の名にも驚いた。

豆酘の浦を見下す保床山《ほとこやま》の丘に、横穴式古墳がある。東亜考古学会の調査（昭和二三年）ではじめて発掘された（中略）、これらの須恵器の型式や、銅椀のセットが、宮地嶽《みやじだけ》古墳（筑前）の出土品と同じであること、大刀の金具の様式、石室の構造等から、この古墳の年代を七世紀前葉に編年されている。これが下県直の墳墓にちがいないと思う。

「下県直《しもあがたのあたい》」とは、対馬の南側（下県）の支配・徴税を任せられた朝廷役人の官職名である。隣島の壱岐は、「壱岐県主《いきのあがたぬし》」である。従って下県直は、対馬南島の主であった。その彼が葬られた山名が、保床山《ほとこやま》なのである。

ＨＯＴＯ―ＫＯ―ＹＡＭＡ　↓　ＨＯＴＯ―来《こ》―山　↓　ユダヤ（から）来（た）

二つの引用文は、その対象とする時代が違うとはいえ、単純に「船」と「山」を並べてみると、ここ「豆酘」は、ユダヤ系の人々が南北・東西に市羅《してき》するための、中継基地であったと思われる。

UTUの船　　　　↓　ユダヤの船
HOTO―来《こ》―山　↓　ユダヤ（から）来（た主が葬られた）山

豆酘と高御魂の神とが関連ありとすると、豆酘は秦氏とも繋がることになる。『古事記』では「高御魂神」は「高御産巣日神」と表記され、略式には「高木神」になっている。

この高木神は、高御産巣日《の》神の別《また》の名ぞ。
高木《の》神の女《むすめ》、萬幡豊秋津師比賣《よろづはたとよあきづしひめの》命

このように高木神＝高御産巣日神＝高御魂神であり、同神の娘の名が「萬幡《よろづはた》」であるから、比賣は秦氏の娘であることが分かる。この推理を続けると対馬最南端の豆酘は、「うつお船」に乗った秦氏（高御魂）が、倭国に上陸した最初の場所ということになる。そしていつものように、少し過剰気味の地名変化である。

TSUTSU↓（TS）UTSU↓U（T）SU↓USU↓USA（宇佐）↓宇佐八幡

しかし偶然かもしれないが、豆酘から宇佐への道は、中臣氏の移動経路に一致する。対馬を原郷とする同氏の祖は、神武紀の東征に随従して宇佐に至り、神武の詔によってその地のウサツヒメを貰うことになる。神武東征の出発地を伊都国とする筆者には、〈豆酘→宇佐〉と〈伊都→宇佐〉はほとんど同じ道順である。引用中の菟狭は、宇佐のことである。

時に菟狭国造《うさのくにのみやつこ》の祖《おや》有《はべ》り。号《なづ》けて菟狭津彦《うさつひこ》・菟狭津媛《うさつひめ》と曰《い》ふ。乃ち菟狭の川上《かはかみ》にして、一柱《あしひとつ》騰宮《あがりのみや》を造《つく》りて饗奉《みあへたてまつ》る。一柱騰宮、此をば阿斯毗苔徒鞅餓離能宮《あしひとつあがりのみや》と云ふ。是《こ》の時に、勅《みことのり》をもて、菟狭津媛を以《も》て、侍臣《おもとまへつきみ》天種子命《あまのたねのみこと》に賜妻《あは》せたまふ。天種子命は、是中臣氏《これなかとみのうぢ》の遠祖《とほつおや》なり。

追記8．姓は阿毎《あめ》、字は多利思比孤《たりしひこ》

『隋書』「倭国伝」には、古代の天皇家の姓・字・号・名が記録されている（『魏志倭人伝・後漢書倭伝・宋書倭国伝・隋書倭国伝』石原道博編訳／岩波文庫・2006年）。

姓：同一祖先から出た血筋
字：元服のときに、実名の他に付ける呼び名
号：称号
名：名を付ける。言い表す

開皇二十年（文帝、推古八年、六〇〇）、倭王がおり、姓は阿毎（アメ・天か）、字は多利思比孤（タリシヒコ・足彦・帯彦か）、阿輩雞弥（オホキミ大君、アメキミ天君か）と号した。（中略）王の妻は雞弥（キミ・后か）と号する。（中略）太子を名づけて利歌弥多弗利（和歌弥多弗利か、ワカミタヒラ・稚足、ワカミトホリ若い御世嗣、ここでは聖徳太子）となす。

隋側が残した推古八年の倭国記事であるから、この「太子」に該当するのは、当然ながらときの摂政である「聖徳太子」ということになる。しかし推古は女帝であり、「倭王」の「タリシヒコ」とはなりえない。また倭王やその妻、また太子の出自や称号を記載した史料としてはたいへん貴重であるが、残念ながら大王などの個人名を明らかにしたものではない。従って太子の「言い表し方」は、「和歌弥多弗利」と（隋側は）したとあるから、これも個人名ではない。「爲」の意味は、「行う」・「思う（みなす）」・「〜とする」などである。

名太子爲利歌弥多弗利

「（太子を名付けたのは倭国側であるが、）その名（言い表し方）は利歌弥多弗利と思う（聞こえた）」と、隋側が記録したのである。

ところで推古朝の遣隋使としては、推古十五（６０７）年の小野妹子が有名であるが、開皇二十年の派遣については『日本書紀』が黙殺している。文帝に対して無礼な一文（「倭王は天を兄とし、日を弟としている」）があったので、「訓《おし》えてこれを改めさせ」られたという屈辱的な国交であったから、遣使の氏名などもいっさい記録されていない。

さらに不思議なのは、推古女帝の派遣であるにもかかわらず、王の字が男性を表す「比孤（ヒコ）」となっていることである。その上女帝の頃の大王の名ではなく、遠く遡った景行天皇の時代、王家に「タリシヒコ」が続出したときのものと思われる。「タリシ（タラシ）」に関しては『記』の表記は「帯《たらし》」、『紀』では「足《たらし》」である。ここは『紀』のものを使用する。

景行天皇：大足彦《おほたらしひこ》忍《お》代《しろ》別《わけ》天皇《のすめらみこと》
成務天皇：稚足彦天皇《わかたらしひこのすめらみこと》
仲哀天皇：足仲彦天皇《たらしなかつひこのすめらみこと》
神功皇后：気長足姫尊《おきながたらしひめのみこと》

「気長《おきなが》（息長《おきなが》）」は、神功皇后の出身氏族である息長氏を表している。息長氏の本拠は、現在の滋賀県米原市付近の坂田郡であり、神の山「伊吹山」の麓にあった。伊吹山は、大足彦《おほたらしひこ》（景行天皇）の息子である小碓《をうす》命（ヤマトタケル）が落命する原因となった神の山である。『記』のその部分である。すなわち科野国から尾張国に戻った彼が、「美夜受《みやず》比賣」の許《もと》に「草薙劔《くさなぎのたち》」を置いたまま、伊吹山の神に対峙する場面である。

「この山の神は、徒手《むなで》に直《ただ》に取りてむ。」とのりたまひて、その山に騰《のぼ》りましし時、白猪《しろゐ》山の邊に逢《あ》へり。その大きさ牛の如くなりき。ここに言擧《ことあげ》して詔りたまひしく、「この白猪に化《な》れるは、その神の使者《つかひ》ぞ。今殺さずとも、還らむ時に殺さむ。」とのりたまひて騰《のぼ》りましき。ここに大氷雨《おほひさめ》を零《ふ》らして、倭建《の》命を打ち惑《まど》はしき。（以下略）

草薙劔に頼らずとも、素手でやっつけようと宣言した倭建命は、神の化身である大きな白猪を神の使者と侮ったために、神の「大氷雨《おほひさめ》」に当たって衰弱するのである。白猪に化身した伊吹山の神の名は多多美彦命《たたみひこのみこと》。式内社である伊富岐《いぶき》神社（岐阜県垂井町）の祭神が、この多多美彦命である。同社のご由緒には、次のような説明がある。

当社の古き由緒創建年紀等は不詳に属すれども、此の付近一帯往古は瓊々杵尊の御兄天火明命の子孫伊福氏の本貫なれば同氏等が氏神として創祀せるなるべし

伊福（伊福部）氏は前述のように製鉄技術を有し、地域的には伊吹山麓を本貫とする息長氏とも隣り合っている。両氏とも製鉄部族であり、その固い技術提携は、新来の天孫・倭建命も歯が立たなかったのである。

伊吹山の神から話を戻して、「タリシヒコ」のことである。余分なことは考えずに、単純な解

釈としては、「ＴＡＲＩ—ＳＩ—ＨＩＫＯ」＝「ＴＡＲＩ（という地名）—の—男」である。同じ使い方を例示する。

須佐（出雲地方）の男　＝スサノヲ　↓　素戔嗚《すさのを》（ユダヤ系出雲国の首長）
豆酘《つつ》（対馬の南端）の男＝ツツノヲ　↓　筒之男《つつのを》（伊邪那伎大神の子、住吉大社祭神）
宇佐（大分県北部）の男＝ウサツヒコ↓　宇沙都比古《うさつひこ》（神武東征譚に出る宇佐の豪族）
タリ（　？　）の男＝タリシヒコ↓　多利思比孤《たりしひこ》（『隋書』「倭国伝」に載る倭王）

では、「ＴＡＲＩ」とは何処のことか。『聖書』の記述通り、エジプトを出たユダヤの人々は、「バビロン捕囚」のあと、その一部がさらに東方へ旅立った。彼らは朝鮮半島を経て、最終的には倭国にまで到達した。その全体経路を見回すと、「ＴＡＲＩ」の候補は二つある。

ａ．タタール（トルコ）
ｂ．多羅《たら》（朝鮮半島南部）

正解は、「タタール」になるであろう。ヒントは製鉄技術にある。
まず神武妃のお名前からして、ＨＯＴＯ—ＴＡＴＡＲＡ—ＩＳＵＳＵＫＩ—ＨＩＭＥ（富登多良伊須須岐比賣）。その意味は、ＨＯＴＯ（ユダヤ式）ＴＡＴＡＲＡ（踏鞴製鉄）の伊須須岐比賣ということである。

続いて、息長氏や伊福部氏が得意とする製鉄技術に関連して、伊吹山の神が「多多美彦命《たたみひこのみこと》」という神名であること。この名は、確証はないものの「タタール（Ｔａｔａｒ）」に由来すると思われる。「Ｔａｔａｒ」のように、語尾が子音で終わる外国語は、日本語化するときその子音をカットするか、または母音をくっ付ける。

Ｔａｔａｒ　→　Ｔａｔａ（「ｒ」をカット）　または　Ｔａｔａｒａ（「ａ」を付加）

この方式を適用すると、「Ｔａｔａｒ」は次のように変化する。

Ｔａｔａｒ　→　Ｔａｔａｒａ（蹈鞴）→　Ｔａ（ｔａ）ｒａ　→　足・帯

Ｔａｔａｒａ→Ｔａｔａｒ（ａ）→Ｔａｔａｒｉ→Ｔａ（ｔａ）ｒｉ→多利（思比孤）

６００年の遣隋使の名は『記紀』にも記載がなく、詳細は分からない。しかし隋サイドに倭王などの情報を伝えた人物は、トルコやユダヤに関連する単語に精通したユダヤ系渡来人の子孫であった可能性がある。何しろ推古女帝のときの隋に、その４００年ほども前の景行天皇に繋がる皇族たちのデータを伝えているのである。そして「ＴＡＴＡＲＡ（蹈鞴）」を強調しているのだ。

次の遣隋使小野妹子も、彼がユダヤ系の人物であることを、自著『魏志倭人伝の中のユダヤ』の最後の方で述べた。

　これはもう我田引水になるが、天皇諡号である「推古」についてである。

　　「推」＝前に進ませる
　　「古」＝ＨＵＲＵ（ユダヤ）

「ＨＵＲＵ」を名に持つユダヤ系出雲国の首長は、大物主（饒速日）である。石上神宮（奈良県天理市）は、「布《ふ》留《る》御魂大神」の神名で彼・饒速日をお祭りしている。推古女帝は「ＨＵＲＵ（ユダヤ系の逸材）」を、国家事業である遣隋使に推挙していたのである。多分６００年のときも、隋との国交・外交のプロであったユダヤ系人材が選ばれたと思われる。

　同一祖先から出た血筋＝姓が阿毎（アメ＝天）であり、「天」はユダヤを意味するので、倭国伝の史料は次のように解釈できる。

1. 阿毎《あめ》＝ユダヤ系（の）
2. 多利思比孤《たりしひこ》＝蹈鞴製鉄技術をもつ男
3. 阿輩雞弥《おほきみ》＝大王（天皇）
4. 雞弥《きみ》＝君（后《きさき》）
5. 利歌《りか》（和歌《わか》）＝稚《わか》（皇太子）

（注）：「利《り》」は「和《わ》」の誤記か

6. 弥多《みた》＝弥名《みめ》（御妃《みめ》＝皇太子妃）

（注）：「多《た》」は「名《めい》」の誤記か

7. 弗利《ふり》＝HURI（HURU→HURI）（注）：「HURI」は（出雲系）ユダヤ

皇太子妃はそのまま行けば「后」になるので、ユダヤ系女性が代々の天皇家のトップレディであったことになる。「足《たらし》」が付く景行から3代について、配偶者がユダヤ系であったかどうか確認する必要があり、『古事記』の記載から調べる。

①景行妃＝八坂《やさか》の入日賣《いりひめの》命（八尺《やさか》の入日子《いりひこの》命の女《むすめ》、若帯日子《わかたらしひこの》命の母）

②成務妃＝弟財郎女《おとたからのいらつめ》（穂積臣等の祖、建忍山垂根《たけおしやまたりね》の女）

③仲哀妃＝息長帯比賣《おきながたらしひめの》命（神功皇后。息子が応神天皇）

①の「八坂の入日賣」は、若帯日子《わかたらしひこの》命（成務）の母である。また彼女の父親は「八坂《やさか》の入日《いりひ》子《この》命」（崇神記）といい、崇神と意富阿麻《おほあま》比賣（尾張連の祖）との次男である。『新撰姓氏録』によれば、「尾張連」は「火明命之男天賀吾山命之後也」とあり、火明命（饒速日）の後裔であるから、ユダヤ系出雲族の一員である。従って八坂の入日賣も、ユダヤ系の日賣《ひめ》であることが分かる。

②の「弟財郎女」の先祖は、穂積臣などの祖であるユダヤ系一族である。同じく『新撰姓氏録』

（別表）

〇父方：

開化天皇—日《ひ》古《こ》坐《います》王—大筒《おおつつ》木《き》眞《ま》若《わか》王—

迦《か》邇《こ》米《め》雷《いかづち》王—息長宿禰王

║——息長帯比賣（神功皇后）—応神

葛城《かづらき》の高額《たかぬか》比賣命

〇母方：

天之日矛《あめのひぼこ》—多遅摩母呂須久《たぢまもろすく》—

—多遅摩斐泥《ひね》—多遅摩比那良岐《ひならき》—

—多遅麻毛理《もり》

—多遅摩比多訶《ひたか》—葛城《かづらき》の高額《たかぬか》比賣命

—清日子《きよひこ》

＊清日子には多遅摩姓がない。「葛城」との縁？
清日子の娘と比多訶との子が「葛城の高額比賣」

では、穂積朝臣が「神饒速日命五世孫伊香色雄命之後也」と載っており、これもやはり饒速日の後裔であって、立派なユダヤ系といえる。

③の「息長帯比賣」は、神功皇后のことである。「新羅征伐」の神話で有名な皇后は、その母方先祖に新羅の王子「天之日矛《あめのひぼこ》」がいる（天＝ユダヤ）。『紀』では、「天日槍《あめのひぼこ》」の妻がユダヤ系「太耳《ふとみみ》（ＨＵＴＯ）」の娘である。

また皇后の母は、「葛城《かづらき》の高額《たかぬか》比賣命」である。その葛城氏のことも、『新撰姓氏録』「左京」「皇別」に記載されている。葛城朝臣は「葛城襲津彦《そつびこ》命之後也」とあって、この葛城襲津彦が、ユダヤ系「建内《たけうちの》宿禰《すくね》（ＵＴＩ）」の子であるから、神功皇后にもユダヤ系の何ものかが付随している。別表で、皇后に至るまでの父方・母方の系図を確認する。

皇位継承問題があったのか、応神親子は、反逆した異母兄「忍熊《おしくまの》王」を琵琶湖南岸に追い詰めた。忍熊王は自軍の将「伊佐比宿禰《いさひの》」とともに死んだ（「すなわち海に入りて共に死にき」）。戦いの不浄を祓《はら》う（禊《みそぎ》の）ため皇后は、建内宿禰を付けて、応神を「角鹿《つぬが》（敦賀）」の「氣比《けひの》大神」のもとに遣った。しかしなぜ、角鹿に参詣したのか。

皇后の母方系図のはじめに載る「天之日矛」が、おそらく、その「氣比大神」なのであろう。天之日矛の本拠は、但馬の出石であった。但馬国一宮の出石神社祭神は、当然ながら、この天之日矛である。彼を初祖とする多遅麻《たぢま》一族と琵琶湖北岸を本貫とする息長《おきなが》氏が結び付いた証が息長帯比賣（神功皇后）であったから、皇后は「天之日矛」＝「氣比大神」に、息子の禊をお願いしたのであろう。ちなみに越前国一宮は、敦賀の気比神宮である。祭神は「伊奢沙和氣《いざさわけの》大神（氣比大神）」。そして禊のために巡廻したのが、神功―応神親子に所縁の場所であった。『古事記』には、その巡廻場所が明記されている。「淡海《あふみ》（琵琶湖）」→「若狭國《わかさの》」（「高志《こし》の前《みちのくち》［越前］の角鹿《つぬが》に假宮《かりみや》」）。

さらに若狭国の西はすぐに、「天之日矛」の但馬国である。

「天日槍」が、新羅から持ってきた垂仁への貢献物の中に「胆狭浅《いささ》の大刀《たち》」があった、と『紀』は記している。この「胆狭浅《いささ》」という名称が、氣比大神に直結していると思われる。

天日槍の宝物の一つ＝胆狭浅《いささ》の大刀《たち》↓伊奢沙和氣《いざさわけの》大神＝氣比大神＝角鹿の氣比神宮祭神

すなわち天日槍が、氣比神宮祭神の伊奢沙和氣《いざさわけの》大神（氣比大神）なのである。神功皇后は息子応神の禊を、母方の初祖・天日槍にお願いしたのである。

神武から崇神までの后《きさき》の出身氏族はすでに調査済みであり、『魏志倭人伝の中のユダヤ』（Ｐ．187）などに報告したが、見事に（出雲系）ユダヤの女性ばかりであった。ただこの追記では、「足《たらし》」の説明を優先したので、成り行きで景行妃からあとを先に書いてしまい、崇神のあとの垂仁妃（氷羽州比賣＝景行の母）が今回調査（①〜③）から抜けてしまった。

また旦波比古多多須美知宇斯王《たにはのひこたたすみちのうしの》の女、氷羽州《ひばす》比賣命《の》を娶して、生みませる御子、印色入日子《いにしきのいりひこの》命。次に大帯日子淤斯呂和氣命《おほたらしひこおしろわけの》。次に大中津日子命《おほなかつひこの》。次に倭比賣命《やまとひめの》。次に若木入《わかきの》日子命《の》。五柱（『古事記』）

二番目の御子が景行であり、景行の子がヤマトタケルである。そして氷羽州比賣の父親の名に、ユダヤ系に特徴的な発音が出ている。

ＴＡＮＩＨＡ―ＮＯ―ＨＩＫＯ―ＴＡＴＡＳＵＭＩＴＩ―ＮＯ―ＵＳＩ―ＮＯ―ＫＩＭＩ

まず古代の旦波（兵庫県と京都府の北部一帯）が製鉄先進地帯であったことは、有名ではないが事実である。だから「ＴＡＴＡ（多多）」は、そのまま旦波の「蹈鞴製鉄」を意味すると思われる。「ＴＡＴＡＳＵＭＩＴＩ」とは、そんな蹈鞴技術に精通したことを表現したものであろう。「ＵＳＩ（宇斯）」は「ＵＳＡ（宇佐）」などと同じく「ユダヤ」のことであり、彼は蹈鞴製鉄技術を持ったユダヤ系の男であり、そして彼の娘もユダヤ系となる。

追記9．瀬織津比咩《せおりつひめ》

前著の「むすびに」では、「六月《みなづき》　晦《つごもりの》　大祓《おほはらい》祝詞《のりと》」のことに言及して、この祝詞が高天原やユダヤに関連していることを簡単に述べた。

そこで祝詞に登場する神々の名前を調べてみると、ユダヤ系出雲国の首長であったスサノヲと、その一族の女神たちである可能性が高い。まずはそれらの神名と、それぞれの役割確認から始めてみる。

神名		大祓祝詞における役割
①瀬織津比咩《せおりつひめ》	↓	祓《はら》ったさまざまな罪を、大海原に持ち出す
②速開都比咩《はやあきつひめ》	↓	持ち出された罪を、一気に呑み込んでしまう
③気吹主《いぶきどぬし》	↓	呑み込まれた罪を、根国底之国《ねのくにそこのくに》に気吹《いぶ》き放つ
④速佐須良比咩《はやさすらひめ》	↓	気吹き放たれた罪を持ち流離《さすら》い、消失させる

祝詞を奏上する神主は、それらの役割を重々しくも神前に報告し、われら参拝者は頭を垂れ

て、その流麗な詞《ことば》に聞き入るのである。そんな祓う役目を持った神々が、ユダヤ系スサノヲとその一族の女神たちであることを証明しなくてはならない。祝詞にはそれら神々の解説は出てこないので、自分で調べるしかない。祝詞の該当部分を抜き出してみる（○数字は筆者の説明の便宜上、先の役割表に付したものと同じ）。

（前略）彼方之繁木《をちかたのしげき》が本《もと》を焼鎌《やきがま》の敏鎌《とがま》以《もち》て打掃事之如《うちはらうことのごと》く　遺《のこ》る罪《つみ》は不在《あらじ》と　祓賜《はらひたま》ひ清賜事《きよめたまふこと》を
高山之末短山之末《たかやまのすゑひきやまのすゑ》より　佐久那太理《さくなだり》に落多支都速川《おちたきつはやかは》の瀬《せ》に坐《ま》す①瀬織津比咩《せおりつひめ》と云神《いふかみ》大海原《おほうなばら》に
持出《もちいで》なむ　如此持出往《かくもちいでいな》ば荒塩之塩《あらしほのしほ》の八百道《やほぢ》の八塩道之塩《やしほぢのしほ》の八百会《やほあひ》に坐《ま》す②速開都比咩《はやあきつひめ》と云神《いふかみ》
持《もち》かか呑《のみ》てむ　如此《かく》かか呑《のみ》ては　気吹戸《いぶきど》に坐《ま》す③気吹主《いぶきどぬし》と云神《いふかみ》　根国底之国《ねのくにそこのくに》に気吹放《いぶきはなち》てむ
如此気吹放《かくいぶきはなち》ては　根国底之国《ねのくにそこのくに》に坐《ま》す④速佐須良比咩《はやさすらひめ》と云神《いふかみ》　持《もち》さすらひ失《うしなひ》てむ

まずは、③「気吹主《いぶきどぬし》」のことである。気吹《いぶき》は、すなわち伊吹山とその山麓に本拠を持つ気長《おきなが》氏（息長《おきなが》氏）を含意すると思われる。従って「気吹戸《いぶきど》」とは伊吹山の入口付近であり、「気吹戸《いぶきど》に坐《ま》す気吹主《いぶきどぬし》」は伊吹山の神である。前述したように、伊吹山の神（＝気吹主）は多多美彦命《たたみひこのみこと》＝蹈鞴《たたら》製鉄の神であるから、この神をキーにして調査の手を伸ばしていく。

息長氏や伊福部氏が得意とする製鉄技術に関連して、伊吹山の神が「多多美彦命《たたみひこのみこと》」という神名であること。（追記8）

彼を祭る神社に、伊富岐《いぶき》神社（岐阜県垂井町　伊福部《いふくべ》氏が祭祀）がある。そして伊福部氏は天火明命（＝ニギハヤヒ）の子孫であるから、祭神の多多美彦はニギハヤヒか、またはその父であるスサノヲであると考えられる。

ここで、祝詞にある「気吹主《いぶきどぬし》」の属性が物をいう。彼の役割は、罪を根国底之国《ねのくにそこのくに》に気吹《いぶ》き放つことである。「根国」と深い関係があるのはスサノヲであるから、「気吹主《いぶきどぬし》」は間違いなくスサノヲのことである。『古事記』には、母を慕って泣く子供のようなスサノヲの描写が出てくる。神からの命令は、アマテラスが高天原を、月読は夜を、スサノヲは海を治めよ、というものであったが、しかし

僕《あ》は妣《はは》の國根《ね》の堅州國《かたすくに》に罷《まか》らむと欲《おも》ふ。

「根《ね》の堅州國《かたすくに》」とは「根国底之国《ねのくにそこのくに》」のことであり、母の墓がある出雲国に行きたいと駄々をこねたスサノヲであった。『古事記』からの引用は、まずスサノヲの母である伊邪那美《いざなみ》の墓所の在処《ありか》。次にスサノヲが住んでいた場所を訪問する大国主の言葉。大国主は其処で、スサノヲの娘須勢理毘賣《すせりびめ》と結婚するのである。

その神避《かむさ》りし伊邪那美《の》神は出雲《の》國と伯伎《ははきの》國との堺の比婆《ひば》の山に葬《はふ》りき。

〈スサノヲ一族の系図〉（網掛部分は大祓祝詞に出てくる神名）

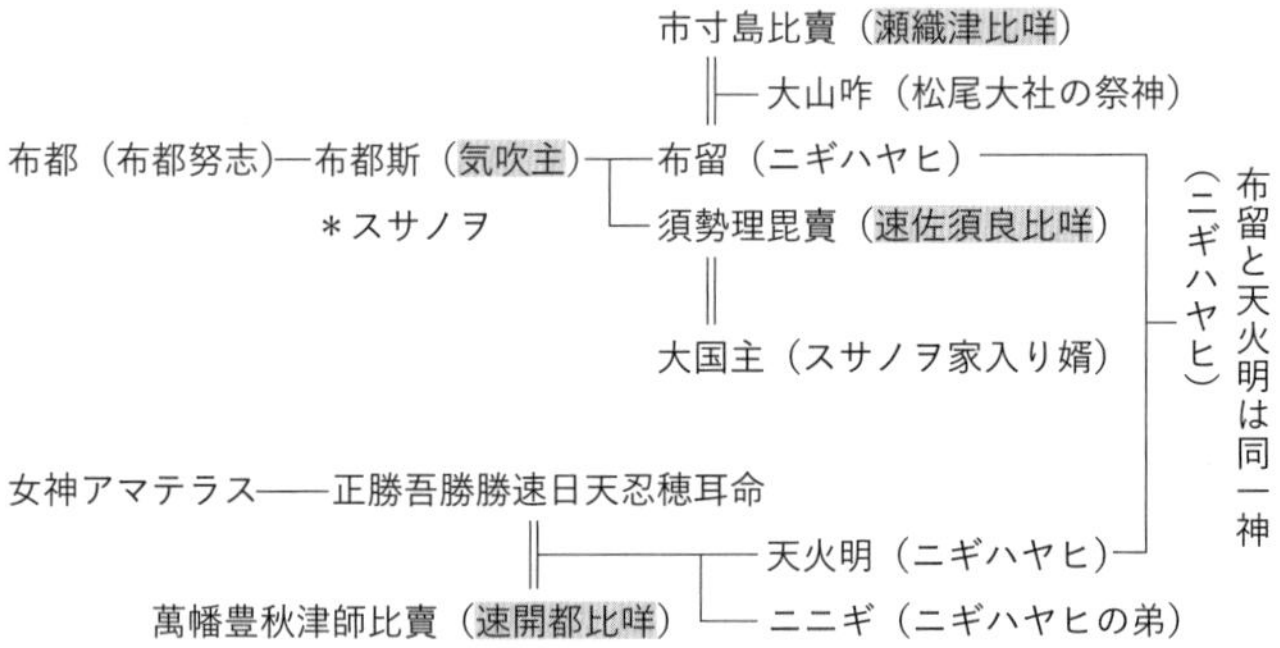

須佐能男命《すさのをの》の坐《ま》します根《ね》の堅州《かたす》國に參向《まゐむか》ふべし。

あとの一文によって、スサノヲは自分の希望通り、母の国である出雲（根国）に住んでいたことが分かるが、この出雲こそ速開都比咩《はやあきつひめ》が呑み込んだ罪を、スサノヲ＝気吹主《いぶきどぬし》が気吹《いぶ》き放つ場所（「根国底之国《ねのくにそこのくに》に気吹放《いぶきはなち》てむ」）であった。出雲はここでも、皆の罪をまとめて捨てる場所＝吹き溜まりの役目を押し付けられている。天孫族が渡来する前、既に倭国に覇を唱えていた出雲であったが、記紀神話では死（黄泉）の国、穢れの国とされた上に、今度はまた罪を気吹き放たれる国として、大きなマイナスイメージを負わされるのである。結論として、気吹主《いぶきどぬし》＝スサノヲ。

次は、①瀬織津比咩《せおりつひめ》である。『古事記』「天の安の河の誓約」の記述に、彼女が出てくる。

次に市寸島比賣命《いちきしまひめの》。亦の御名は狭依毘賣命《さよりびめの》と謂ふ。

市寸島比賣＝狭依《さより》毘賣→SA YO RI

SE HO RI

SE (H)O RI TU HIME（瀬織津比咩《せおりつひめ》）

こちらの結論は、市寸島比賣が瀬織津比咩《せおりつひめ》であると告げている。

市寸島比賣（瀬織津比咩）はまた、ニギハヤヒの妻でもある。

続いて、②速開都比咩《はやあきつひめ》を見る。

速開都比咩→（HAYA）AKI TU HIME

AKI DU SI HIME（萬幡豊秋津師比賣《よろづはたとよあきづしひめの》命）

萬幡豊秋津師比賣は、アマテラスの子である正勝吾勝勝速日天忍穂耳《まさかつあかつかちはやひあめのおしほみみの》命の妻。

すなわちニギハヤヒとニニギ兄弟の母になる。当然ながらオシホミミはニギハヤヒの父である。

最後に、④速佐須良比咩《はやさすらひめ》。

速佐須良比咩→（HAYA）SA SU RA HIME

SU SE RI BIME（須勢理毘賣《すせりびめ》）

須勢理毘賣は、大国主（ニギハヤヒの義弟または義兄）の妻であり、ニギハヤヒには妹または姉になる。

①から④までが、調査によって解明できた。これらの神々はまさに、スサノヲと彼の一族である。スサノヲを中心とした系図P．298によって、それを一層はっきりさせる（系図の網掛部分）。

①から④までの神々の働きによって、罪祓いは無事に完了するのである。大祓祝詞とは、出雲系ユダヤのスサノヲ一族に罪祓いを一任したものである。出雲系ユダヤに「祓い仕事」を任せたことによって、祝詞はユダヤ的特徴を帯びることになった。すなわち「天」はユダヤ原郷の「高天原」、「太」は「ユダヤ（系）」を表す言葉である。だから前著で述べたように、「天津祝詞《あまつのりと》」の意味は「ユダヤ（高天原）の祝詞」となり、また「太祝詞事《ふとのりとごと》」とは「ユダヤ祝詞の内容・事柄」であったことを、この調査によって再確認した。

祝詞では、スサノヲに倭国全体の「罪祓い」が一任されたのだが、彼の別名である牛頭天王としては、「疫病退治」も期待されていたのである。京都八坂神社の祇園祭は、疫病退散の祈りを込めて、人々が覇王スサノヲに絶大な信頼を寄せていた証拠となるであろう。

スサノヲの役割
- 牛頭《ごづ》天王（京都八坂神社などの祭神・祇園祭）として→疫病退治
- 気吹主《いぶきどぬし》（大祓祝詞の主神）として→罪祓い、罪清めしかし、まだ難しい問題が残っている。大祓祝詞の中では、瀬織津比咩が市寸島比賣であるという気配すらないことである。このため伊勢神宮祭神にも、大きな混乱が見られるのである。以下は著者の推理の順番に、その困惑する様子を見てみる。

・市《いち》寸島《きしま》比賣《ひめ》（瀬織津《せおりつ》比咩《ひめ》）はニギハヤヒ（大物主）の妻
・ニギハヤヒのフルネームは「天照国照彦天火明櫛玉饒速日命《あまてるくにてるひこあめのほあかりくしたまにぎはやひのみこと》」
・ニギハヤヒはまた大物主として、崇神から忌避→宮中から追放→最終的に伊勢神宮に
・当初、伊勢神宮祭神の「天照」はニギハヤヒ。妻の市寸島比賣も一緒に祭られた
・すなわち伊勢神宮の最初の祭神は、男神ニギハヤヒと女神の市寸島比賣
・祭神を女神アマテラスへ（女神アマテラスから皇孫ニニギへの皇位継承に必要な措置）
・伊勢神宮の祭神が、女神アマテラスと女神市寸島比賣の組合せに
・すると、女神市寸島比賣の居場所がない→女神アマテラスの伊勢神宮では、同じ女神の市寸島比賣が並び立つのは不自然
・その対応策
　1. 市寸島比賣の存在を曖昧に→彼女を瀬織津姫として、伊勢神宮荒祭宮の祭神へ
　2. または神名を変える→市寸島比賣を削除して、神名が類似・不明の瀬織津姫へ
　3. または別神宮へ遷す→伊勢神宮外宮の祭神へ？（市寸島比賣から豊受姫へ？）

4．または男神ニギハヤヒと一緒に、市寸島比賣も外宮へ遷す？

対応策のどれを見ても、はっきりしたことは分からない。ただ外宮の千木《ちぎ》は外削《そとそ》ぎ、鰹木《かつおぎ》は九本（奇数）である。外削ぎの千木は主神が男神であることを表し、鰹木の奇数も男神を意味するので、外宮祭神が女神の豊受大神であるにもかかわらず、ここにも混乱がある。因みに内宮は千木が内削《うちそ》ぎ、鰹木は十本（偶数）で、ともに祭神が女神アマテラスであることを表している。謎の多い伊勢神宮である。

追記10．荒脛巾《あらはばき》

ユダヤ系渡来人に関する調査を続けてきた筆者には、一つ解せないことがある。彼らの祖であるアブラハムの名前が、直接的な発音として、神名や地名に見当たらないことである。その間接的な省略形としては、これまでにも二、三の可能例を挙げてみた。油《あぶら》日《ひ》神社（滋賀県）、大山阿夫利《あふり》神社（神奈川県）、阿武隈《あぶくま》川（福島県）などである。

アブラハムとイサク親子の物語は、『旧約聖書』「創世記」の中では有名な話である。ユダヤ系の人々が倭国に渡来したときも、二人は一緒にやってきたに違いない。しかしそんな古代史料は見当たらないから、神社名とその祭神の中にセットで隠されていると仮定して、進んでいくことにする。

最初に、ユダヤ系首長の国である出雲の神社を調べてみた。『出雲国風土記』「出雲郡」の寺社の中には、阿受伎社《あずきのやしろ》（阿受枳、阿受支とも表記）が全部で40社も載っている。延喜式神名帳《えんぎしきしんみょうちょう》では出雲郡58座の一つ、阿須伎神社《あずきじんじゃ》として出てくる。（阿須伎＝弓月？）

この阿須伎神社に合祀された神社の中で注目すべきは、神伊佐我神社《かんいさかじんじゃ》である。「伊佐我」は天《あめの》菩比《ほひの》神の孫である伊佐我命《いさがのみこと》（同社の祭神。出雲国造家三世）であり、イサクの名前を受け継いでいる可能性が高い。というのも同じ出雲郡（出雲市斐川町）には、伊佐賀《いさか》神社（伊保さん）がある。祭神は阿菩大神《あぼのおほかみ》である。両神の名を比較してみる。

伊佐賀《いさか》　→　イサカ　→　イサク

阿菩《あぼ》　→　アボ　→　アブ（→　アブラハム）

「イサク」とセットになった「アブ」は、アブラハムである。その理由は二つある。

1. 神名の「阿菩」には、「大神」が付いて、極めて格の高い神であること
2. 「阿菩大神」は、『万葉集』天智天皇御製歌の中では、大和三山の妻争いの調停役として登場すること

具体的には、次の御歌である。口語訳（『萬葉集』小学館）も並記する。

13　中大兄《なかのおほえ》　近江宮《あふみのみや》に天の下治めたまふ天皇　の三山《みつのやま》の歌一首

香久山《かぐやま》は　畝傍《うねび》ををしと　耳梨《みみなし》と　相争《あひあらそ》ひき　神代《かみよ》より　かくにあるらし　古《いにしへ》も
然《しか》にあれこそ　うつせみも　妻を　争《あらそ》ふらしき

香久山《かぐやま》は　畝傍山《うねびやま》をいとしいとして　耳梨山《みみなしやま》と　相争った。神代から　こんなものなのだろう　古《いにしえ》も　そうだったからこそ　今の世の人も　妻を　とりあって争うらしい

反歌

14　香久山と　耳梨山と　あひし時　立ちて見に来《こ》し　印南国原《いなみくにはら》

香久山と　耳梨山とが　争った時　阿菩《あほ》の大神がわざわざ見に来た　印南野《いなみの》だここは

阿菩大神はなぜ、鎮座地の出雲から印南野（兵庫県龍野から姫路、加古川の周辺）まで出向いたのか。大和三山のあいだで発生した妻争いを、調停するためであった。『播磨国風土記』「揖保《いひぼの》郡《こほり》」に載る、その部分である。

出雲国《いづものくに》の阿菩大神《あぼのおほかみ》、大倭国《やまとのくに》の畝火《うねび》と香山《かぐやま》と耳梨《みみなし》との三《みつ》の山相《やまあ》ひ闘《たたか》ふと聞《き》きたまひて、此《これ》を諫《いさ》め止《とど》めむと欲《おもほ》して、上《のぼ》り来《き》ましし時《とき》に、此処《ここ》に到《いた》りて、乃《すなは》ち闘《たたか》ひ止《や》みぬと聞《き》きたまひて、其の

乗《の》れる船《ふね》を覆《ふ》せて坐《いま》しき。故《かれ》、神阜《かむをか》と号《なづ》く。阜《をか》の形《かたち》、覆《ふ》せたるに似《に》たり。上岡里《かみをかのさと》。［本《もと》、林田《はやしだの》里《さと》なり。］

阿菩大神に関連する地名が、揖保郡（龍野市、姫路市西部など）には多い。

アボ→イボ→揖保《いぼ》→揖保川→揖保川下流の旧名＝宇頭《うづ》川（ユダヤの川）
アボ→網干《あぼし》（揖保川下流の播磨灘沿岸。現在は姫路市網干区）
アボ→阿保神社（姫路市。祭神＝天照皇大神《あまてらすすめおおかみ》）→阿保大神＝皇大神（皇室の祖神？）

このあたりは、出雲に関係する地名も目立つ。立野（龍野市）に関する記述を、同風土記の揖保郡の条から転記する。

立野《たつの》。立野《たつの》と号《なづ》くる所以《ゆゑ》は、昔《むかし》、土師弩美宿禰《はにしののみのすくね》、出雲国《いづものくに》に往来《かよ》ひて、日下部野《くさかべの》に宿《やど》り、乃《すなは》ち病《やまひ》を得《え》て死《し》にき。爾時《そのとき》に、出雲国《いづものくに》の人《ひと》、来到《きた》りて人衆《ひとびと》を連《つら》ね立《た》て、川礫《かはいし》を運《はこ》び伝《つた》え上《あ》げて、墓山《はかやま》を作《つく》りき。故《かれ》、立野《たつの》と号《なづ》く。即《すなは》ち、其《そ》の墓屋《はかや》を号《なづ》けて出雲墓屋《いづものはかや》とす。

揖保郡日下部野で亡くなった野見宿禰《のみのすくね》（弩美宿禰）の墓を作るため、出雲人がたくさん来て、川から石を手渡しに運び上げたことを伝えている。彼らが立ち並んだ様子から、「立野」という地名になったという。この一文によって、出雲と播磨間は、人々の往来が頻繁であったことが分かる。当然ながら、播磨の西に在る吉備も、出雲勢力圏にあったことが理解される。さらにこれらの地方は、出雲と大和を結ぶ重要街道であったから、阿菩大神はここ、播磨国の印南野を通って大和三山に出かけようとしたのである。

ところで出雲の阿菩大神には、大和三山の争いごとを調停する権限があったのであろうか。また三山の仲直りを聞いて、故郷の出雲国ではなく播磨国揖保郡に坐すことになる。播磨国を意のままに使役して、新たな鎮座地を造らしめたようにも受け取れるが、そんな支配力があったのであろうか。

結論としては、あったのである。大和の邪馬台国が出雲の実質的な支配下にあったことは、前著などで述べてきた。ユダヤ系出雲国の首長である饒速日（大物主）が、邪馬台国の卑弥呼をお世話していた事情を、魏志倭人伝の記述に基づいて簡潔に証明した。また大和はユダヤ系の人々が多く住むところであり、特に大和三山の中は、「藤井《ふぢゐ》が原」という地名が示すように、「ユダヤ系が住んだ場所」という意味である。

藤井《ふぢゐ》　↓　藤居《ふぢゐ》　↓　ＨＵＤＩ（ユダヤ）＋ＷＩ（居）　↓　ユダヤ＋住む（居処）

すなわち藤原京が造営された大和三山に囲まれた土地は、ユダヤ系渡来人が住んでいた場所であり、その三山は彼らが神山として崇めてきたものである。三つの神山のあいだで妻争いが起こった。ユダヤの神々の争いを仕切ることができるのは、さらに偉いユダヤの神である。やはりアブラハムが適任であろう。彼は「極めて格の高い神」であり、また「争いの調停役」になり得る。かくして阿菩大神のアブラハムが、播州印南野まで出向いていったのである。

　アブラハムは、出雲から播州へ、さらに近江の油日神社に、そして相模の大山阿夫利神社の社名の中に登場している。もっと北へ進んで、阿武隈川にも名を残してきたと思われる。一体全体、どこまで行くのであろうか。おそらくユダヤ系秦氏が奉斎して、陸奥にも足跡があるのではないか。

　少し無理があるかもしれないが、東北地方に多い謎めいた荒脛巾《あらはばき》という神に、筆者は注目している。アラハバキとアブラハム。神名が非常によく似ている。アラハバキの「キ」は「来」を意味していると思われる。「YUDU―KI（弓月）＝ユダヤから（が）来た」と同じように、「アラハバが来た＝ARAHABA―KI」となる。

ABURAHAMU↓A（BU）RAHA（MU）↓ARAHA（BU）―（KI）
↓ARAHABA―KI

　発音が似ているだけで、簡単に済ますわけにはいかないので、荒脛巾《あらはばき》が持っている、神としての属性を調べてみなくてはならない。以下の4項目を見ていくのだが、個々の検討ではなく、全体的な調査の中でおりに触れ問題にするので、項目ごとのまとめはない。

（１）アラハバキが祭られている神社の分布
（２）その神社名から分かること
（３）少ないながらも、史料で確認できること
（４）同神に関する先人の研究

まず基礎知識を得るために、奈良の政権側から見た同神関連の年表を作成した。

アラハバキ関連年表

a．６４７（孝徳三）年　渟足柵《ぬたりのき(さく)》（新潟市沼垂）を築造
b．６４８（孝徳四）年　磐舟《いわふねの》柵（村上市岩船）を築き、蝦夷を防備。越と信濃から兵を選任
c．６５５（斉明元）年　越の蝦夷99人、陸奥の蝦夷95人を、難波の地で饗応
また柵養の蝦夷９人と津苅（津軽）の蝦夷６人に冠位を授与
＊柵養《きかふ》＝柵造《きのみやつこ》の命令に従った蝦夷。柵内で生活
d．６５８年〜６６０年　阿倍比羅夫《あべのひらふ》、日本海を北進して蝦夷を征伐
e．７０８（元明二）年　越後国から出羽郡を建郡

f．７０９（元明三）年　出羽《でわ》柵に兵器を運送

g．７２４（聖武元）年　東北経営の基地として、多賀城《たがじょう》（宮城県多賀城市）を築城
多賀城の北東に荒脛巾《あらはばき》神社。社殿左手に太子堂、右手に養蚕神社
（多賀城市の観光説明）
『続日本紀』にはこの年、蝦夷関連の記事
＊陸奥国の海道（太平洋側）の蝦夷が反乱
出羽国（日本海側）の蝦夷鎮圧を命ず

h．７２５（聖武二）年　陸奥の蝦夷の捕虜を各地に配置
１４４人　→　伊予国（愛媛県）
５７８人　→　筑紫（九州）
15人　→　和泉監《いずみのげん》（大阪府）

i．７３３（聖武十）年　出羽柵を秋田村に移す

蝦夷に対しては征伐と懐柔の両面作戦であったが、最終的には蝦夷を朝廷に服属させる方針に変化はなかった。東北地方に多い鉄などの地下資源を支配することが、この国の運営には欠かせないものであったからである。ｃとｈが懐柔策の他は、すべてが征伐とその準備に費やされた。この中でアラハバキが登場するのは、ｇの多賀城である。この城は蝦夷防備（鎮守府）以外にも、陸奥国府であり、国司が行う軍事や司法、行政また宗教行事などの中心地であった。そして多賀

城の近く、鬼門に当たる北東に鎮座する荒脛巾神社は、蝦夷の侵入を防ぐためのものであったと思われる。

しかし同神の全国分布からは、彼の別の顔が浮かんでくる。アラハバキの中心的な属性は、「客人《まろうど》」として家や土地を守護することであった。氷川神社（さいたま市大宮区）の摂社「門客《もんきゃく》人《じん》神社」の祭神は「豊石窓《とよいはまど》」と「櫛石窓《くしいはまど》」の二神であり、古くは「荒脛巾神社」と呼ばれた。つまり荒脛巾神（＝「豊石窓」と「櫛石窓」）は、門前に立つ客人（守護神）として尊敬されてきたのであるが、神社名と祭神の関係には改めて注意が必要である。

神社の古称＝荒脛巾神社→祭神＝アラハバキ（推測）→　客人（渡来人）
神社の現称＝門客人神社→祭神＝豊石窓、櫛石窓　　　→　門を守護する客人（渡来人）

アラハバキが祭られている地方としては、東北の他にも、関東や三遠、伊予から広島、そして出雲が特に目立つ。だからアラハバキは、東北地方に特有の神ではない。また対蝦夷の専門神でもない。古くは客人（渡来人）として尊敬されていたが、多賀城築造の頃には、門を護る客人としての性質が濃厚になっていったのである。

氷川神社の門客人であった彼は、さらに出雲でも客人神として鎮座している。美保神社と日御碕《ひのみさき》神社を見てみたい。

美保神社東南の客人山《まろうどやま》に、境外末社の客神社（ただし現在の祭神は大国主）がある。また日御碕神社下《しも》の宮《みや》（日沈宮《ひしずみのみや》）にも、門客人社《かどまろうどしゃ》（祭神　奇磐窓《くしいはまどの》神・豊磐窓《とよいはまどの》神）があるが、こちらの祭神は、『古事記』の天孫降臨の場面では「天石《あまのいは》門《と》別《わけの》神」として、ニニギに従って天降っている。彼の役目は「御門《みかど》の神」であったから、大きな神社や多賀城の門前を守護するには最適であった。『記』が示す、その神名の説明部分である。

　次に天《の》石戸別《の》神、亦の名は櫛石窓《くしいはまどの》神と謂ひ、亦の名は豊石窓《とよいはまどの》神と謂ふ。この神は御門《みかど》の神なり。（「窓」は、窓の本字である「窗」の脚に「心」が付く）

　このように「天石門別神」が「荒脛巾神」と関連することは分かったが、ではなぜ「天石門別」が「アラハバキ」となったのか。なによりもアラハバキは、『記紀』には登場していない謎多き神なのである。先ほどの〈神社―祭神名〉調査の続きとして、「門客人神社」と「門」が付かない「客人神社」とでは、祭神名に違いが出てくるかどうかを確かめたい。

氷川神社摂社（さいたま市）→門客人神社→（旧）豊石窓神、櫛石窓神
（新）足摩乳《あしなづち》命、手摩乳《てなづち》命、稲田姫命

養沢神社（あきる野市）→門客人明神社→（旧）豊磐間戸命、櫛磐間戸命
（新）足名椎命、手名椎命

日御碕神社（出雲市）→門客人神社→　櫛磐窗神、豊磐窗神

出雲大社（出雲市）　→門客人社　→　（東）宇治神、（西）久多美神
厳島神社摂社（廿日市市）→門客神社　→　（右）櫛石窗神、（左）豊石窗神

このように「門」の付く客人神社の祭神は、ほぼ「豊石窓、櫛石窓」と「足名槌、手名槌」であり、古くは前者が祭神であった。では、「門」が付かない客人神社はどうか。結果としては出雲系や日向系の神々が多く祭られていて、「豊石窓、櫛石窓」はそれらの神々に混じって目立たない存在になった。そんな神名を、順不同で挙げてみる。

アマテラス・トヨウケ・イザナギ・イザナミ・ヒコホホデミ・スサノヲ・足名槌・手名槌・豊石窓・櫛石窓・大物主・（大歳《おおとし》）・大己貴《おおなむち》（大国主）・少彦名《すくなびこな》・事代主・武御名方・武甕槌《たけみかづち》・経津主・大山祇・天穂日など五男神・宗像三女神・猿田彦・菊理姫・金山毘古・金山毘賣
等々

他にもあると思われるが、これらの神々は出雲や日向神話の神々が中心である。客人神社の祭神という点から視ると、客人神＝渡来神として認識されている。出雲の神も日向（伊都）の神も、祭神としては同じ客人として扱われているから、アラハバキ（客人）は日本海を渡ってきた神（渡来神）であることが理解できた。

ここに至って、魏志倭人伝の渡海経路が重要な意味を持ってくる。すなわち半島と北九州のあ

いだに存在する「対馬」と「一支（壱岐）」が、アラハバキ関連の調査対象となる。著者のデータには対馬に客人社が見当たらないので、壱岐の古社を調べてみた。

國津神社（物部布都神社）

所在地：壱岐市郷ノ浦町渡良浦《わたらうら》1149
祭神　：足名槌命、手名槌命、奇稲田姫命
旧号　：青波加大明神　あるいは　荒波加大明神
創建　：神功皇后の三韓征伐時？

旧号の「荒波加」は、半島の安羅国に因んだ「安羅墓《あらはか》」という考えもあるが、祭神が足名槌などであるから、これまでの調査を踏まえれば、「アラハバキ」である。

祭神の三神は「八岐大蛇」神話で有名な親子であり、姫はスサノヲの妻になる。しかし祭神の系譜としていえば、この三神は大山祇の子と孫に当たる。従って渡来神のアラハバキは、大山祇とも繋がりがあるのである。神社の所在地名が渡良《わたら》であるから、「和多志《わたし》（の）大神」の別名を持つ大山祇は、アラハバキと同じ半島経由の渡来神であることが分かった。

大山祇にしてもアラハバキにしても、神は自分で移動するわけにはいかない。その神を祭る人たちによって、遷座する（させられる）のである。アラハバキも大山祇も、渡来神として北九州から移動を始め、最終的には東北地方の奥深くまで達している。両神の移動経路を推測することによって、神を奉斎しつつ移動した氏族を類推することができる。

大山祇神を大三島に祀った小千命（越智氏）が、出雲系ニギハヤヒの子孫であることを考慮すれば、大山祇神と小千命の一族は、越智氏の移動先に遷っていったのである。さらにニギハヤヒの子である宇摩志麻治命は物部氏の祖であるから、一族は物部氏に縁が深い場所への転居を考えたに違いない。

越智氏や物部氏の所領は、後世の北前船の航路に沿うように、日本海沿岸を北上している。同氏が残す地名や文書について、以下は著者の意見である。

・越国（福井県から新潟県）
→古志《こし》郡（長岡町、小千谷市、見附市周辺）
　のちに三島郡を分離（三島＝大山祇？）
→「小千谷《おぢや》市（小千命一族が住んだ谷）」
→大山祇神社は、特に新潟県に多数分布
→越後国から出羽国が分離（７０８年、出羽郡設置）

・出羽国（山形県、秋田県）
→大物忌神社（出羽國一之宮。祭神は大物忌神＝ニギハヤヒ？）
→『秋田「物部文書」伝承』進藤孝一／無明舎出版・２０１６年
→大山祇神社は秋田・山形にも分布

大山祇神社（三島神社）は、越や出羽などの日本海沿岸に偏っているばかりではなく、瀬戸内海から関東以北にも幅広く分布している。それらの地方に多く鎮座していることを考えると、その奉斎は、越智氏ばかりか秦氏の存在を前提にしないと、合理的な説明ができない。茨城から岩手・青森にかけても大山祇神はポピュラーであるが、それら太平洋沿岸は、秦氏が大きな影響力を持っていた地域である。何しろ北の国「日高見国」はというと、秦氏の国であった。

ＨＡＴＡ－ＴＩ（秦神）→ＨＩＴＡ－ＴＩ（常陸）→ＨＩＴＡ－ＫＡＭＩ（日高見）

ＨＡＴＡ－ＫＡＭＩ（秦神）→ＨＩＴＡ－ＫＡＭＩ（日高見）→ＫＩＴＡ－ＫＡＭＩ（北上川）

　南は熊襲、北は蝦夷と相対し、高い折衝能力を駆使して現地の人々との融和策を講じるのは、ユーラシア大陸を横断してきたユダヤ系秦氏（弓月君一族）が得意とした分野であった。朝廷側も秦氏のそんな能力を高く評価し、危険が伴う地方（熊襲、蝦夷）に彼らを回したのであるが、その理由などは本書や既著の中で述べてきた。南へは、豊国の秦人を五千人規模で移住させ、反抗する熊襲を教導させた。北へは、関東以北の国造人事を通して、秦氏の首長クラスを対蝦夷の最前線に送り込んだのである。

　しかし蝦夷に相対した秦氏は、戦闘能力ばかりに頼るのではなく、現地に利益をもたらす経営も行って、硬軟両様の実務を実現させた。秦氏の神（神社）が、現在も東北地方に多く見られるのは、秦氏の神が蝦夷側にも受け入れられた証拠である。同様に、越智氏の神（大山祇）も歓迎されたのである。

越智氏については、「越の王」であった可能性が高い。新潟や山形、秋田に多い古四王神社の存在が、これらの地への越智氏到来を告げている。すなわち越智氏の王（越王）＝古四王である。そして古四王神社の祭神は、出雲との「国譲り戦」のあと、崇神天皇から北陸道平定を任された大毘古《おほびこの》命である。

古四王神社（秋田市）　祭神：大彦命（大毘古命）
古四王神社（新発田市）　祭神：大毘古命

越王の大毘古は北陸平定のあと、稲荷山古墳（埼玉県行田市）出土の国宝鉄剣銘文の先頭にも顔を出す。従って大毘古は越国ばかりか、その古墳規模からすれば、利根川中流域を支配する首長になったことが分かる。さらに金象嵌の鉄剣銘文は、『旧約聖書』「歴代志上」の記載文化、すなわち親子関係が連続する方式に則って彫られているので、大毘古がユダヤ系渡来人であったことも判明する。鉄剣銘文の連続部分現代訳と、「歴代志上　7．25―27」に記載されたアブラハムの子孫の系図を比較して示す。

辛亥の年七月中、記す。ヲワケの臣。上祖、名はオホヒコ。其の児、（名は）タカリのスクネ。其の児、名はテヨカリワケ。其の児、名はタカヒシ（タカハシ）ワケ。其の児、名はタサキワケ。其の児、名はハテヒ。其の児、名はカサヒヨ。其の児、名はヲワケの臣。世々、杖刀人の首と為り、奉事し来り今に至る。

ベリアの子はレバ、その子はレセフ、その子はテラ、その子はタハン、その子はラダン、その子はアミホデ、その子はエリシャマ、その子はヌン、その子はヨシュア

越国の人々は遠く中国江南地方から、春秋戦国の混乱を避けて倭国に新天地（弥生時代の始まり）を求めたのであるが、彼らの王となったのは、またもやユダヤ系の首長であった。

「古四王」＝古《ふる》（ＨＵＲＵ／ユダヤ）の王。「胡四王」＝胡（西域出自）の王。

数多い追記も最後の方になると、筆者の癖なのか、少し無理矢理で強引なところが出る。うまく落ち着かない謎めいた史料を、何とかしようと変な焦りが滲み出てしまうのだ。越智氏は大山祇神を全国に祀ったが、秦氏はアラハバキ（アブラハム）を客人（渡来神）として拝した。アブラハムという覚えにくい発音は、いつしか倭人にとって発音し易いように、また長い名前を省略・簡略化する言語的な癖によって、変化していったと思われる。

Ａ（ＢＵ）ＲＡＨＡＭＵ→ＡＲＡＨＡ（ＢＵ）→ＡＲＡＨＡＢＡ－ＫＩ（荒脛巾）
→ＡＢＵＲＡＨＩ（油日神社／滋賀県。油津／宮崎県）

↓ABI（我孫子《あびこ》？＝アブラハムが来た）
↓ABU（阿武隈《あぶくま》川。阿武＝アブラハム、隈＝神）
（阿武《あぶ》山：大阪府茨木市北部。藤原鎌足墓所？）
↓AHU（大山阿夫利《あぶり》神社。阿夫利＝アブラハム）
↓ABE（阿倍氏＝ユダヤ系大彦命の子孫）
↓ABO（阿菩《あぼ》大神）

アブラハムの名に関連すると思われるこれらの例は、残念ながら史料としては不確かな点があるので、一般的な承認は得られないかもしれない。

追記11．箸墓古墳の基本設計（案）

装飾古墳に描かれた△や○を調査したあとでは、同じ図形を使用したと思われる前方後円墳に関心が移っていく。すなわち後円部分が○であり、その○が前方部分△の上方部を覆ったものと推測できる。ヤマト政権の支配範囲にある地域首長墓であり、かつ支配・被支配の証として築造された。

しかし前方後円墳としての図形は、○と△（または縦長の長方形）の組合せが自由にできるため、数学的に統一的な数値を持った墳形にはなり難いのである。そこで箸墓古墳を採り上げて、その基本設計を類推してみたい。箸墓を前方後円墳の代表とする理由は、いくつかある（以下の①から④）。

この古墳が①邪馬台国があったと考えられる大和・纏向《まきむく》遺跡に隣接していること、②埋葬されたのが、倭迹迹日百襲姫《やまとととびももそひめ》（卑弥呼？）ではないかと考えられる女性であること、③箸墓は「土師《はし》墓」の意であって、土師《はじ》氏が設計・施工した古墳と推測できること。

土師氏といえば野見宿禰であり、彼は三輪山の北側にある相撲神社境内で、當麻蹶速《たいまのけはや》と相撲をとった出雲の豪傑である。また土師氏の祖は、『新撰姓氏録』によれば天穂日命＝出雲大社の初代祭祀者である。旧著で証明したように、出雲大社旧本殿遺構には「ダビデの星」がピッタリ内接していること考え合わせると、④土師氏は箸墓設計にも、ユダヤ的係数を適用している可能性が高い。

前方後円墳は全国的には約４、８００基があって、秋田、青森、北海道には存在しない。また沖縄にもない。古代ヤマト政権の支配が及んだ地域が、類推できる分布となっているが、全国に何万とある神社が、旧ユダヤ教の特徴に飾られていること（前著Ｐ．25〜26）を勘案すると、箸墓にも同じような設計思想が存在すると考えるのは自然である。

そこで箸墓にユダヤ的特徴が確認できるかどうか、確認してみる。使用する数値は、以下の３数値である。

・全長：　約２８０ｍ

・前方の前面幅：　　約130m
・後円の直径：　　約150m

設計案とその縄張り手順は次のように行われたと類推して、それを箇条書きにした。

1. 正三角形の底辺（前方の前面幅）を、ABとする（線分AB＝130mの縄）
2. その底辺の中点を、Cとする（縄ABを半分＝65mにする）
3. 底辺ABを1辺とする正三角形を作図する→正三角形の頂点をDとする
4. 正三角形の垂線DC（縄DC）を三等分する→等分点をDからCへ、E、Fとする
DE＝EF＝FC＝37・5m　↓　130^2-65^2＝（37・5×3）^{2}…三平方の定理
DF＝37・5m×2（垂線DCを3等分したうちの2つ）＝75m
5. CからDを通ってその延長線に、Cを基点に、AB＋DF×2となる点Gを求める
（線分AB：130m）＋（線分DF：75m）×2の長さになる点を、Gとする
6. CG＝130＋150＝280m＝古墳全長
7. 線分CG上に、GからCに向けて、DF（75m）に等しい点Hをとる
8. Hを中心にしてDFを半径とする円を描く→75m×2＝150m＝円墳部分の直径
9. 円周とGAの交点をI，GBとの交点をJとすると、
箸墓外形は、「GIABJ」を結んだ前方後円墳となる（p.329）

一般的な数式によって、この図が「ダビデの星」を暗示していることを示す。
正三角形の底辺を２ａとすると、ＡＤ＝２ａ、ＡＣ＝ａである。三平方の定理から、ＣＤ＝$\sqrt{3}$ａとなる。ＣＤを３等分したうちの二個分であるＤＦは、$2a/\sqrt{3}$である。

ＤＦ　＝　$\sqrt{3}a/3$×二個分　＝　$2\times\sqrt{3}a/3$　＝　$2a/\sqrt{3}$　⇔

またＤＦを半径とする円の直径は$2a/\sqrt{3}\times 2$であるから、円の直径と底辺の比は次の算式で求めることができる。

$(2a/\sqrt{3}\times 2)\div 2a=$　２　÷　$\sqrt{3}$　＝　１・１５４７　…　①
　　　　　　　　　　　←　　　　←
円の直径（線分ＤＦ）＋　正三角形の底辺ＡＢ　＝　箸墓の全長
　　　　　　　　　　　←　　　　←
１５０ｍ　÷　１３０ｍ　＝　１・１５３８　…　②

①―②＝０・０００９　↓　１００ｍにつき９㎝の誤差に収まる精度で、古墳設計がなされた。

「ダビデの星」が内接するときの長方形では、その長辺÷短辺は（2÷$\sqrt{3}$＝1・1547）となる。箸墓の全長も2：$\sqrt{3}$という比になっているため、設計者は意図的にこの前方後円墳に、「ダビデの星」すなわち唯一神ヤハウェを象徴、暗示させているのである。

しかし前方後円墳がヤマト政権の支配領域に拡散したとき、これらの厳密なユダヤ的係数は後方に押しやられ、○と△の組合せが中心的テーマとなり、さらに被葬者の生前権力の大きさが古墳全長に反映されていったのである。

古墳設計図について述べたが、土師氏＝野見宿祢は本当に縄を利用していたのか。文献から、その証拠と思われる部分を提示する。『出雲国風土記』「楯縫郡」の引用。

楯縫《たてぬひ》と号《なづ》くる所以《ゆゑ》は、神魂命《かむむすひのみこと》詔《の》りたまひしく、「五十足《いた》る天《あめの》日《ひ》栖宮《すみのみや》の縦横《たてよこ》の御量《みはかり》は、千尋《ちひろ》の栲紲《たくなは》持《も》ちて、百八《ももや》十《そ》結《むす》びに結《むす》び下《た》れて、此《こ》の天《あめ》の御《み》量《はかり》持《も》ちて、天下《あめのした》造《つく》らしし大神《おほかみ》の宮《みや》を造《つく》り奉《まつ》れ」と詔《の》りたまひて、御子《みこ》、天《あめの》御《み》鳥命《とりのみこと》を楯部《たてべ》と為《し》て、天下《あまくだ》し給《たま》ひき。

「天《あめの》日《ひ》栖宮《すみのみや》」は出雲大社のことであり、「天下《あめのした》造《つく》らしし大神《おほかみ》」とは大国主のことである。従ってこの文意は、大国主が隠棲するための出雲大社を造るには、長い縄にたくさんの結び目を付けた縄で縦横を量って造作せよ、と神魂命《かむむすひのみこと》が指示し、自分の子である天《あめの》御《み》鳥命《とりのみこと》を設計・建築の責任者として遣わしたのである。

「天《あめ》の御《み》量《はかり》」とは「ユダヤの計測具」の意味であるから、このときの出雲大社は、「ダビデの星」

が内接した設計・見取り図を基に造られたであろう。「天《あめの》御《み》鳥《とり》」はすなわち、「ユダヤの見《み》取《と》り（図）」である。この設計図は、２０００年に発掘された出雲大社旧本殿に内接した、「ダビデの星」の原型になったと思われる。

　このように出雲には建造文化として、長い縄を利用した縄張りの習慣があったので、出雲出身の土師氏である野見宿祢も、箸墓設計にこれを利用した。設計思想そのものに、ユダヤ的係数である「２÷√３＝１・１５４７」が組込まれているため、古墳の全長を２８０ｍ＝１５０ｍ：１３０ｍ（２：√３）にしたと考えられるのである。

　出雲に関係が深い秦氏や賀茂氏も、右に倣って、平安京に「ダビデの星」を内接させるべく、長い縄を東西に張り巡らせていた。筆者には、そんな工事の様子が目に浮かぶ。ところで「天《あめ》の御《み》量《はかり》＝ユダヤの長さ」のことが、新たな問題点となる。ユダヤ系渡来人たちが用いていた長さの単位は、現在のメートル法ではどのような換算数値となるのか。

　聖書に出てくるユダヤの長さ単位は、「キュピト」である。著者には当時の具体的な数値が分からないので、便宜的に古代ローマで使用されていた「1キュピト＝44・4㎝」を準用して、「天《あめ》の御《み》量《はかり》」も「キュピト」と関係ありと類推してみた。ユダヤ人のバビロン捕囚は前５８６年、共和制ローマの開始が前５０９年である。だから紀元1世紀ごろ、倭国に渡来してきたユダヤ系の人々が、ローマのキュピトに親しんでいたかどうかは定かではない。

　さらには無茶な論理的飛躍ではあっても、古代ローマの長さ単位が、８世紀の平城京造営に適用されたかもしれないと推理したのである。歴史の素人はこういうときに蛮勇を発揮する（と信じたい）。

古代ローマの1キュピト＝44・4㎝と、平城京を造ったときの1尺＝29・6㎝には、外見上は何の関係もなさそうに見える。しかし古代ローマの成立→ユダヤ10部族の東方離散→倭国への渡来→出雲大社造営→箸墓造墓→ユダヤ系が住む大和三山の中の藤原京造営とくれば、平城京もユダヤ系の人々が中心になっていたと考えられる。その後の平安京造営も、ユダヤ系秦氏が土地や資金の提供、労働力や土木・建築技術などの工事一式を請け負って進めた。

1尺の長さを段階的に伸ばし、平城京の一坊の長さに適用できるよう、次の表にまとめた。

平城京造営時の1尺＝29・6㎝

29・6㎝×1・5＝44・4㎝＝1キュピト　↓　（44・4㎝×2／3＝29・6㎝）

平城京造営時	現在の長さ（㎝・m）	古代ローマ時代
←	←	←
1尺×1・5	29・6㎝×1・5	
1・5尺	44・4㎝	1キュピト
×100	×100	×100

１５０尺　　　　　　　　44・４ｍ　　　　　　　　１００キュピト
×10　　　　　　　　　　×10　　　　　　　　　　×10
１５００尺　　　　　　　４４４ｍ　　　　　　　　１０００キュピト
＋３００尺（１５０×２）　　　　　　　　　　　　＋２００キュピト（１００×２）
１８００尺（×29・６㎝）＝　５３２・８ｍ　＝　１２００キュピト（×44・４㎝）
↓
１８００尺四方＝平城京の１坊

この表は、古代ローマ（古代ユダヤ）の長さと平城京造営の長さ単位とのあいだに、何か深い関係がありそうなことを予感させるが、単なる偶然かもしれない。但し「１尺＝29・６㎝」は、「平城京外京の計画尺に関する一考察」（浅田真紀子）にある数値を、そのまま利用した。

また一坊（１８００尺四方）の１辺の長さは、平城京保存調査会の実測値５３２・４ｍと僅かに違うが、誤差の範囲内といえる。平城京の二条から九条までには、南北に七つの坊があり、それぞれの長さは二条から南へ、次のような実測値（単位：ｍ）になっている。

５２７・５＋５３１＋５３２＋５３３＋５４３＋５１８＋５４２・５＝３、７２７ｍ
３、７２７ｍ　÷　７　≒　５３２・４ｍ
キュピト適用の一坊：５３２・８ｍ　―　実測値適用の一坊：５３２・４ｍ　＝　０・４ｍ

（約５３０ｍにつき40㎝の誤差）

おそらく奈良時代になっても、ユダヤ系をはじめとする渡来人が主になって、多くの土木工事が行われた。彼らの考え方や行動様式（＝渡来人の文化）が、工事設計の基本尺度の単位にも反映されたので、このような換算表の作成が可能になったと思われる。

彼らの文化は、奈良時代ばかりではなく、その後の平安時代や武士の勃興期にも大きな影響を与え続けたという「思考テーブル」の上に立って、我が国の歴史を見直す必要があるのではないか。

追記12．キュピトで設計された出雲大社旧本殿と箸墓

追記11の続きである。

平城京の「坊」の長さが、古代ローマの「キュピト」でも測定可能なので、それ以前に行われた出雲大社の造営や箸墓の設計にも、同じキュピトが使用されたのではないか、という疑念が湧く。

大社の発掘本殿の東西長は実測値で13・４ｍ、南北長は11・６ｍである。それぞれの長さを、1キュピト＝44・４㎝で割ってみる。

13・4m ÷ 44・4cm ≒ 30・180 ≒ 30（1キュピト×30）

11・6m ÷ 44・4cm ≒ 26・126 ≒ 26（1キュピト×26）

逆に44・4cmを基準にして該当整数倍してみると、

44・4cm × 30 ＝ 13・32m

44・4cm × 26 ＝ 11・544m

超巨大柱を三本束ねて一本にする難工事を思えば、多少の誤差は当然の許容範囲である。築造当時の出雲大社は、キュピトを基本単位とする「天《あめ》の御量《みはかり》」によって設計されたと思われる。

次の箸墓は、どのような結果になるのか。

先に設計案として箸墓の縄張りを書いたが、キュピトを基準とする縄張りでは、少しその手順が異なってくる。著者の推測になるとはいえ、それを示すことにする。箸墓の図（p．329）に付した記号をそのまま利用して説明するが、1キュピト（44・4cm）の2／3である1尺（29・6cm）を基本単位として使用する。すなわち、100尺＝29・6mの長さを基本にする。

設計はまず遺体が安置される後円部から、その長さを決めていく。

1．29・6m × 5 ＝ 148m（100尺の5倍）

2．１４８ｍを底辺とする縄（イ）で、正三角形を作図する
3．その垂線を長さとする縄（ロ）を作る。（ロ）＝１４８×$\sqrt{3}$÷２≒１２８ｍ
4．箸墓の中心線上に、（イ）＋（ロ）＝１４８＋１２８≒２７６ｍを測る
5．箸墓の全長が、２７６ｍになる
6．（イ）の中点を中心にして半径74ｍ（１４８÷２）の円を描くと、後円部ができる
7．（ロ）を線分ＡＢとする　→　前方前面幅＝１２８ｍとなる
8．この作図では、（イ）：（ロ）＝　１４８：１２８　＝１・１５６２

実測値：　後円直径÷前面幅＝１５０ｍ÷１３０ｍ　＝１・１５３８
理論値：　後円直径÷前面幅＝２　÷$\sqrt{3}$　＝１・１５４７
作図上の数値：　後円直径÷前面幅＝１４８ｍ÷１２８ｍ　＝１・１５６２

理論値と作図上の縄張りでは、１００ｍにつき１・５ｍの誤差であり、実測値２８０ｍとは４ｍほど違っている。ただ実測値は２７８ｍであるともいわれるから、こちらの値からは約２ｍ短くなる。前提とした「１００尺＝29・6ｍの長さ」は、やや疑問符が付くかもしれない。

一般に、長辺：短辺＝２：$\sqrt{3}$の比率を持つ長方形には、「ダビデの星」が内接しているが、箸墓の全長も２：$\sqrt{3}$（１５０ｍ：１３０ｍ）の比であるから、ここにも星が輝いている。

添付の箸墓図の記号を使って説明すると、長方形（A'B'J'I'）には「ダビデの星」が内接して

いる。また（A′CKI′）と（CB′J′K）には、「虎塚古墳型神影」が内接する。Cの前に立って箸墓を拝む人は、同時に星や神影をも拝することになる。

箸墓古墳の基本設計（案）：円＋正三角形KA′B′

全長　約280m
後円直径　約150m
前方前面幅　約130m

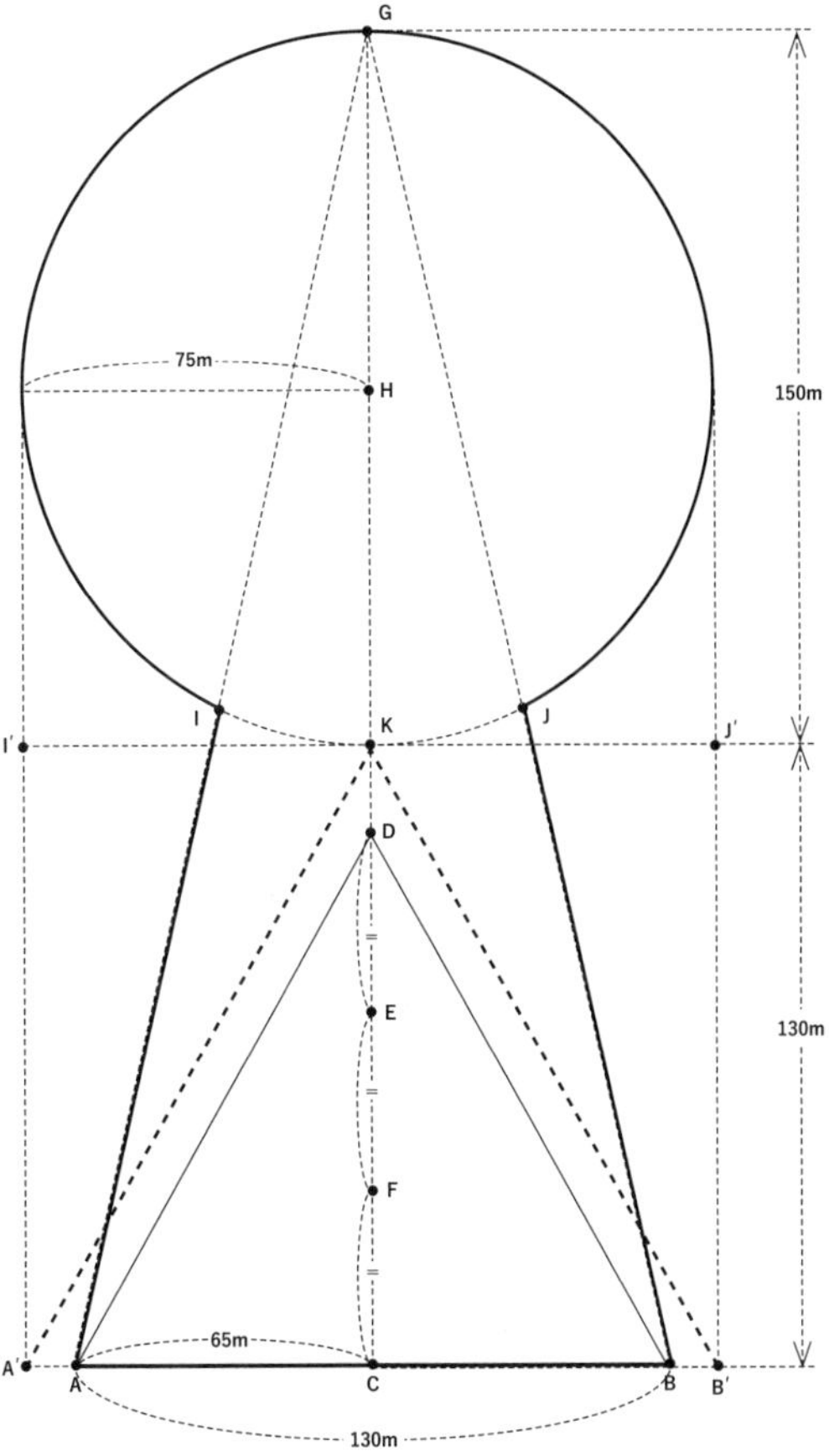

内宮　内玉垣に内接する「虎塚古墳型神影」

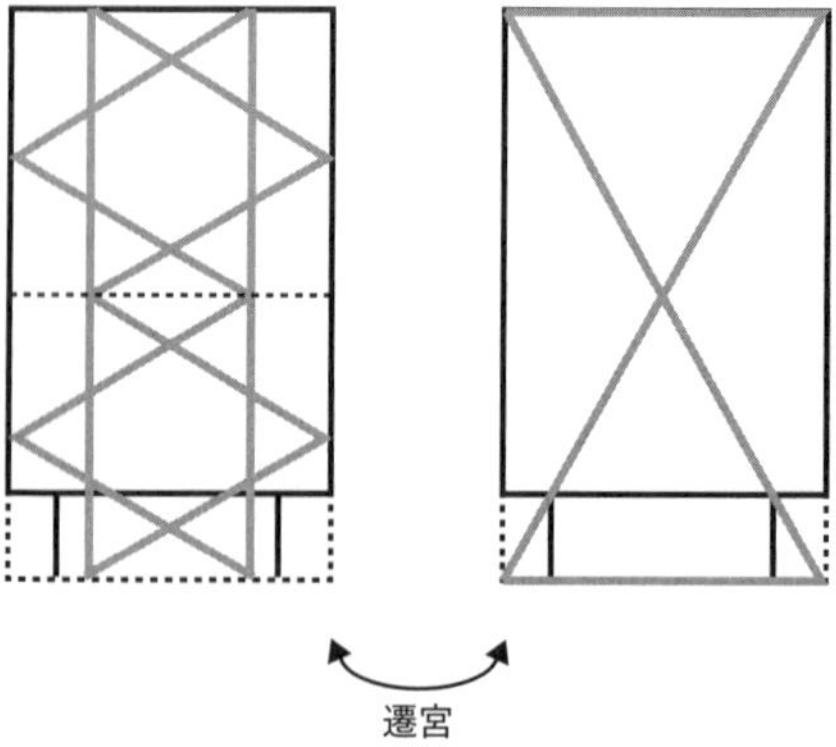

外宮　瑞垣に内接する「ダビデの星」

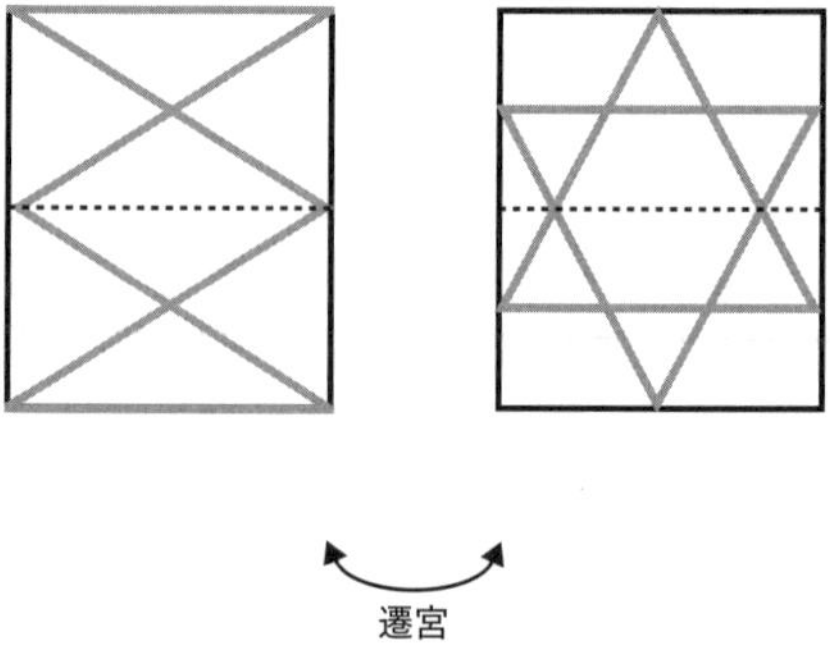

むすびに

出版直前に見つけたものである。

伊勢神宮内宮は、その外壁として四種類の垣根がある。外から板垣、外玉垣、内玉垣そして瑞垣である。その内玉垣によってできる縦に細長い長方形には、ピッタリ内接して、①虎塚古墳と同じく、二つの逆向き正三角形が存在している。

またその内玉垣の縦長長方形を上下に二つ折りすると、当然ながら二つの横長長方形が上下にでき、その各々の長方形に、②出雲大社型の横向きダビデの星が内接している。二つの星が内玉垣に内接して輝いている。

玉垣の短辺＝a
玉垣の長辺＝$\sqrt{3}$ a

長方形がこの値を取るとき、その長方形には①②が同時に存在する。

これらの図形は、Googleマップの航空写真によって、実際に自分の目で確認することができる。

すなわち遷宮後の現在の神殿配置と、次回の遷宮用地とが並んでいる。

①の図形を「虎塚古墳型神影」と名付けると、伊勢神宮内宮の内玉垣には、この神影と出雲大

社型ダビデの星が二つ、隠されて存在している。この思考を進めていくと、発掘された出雲大社旧本殿にも、神影があるのではないかと推理できる。

東西に長い大社旧本殿の長辺は13・4m、短辺は11・6mである。東西の長方形を真ん中で二つ折りすると、南北に長い長方形が二つできる。その短辺は6・7m、長辺が11・6mになる。先の一般式にこれらの数値を当て嵌めると、

短辺a＝6・7m（13・4m÷2）　→　長辺$\sqrt{3}$a＝$\sqrt{3}$×6・7m＝11・6m

すなわち旧本殿の南北に長い二つの長方形には、「虎塚古墳型神影」が存在している。

さらに箸墓古墳の数値との関連では、以下のことが分かる。

旧本殿長辺（＝13・4m）　÷　短辺（＝11・6m）　≒　1・155

箸墓の後円部直径（＝150m）　÷　前方部前面幅（＝130m）　≒　1・154

誤差：　1・155　−　1・154　＝　0・001（100mにつき10㎝の誤差）

伊勢神宮内宮と出雲大社旧本殿、さらに箸墓古墳や虎塚古墳には、神のイメージや築造設計に関して、共通する考え方・比率があったと結論する以外にない、と思われる。

同様な推理は、ダビデの星が内接する他の長方形にも適用できる。平安京、平城京外京および

東寺曼荼羅である。例えば平安京を例に取ると、その南北長は５・２㎞、東西長は４・５㎞である。この場合の短辺ａは、南北長５・２㎞÷２＝２・６㎞となる。

短辺ａ＝２・６㎞（５・２㎞÷２）　→　長辺$\sqrt{3}$ａ＝$\sqrt{3}$×２・６㎞＝４・５㎞

平安京内にも「虎塚古墳型神影」が二つ、お互いに接して横たわっている。念を入れて、外宮の敷地も航空写真を拡大して、その玉垣や瑞垣が作る長方形を調べてみた。御正殿が建っている現在のものではなく、次回のご遷宮用地は更地になって測り易いため、こちらの長辺と短辺の比を利用したのである。紙面にコピーされた瑞垣では、正確な測定とは言い難いが、瑞垣による長方形の長短比は、（２÷$\sqrt{3}$＝１・１５４７）にほとんど一致している。外宮瑞垣には「ダビデの星」が内接している、といえる。

伊勢神宮のお詣りは、外宮御正殿の前では「ダビデの星」を、内宮では「虎塚古墳型神影」を拝することにもなる。地表の参詣者は、これらの図形に全く気付かない。天に坐す神がご覧になるものだからであるが、精緻な航空写真を手に入れた現代人は、その神の視点をも獲得している。

紙面も尽きようとしているのに、捻じ込もうとするテーマは「八咫烏《やたがらす》」のことである。神武東征のとき、熊野の山中に迷う天皇軍の道案内として、天照大神が遣わしたのが「八咫烏」（熊野本宮大社のシンボル。３本足の烏）であった。『紀』におけるその登場する本文を確認し、最初にその一般的な解釈を載せる。続いて筆者の想定する語順とその訳を載せる。「今」は「宇」の誤記。また「今」と「遣」が入れ替わって誤写されたものと思われる。

朕今遣頭八咫烏→朕（天照大神）は今、頭（の大きな）八咫烏を（道案内に）遣《つか》わす

朕遣宇頭八咫烏→朕は宇頭《うづ》（＝ユダヤの）八咫烏を（道案内に）遣わす

YATA＝HATA　KARASU＝KARASU—TENGU

八咫　秦氏　烏　烏天狗（＝山伏）

朕遣宇頭八咫烏→朕は宇頭《うづ》（＝ユダヤの）秦氏の山伏を（道案内に）遣わす

紀伊山地を隈なく、鉱物探査に歩き回っていた山伏なら、道案内には最適であった。海の案内は「珍彦」、山の案内は「宇頭八咫烏」という二組のユダヤ系が導き、神武東征は完結したのである。そして山伏は、現在の大峰山《おおみねさん》の修験者に通じている。

[著者紹介]
石川 雅晟（いしかわ　まさあきら）
1945年、愛知県生まれ。1967年、同志社大学経済学部卒業後、蒲郡信用金庫に入社し支店長などを歴任。1993年、眼科医療機器総合メーカーの株式会社ニデックに入社、のち常務取締役。また、再生医療の株式会社ジャパン・ティシュ・エンジニアリングの創業メンバーとして、社外取締役に就任。2010年、定年退任。
著書に『『古事記』の中のユダヤ　平安京に隠された「ダビデの星」』（日本経済新聞出版社、2017年）、『隠された「ダビデの星」東寺曼陀羅と平城京外京』（幻冬舎ルネッサンス新社、2018年）、『魏志倭人伝の中のユダヤ　出雲大社に隠された「ダビデの星」』（幻冬舎ルネッサンス新社、2019年）、『ユダヤ系秦氏が語る邪馬台国　出雲神話、日向神話および魏志倭人伝などの相互関係』（幻冬舎ルネッサンス新社、2020年）などがある。

ユダヤ系《けい》多氏《おおうじ》が語《かた》る装飾《そうしょく》古墳《こふん》
描《えが》かれた△○の意味《いみ》

2022年1月12日　第1刷発行

著　者　石川雅晟
発行人　久保田貴幸

発行元　株式会社 幻冬舎メディアコンサルティング
〒151-0051　東京都渋谷区千駄ヶ谷4-9-7
電話　03-5411-6440（編集）

発売元　株式会社 幻冬舎
〒151-0051　東京都渋谷区千駄ヶ谷4-9-7
電話　03-5411-6222（営業）

印刷・製本　シナジーコミュニケーションズ株式会社
装　丁　弓田和則

検印廃止

ISBN 978-4-344-93547-1 C0021
幻冬舎メディアコンサルティングHP
http://www.gentosha-mc.com/